中国社会科学院创新工程学术出版资助项目

中国社会科学院马克思主义理论
学科建设与理论研究工程系列丛书

农民的价值世界

廖永松 著

中国社会科学出版社

图书在版编目(CIP)数据

农民的价值世界/廖永松著.—北京：中国社会科学出版社，2017.5
(中国社会科学院马克思主义理论学科建设与理论研究工程系列丛书)
ISBN 978-7-5203-0257-9

Ⅰ.①农… Ⅱ.①廖… Ⅲ.①农民—价值(哲学)—研究—中国
Ⅳ.①D422.62

中国版本图书馆CIP数据核字(2017)第090059号

出 版 人 赵剑英
责任编辑 杨晓芳
责任校对 王佳玉
责任印制 王 超

出 版 中国社会科学出版社
社 址 北京鼓楼西大街甲158号
邮 编 100720
网 址 http://www.csspw.cn
发 行 部 010-84083685
门 市 部 010-84029450
经 销 新华书店及其他书店

印刷装订 北京君升印刷有限公司
版 次 2017年5月第1版
印 次 2017年5月第1次印刷

开 本 710×1000 1/16
印 张 16.25
插 页 2
字 数 266千字
定 价 69.00元

前　言

以毛泽东、邓小平、江泽民为核心的党的三代领导集体和以胡锦涛同志为总书记的党中央始终高度重视党的理论工作，重视全党对马克思主义理论的学习和研究工作。十八大以来，以习近平同志为总书记的党中央更是把意识形态工作作为党的一项极端重要的工作来抓。

2004 年 1 月，《中共中央关于进一步繁荣发展哲学社会科学的意见》下发，并决定实施马克思主义理论研究和建设工程。为贯彻落实党中央关于把中国社会科学院努力建设成为马克思主义坚强阵地、党和国家的思想库智囊团（智库）、哲学社会科学的最高殿堂的要求，中国社会科学院党组采取了一系列重要措施。2009 年初成立了中国社会科学院马克思主义理论学科建设与理论研究工程领导小组。小组成立后，一方面注重抓好马克思主义理论学科组织机构的建设，设立马克思主义理论类别的研究室和中心等；另一方面注重马克思主义基础理论研究。

为了推进马克思主义基础理论研究，中国社会科学院从 2010 年起陆续推出的“马克思主义理论学科建设与理论研究系列丛书”，包括“马克思主义经典作家专题摘编系列”、“马克思主义专题研究文丛系列”、“马克思主义基础理论研究系列”等。“马克思主义基础理论研究系列”是马克思主义及其中国化理论研究的专门论著，该系列论著的推出，将有助于马克思主义话语体系的构建和马克思主义话语权的巩固。

中国社会科学院马克思主义理论学科建设
与理论研究工程领导小组
2015 年 1 月

感谢那些不得不依靠耕地、山林、草场、鱼塘、荒滩、路边小摊点、小店铺、理发店、小饭馆、洗衣店、菜市场、洗脚城、各种建筑工地、保安亭、运输货车、家政服务中心、垃圾回收站、淫秽窝点……在各种恶劣环境条件下任劳任怨、艰难求生的农民朋友。他们承担了社会最底层的工作，但常被一些精英简单粗暴地扣上保守落后、逆来顺受的意识形态大帽子。如果没有亿万农民的贡献，我们很难想象当今社会是个什么样子。作为研究的开始，让我们重拾毛泽东主席关于农民阶级的重要论述。

毛主席语录

一　国民革命运动，其大部分即是农民运动

农民问题乃国民革命的中心问题，农民不起来参加并拥护国民革命，国民革命不会成功；农民运动不赶速地做起来，农民问题不会解决；农民问题不在现在的革命运动中得到相当的解决，农民不会拥护这个革命。——这些道理，一直到现在，即使在革命党里面，还有许多人不明白（第37页）。

因此，乃知中国革命的形势只是这样：不是帝国主义、军阀的基础——土豪劣绅、贪官污吏镇压住农民，便是革命势力的基础——农民起来镇压住土豪劣绅、贪官污吏。中国的革命，只有这一种形势，没有第二种形势。全中国各地都必须办到海丰这个样子，才可以算得革命的胜利，不然任便怎么样都算不得。全中国各地必须都办到海丰这个样子，才可以算得帝国主义、军阀的基础确实起了动摇，不然也算不得。因此，乃知所谓国民革命运动，其大部分即是农民运动。因此，乃知凡属不重视甚至厌恶农民运动之人，他实际上即是同情土豪劣绅、贪官污吏，实际上即是不要打倒军阀，不要反对帝国主义（第38页）。

基此理由，我们的同志于组织工人、组织学生、组织中小商人许多工作以外，要有大批的同志，立刻下了决心，去做那组织农民的浩大的工作。要立刻下了决心，把农民问题开始研究起来。要立刻下了决心，向党里要到命令，跑到你那熟悉的或不熟悉的乡村中间去，夏天晒着酷热的太阳，冬天冒着严寒的风雪，搀着农民的手，问他们痛苦些什么，问他们要些什么。从他们的痛苦与需要中，引导他们组织起来，引导他们向土豪劣绅争斗，引导他们与城市的工人、学生、中小商人合作建立起联合战线，引导他们参与反帝国主义反军阀的国民革命运动（第39页）。

许多人不懂得农民运动怎样去做，就请过细看这一部分。它又使我们懂得中国农民运动的性质，使我们知道中国的农民运动乃政治争斗、经济争斗这两者汇合在一起的一种阶级争斗的运动。内中表现得最特别的尤在政治争斗这一点，这一点与都市工人运动的性质颇有点不同。都市工人阶级目前所争，政治上只是求得集会结社之完全自由，尚不欲即时破坏资产阶级之政治地位。乡村的农民，则一起来便碰着那土豪劣绅大地主几千年来持以压榨农民的政权（这个地主政权即军阀政权的真正基础），非推翻这个压榨的政权，便不能有农民的地位，这是现时中国农民运动的一个最大的特色（第40—41页）。

国民革命与农民运动——《农民问题丛刊》序（一九二六年九月一日），《毛泽东文集》第一卷，人民出版社1993年版，第37—41页。

二 忘记了农民，就是读一百万册马克思主义的书也没有用

是要农民呢，还是要地主呢？在这个问题上，要地主，就忘记了农民；要农民，可以不完全忘记了地主。要农民不忘记地主比较容易，要地主不忘记农民就比较困难。所谓人民大众，主要的就是农民。不是有一个时期我们忘记过农民吗？一九二七年忘记过，当时农民把手伸出来要东西，共产主义者忘记了给他们东西。抗战时期，这种差不多相同性质的问题也存在过。靠什么人打败日本帝国主义？靠什么人建立新中国？力量在什么地方？有些人在这个时候弄不清楚，给忘记了。

人民大众最主要的部分是农民，其次是小资产阶级，再其次才是别的民主分子。中国民主革命的主要力量是农民。忘记了农民，就没有中国的民主革命；没有中国的民主革命，也就没有中国的社会主义革命，也就没有一切革命。我们马克思主义的书读得很多，但是要注意，不要把“农民”这两个字忘记了；这两个字忘记了，就是读一百万册马克思主义的书也是没有用处的，因为你没有力量。靠几个小资产阶级、自由资产阶级分子，虽然也可以抵一下，但是没有农民，谁来给饭吃呢？饭没得吃，兵也没有，就抵不过两三天。

所谓无产阶级领导，就是共产党领导。中国共产党是无产阶级的政党。

无产阶级里头出了那样一部分比较先进的人，组织成一个政治性质的团体，叫共产党。共产党里当然还有别的成分，有别的阶级如农民、小资产阶级出身的人，有别的阶级出身的知识分子。但出身是一回事，进党又是一回事，出身是非无产阶级，进党后是无产阶级，他的思想、他的行为要变成无产阶级的。共产党是要革命的，革命就要组织队伍，组织队伍主要是组织农民，还有其他阶级，包括小资产阶级、自由资产阶级，有时还有大资产阶级，甚至地主。队伍要有司令官、指挥官，司令官、指挥官在中国主要是两个，或者是无产阶级，或者是大资产阶级、大地主。中国这个社会两头小，但是两头强，中间大，但在政治上是软弱的。中间阶层是动摇的，无论哪个中间阶层都有它的动摇性。坚决的阶级就只有两个：无产阶级和大地主大资产阶级。他们的政治代表分别是共产党和国民党（第305—306页）。

什么是不要马克思主义？就是忘记了无产阶级的领导，忘记了人民大众，忘记了农民。当地主哇哇叫的时候，就向农民泼冷水。他又要无产阶级的领导，又不要农民，你看无产阶级的领导权还有没有？在中国，现在搞马克思主义，怎样搞法呢？他不搞无产阶级领导，他又不要这个领导地位，那还领导什么呢？无产阶级领导，主要应当领导农民，他不要农民，当农民伸出手来的时候，就泼冷水，因为地主也伸出手来了。地主说：共产党，你可不行！于是乎，共产党就夹在地主与农民中间，最后接受了地主的影响，向农民泼冷水。反帝反封建不要农民，还有什么反封建？没有反封建，还有什么反帝呢？帝国主义是干什么的？就是看到中国身上有油水，要揩一点油。中国五个人里面，有四个是农民，如果把四万万五千万人分成五份，每一份是九千万，那末就有四个九千万是农村人口，只有一个九千万是城市人口（第307页）。

为什么急性病也不要农民呢？因为急性病就是要工人暴动，城市起义，对搞大城市很积极，农民虽然也要，但是是附带的，它不注意去研究农民，研究他的面貌，他的眼睛，他的个子大小，研究他姓张姓李，心里想些什么，有些什么吃的（第309页）。

在我们广大党员中，马克思主义是有的，但程度上差别很大，我看是从一岁到九千九百九十九岁都有，虽然万岁也有（第315页）。

作为党来说，作为领导思想来说，我们和农民要分清界限，不要和农民混同起来。这对于农民出身的同志可能不容易理解，“我就是农民，为什么不能和农民混同呢？”我说你现在叫做共产党员，农民是你的出身，出身和入党是两件事情，共产党是无产阶级的先锋队。但是这一点要慢慢地搞清楚，一年搞不清楚，两年，两年搞不清楚，三年，不要讲我们共产党开了会，你就照念。……我说不要和农民混同，是说要把农民提高一步，提高到无产阶级的水平。将来几十年以后，要把一切党外农民，提高到无产阶级的水平。如不相信这一条，就不是马克思主义者。将来我们要搞机械化，要搞集体化，那就是提高他们（第 318 页）。

在这里，我们要讲清领导的性质。什么叫做领导？它体现于政策、工作、行动，要在实际上实行领导，不要常常叫喊领导。常常叫喊领导，人家不愿听，就少说些。对领导权要弄清其性质，而不要天天像背经似地去念。

还有一个十几年来争论的问题，就是从乡村到城市，还是从城市到乡村，争得一塌糊涂。正确路线是要先搞乡村，要研究农村情况。大家说这是正确的路线，是马克思主义。马克思主义者走路，走到哪个地方走不通就要转弯，因为那个地方走不过去。当然在乡村尽走尽走，走他几百万年，这也不叫马克思主义，而叫反马克思主义。真正的马克思主义是：当需要在乡村时，就在乡村；当需要转到城市时，就转到城市（第 332 页）。

我们的党是工人阶级的政党，我们已经牺牲了很多工人同志，现在留下的做工人运动的干部不多了，可能有几十个、几百个，我们要照顾他们，尊重他们。同样，没有青年工作、妇女工作的干部也不行（第 347 页）。

如果我们有四百五十万党员，在一百个人里，也只有一个共产党员。他的任务是什么？他的任务是团结九十九个非党人士。我们要组织军队，打倒敌人，就必须这样做。一个共产党员，如果不能团结多数人，团结工人、农民、知识分子、小资产阶级和其他民主分子，那就不算是一个好共产党员（第 348 页）。

我们党内历来不允许装。不知道不要紧，知道得少不要紧，即使对马列主义知道得很少、马列的书读得很少也不要紧，知道多少就是多少。在这里我提出我们要读五本马列主义的书。马克思的一本，就是《共产党宣言》，是和恩格斯合著的，但主要是马克思著的。恩格斯的一本，就是《社会主义从空想到科学的发展》。列宁的两本，一本是《在民主革命中社会民主党的两个策略》，一本是《共产主义运动中的“左派”幼稚病》。列宁这两本书写得很好，马克思、恩格斯写的那两本书也写得很好，这四本书薄薄的，读完它们不用花很多时间。此外，还有斯大林主持写的《联共（布）党史简明教程》，比较厚一点。这本书是历史的，又是理论的，又有历史，又有理论，它是一个胜利的社会主义国家的历史，是马克思主义在俄国成功的历史，这本书要读。前面四本书也既是理论的，又是历史的。马、恩、列、斯的书多得很，如果先读了这五本书，就差不多了。

在中国共产党第七次全国代表大会上的口头政治报告（一九四五年四月二十四日），《毛泽东文集》第三卷，人民出版社 1996 年版，第 303—355 页。

三　我们需要“本本”，但是一定要纠正脱离实际情况的本本主义

你对于某个问题没有调查，就停止你对于某个问题的发言权。这不太野蛮了吗？一点也不野蛮，你对那个问题的现实情况和历史情况既然没有调查，不知底里，对于那个问题的发言便一定是瞎说一顿。瞎说一顿之不能解决问题是大家明了的，那么，停止你的发言权有什么不公道呢？许多的同志都成天地闭着眼睛在那里瞎说，这是共产党员的耻辱，岂有共产党员而可以闭着眼睛瞎说一顿的吗？

要不得！

要不得！

注重调查！

反对瞎说！

我们说上级领导机关的指示是正确的，决不单是因为它出于“上级领导机关”，而是因为它的内容是适合于斗争中客观和主观情势的，是斗争所需要的。不根据实际情况进行讨论和审察，一味盲目执行，这种单纯建立在“上级”观念上的形式主义的态度是很不对的。

本本主义的社会科学研究法也同样是最危险的，甚至可能走上反革命的道路，中国有许多专门从书本上讨生活的从事社会科学研究的共产党员，不是一批一批地成了反革命吗？就是明显的证据。我们说马克思主义是对的，决不是因为马克思这个人是什么“先哲”，而是因为他的理论，在我们的实践中，在我们的斗争中，证明了是对的。我们的斗争需要马克思主义。我们

欢迎这个理论，丝毫不存什么“先哲”一类的形式的甚至神秘的念头在里面。读过马克思主义“本本”的许多人，成了革命叛徒，那些不识字的工人常常能够很好地掌握马克思主义，马克思主义的“本本”是要学习的，但是必须同我国的实际情况相结合。我们需要“本本”，但是一定要纠正脱离实际情况的本本主义。

为什么要作社会经济调查？我们就是这样回答。因此，作为我们社会经济调查的对象的是社会的各阶级，而不是各种片断的社会现象（第113页）。

我们的终极目的是要明了各种阶级的相互关系，得到正确的阶级估量，然后定出我们正确的斗争策略，确定哪些阶级是革命斗争的主力，哪些阶级是我们应当争取的同盟者，哪些阶级是要打倒的。我们的目的完全在这里。

中国革命斗争的胜利要靠中国同志了解中国情况。在这样日益走向尖锐的短兵相接的阶级斗争的形势之下，无产阶级要取得胜利，就完全要靠他的政党——共产党的斗争策略的正确和坚决。共产党的正确而不动摇的斗争策略，决不是少数人坐在房子里能够产生的，它是要在群众的斗争过程中才能产生的，这就是说要在实际经验中才能产生（第115页）。

反对本本主义（1930年5月），《毛泽东选集》第一卷，人民出版社1991年版，第109—118页。

四　调查的技术

（1）要开调查会作讨论式的调查

只有这样才能近于正确，才能抽出结论。那种不开调查会，不作讨论式的调查，只凭一个人讲他的经验的方法，是容易犯错误的。那种只随便问一下子，不提出中心问题在会议席上经过辩论的方法，是不能抽出近于正确的结论的。

（2）调查会到些什么人？

要是能深切明了社会经济情况的人。以年龄说，老年人最好，因为他们有丰富的经验，不但懂得现状，而且明白因果。有斗争经验的青年人也要，因为他们有进步的思想，有锐利的观察。以职业说，工人也要，农民也要，商人也要，知识分子也要，有时兵士也要，流氓也要。自然，调查某个问题时，和那个问题无关的人不必在座，如调查商业时，工农学各业不必在座。

（3）开调查会人多好还是人少好？

看调查人的指挥能力。那种善于指挥的，可以多到十几个人或者二十几个人。人多有人多的好处，就是在做统计时（如征询贫农占农民总数的百分之几），在做结论时（如征询土地分配平均分好还是差别分好），能得到比较正确的回答，自然人多也有人多的坏处，指挥能力欠缺的人会无法使会场得到安静。究竟人多人少，要依调查人的情况决定。但是至少需要三人，不然会囿于见闻，不符合真实情况。

（4）要定调查纲目

纲目要事先准备，调查人按照纲目发问，会众口说。不明了的，有疑义的，提起辩论。所谓"调查纲目"，要有大纲，还要有细目，如"商业"是个大纲，"布匹"，"粮食"，"杂货"，"药材"都是细目，布匹下再分"洋布"，"土布"，"绸缎"各项细目。

（5）要亲身出马

凡担负指导工作的人，从乡政府主席到全国中央政府主席，从大队长到总司令，从支部书记到总书记，一定都要亲身从事社会经济的实际调查，不能单靠书面报告，因为二者是两回事。

（6）要深入

初次从事调查工作的人，要作一两回深入的调查工作，就是要了解一处地方（例如一个农村、一个城市），或者一个问题（例如粮食问题、货币问题）的底里。深切地了解一处地方或者一个问题了，往后调查别处地方、别个问题，便容易找到门路了。

（7）要自己做记录

调查不但要自己当主席，适当地指挥调查会的到会人，而且要自己做记录，把调查的结果记下来。假手于人是不行的。

反对本本主义（1930年5月），《毛泽东选集》第一卷，人民出版社1991年版，第116—118页。

目　　录

导　言

一　研究背景

中国社会科学院作为党中央的思想库、智囊团和马克思主义的坚强阵地，自2012年以来开展了一系列重大的马克思主义理论学科建设与理论研究工程项目（以下简称“马工程”）。农村发展研究所作为中国社会科学院研究“三农”问题的专门机构，按照“马工程”的总体要求，将马克思主义的基本原理用于指导中国农业、农村和农民现代化的伟大实践自是应有之义。同时，根据中国“三农”问题的客观实践，在中国特色社会主义理论框架下，发展具有中国特色的“三农”理论，也是理论创新的需要。2012年与原农村发展研究所农村政策研究室的其他同志一道编写了《马克思、恩格斯、列宁、斯大林论农业、农村和农民经典选编》一书，在此基础上，结合中国社会科学院开展的创新工程项目，设计了《我国农民价值观研究》这么一个与自己原来研究方向较远的题目，主要是发现已有文献及日常生活中，存在大量似是而非地描述传统中国农民价值观的说法，基本可用保守落后的小农意识来概念化。毛泽东主席早年在各种场合一再强调农民在中国革命和建设事业中的伟大作用的论述（见前略引的毛主席语录），一些人就是置若罔闻，装作读了很多马克思主义的书和正统马克思主义的样子，无视中国农村经济社会发展的现实，坚持他们的本本主义，对农民的生产生活不搞调查研究，坐在书斋中引经据典，乱说一通，这种情况要不得。

苏联作家契诃夫在他的短篇小说《农民》中写道：“绿色的树丛倒映在水里，树叶上的露珠闪闪发亮。四下里暖融融的，让人满心喜欢。多么美丽的早晨啊！若是没有贫穷，没有可怕的、无尽头的、哪儿也躲不掉的贫穷，大概这人世间的生活也像这早晨一样美丽吧！可是只消回头看一眼村子，就会清晰地记起昨天发生的一切，于是由周围的景色唤起的那份让人陶醉的幸福感，立即便消失了。”那充满诗意的乡愁掩盖了多少贫困农民的血泪，衣不裹体，饭不充饥，大字不识几个，任人欺辱，这是普通民众对发展中国家农民的基本印象。恩格斯在《德国农民战争》一文中对15世纪德国农民的地位是这样描写的：“处于所有这些阶级（平民反对派除外）之下的，就是全民族中大多数被剥削群众——农民。压在农民头上的是整个社会阶层：诸侯，官吏，贵族，僧侣，城市贵族和市民。无论农民是属于一个诸侯，或是属于一个帝国直属贵族，或是属于一个主教，或是属于一个寺院，或是属于一个城市，总之到处他都被当作一件东西看待，被当作牛马，甚至比牛马还不如。”农民，因其环境和技能约束，被历史地当作牛马。旧中国农民的贫困潦倒，薛暮桥在《旧中国的农村经济》中描述道：“这些雇役农民常在黑暗中间挣扎，用他们的笨重的步伐，跑完那条艰苦的人生道路，他们除掉打破自己头颈上的半封建的枷锁外，是永远不会获得光明的啊。”根据联合国经济与社会事务部2014年全球城市化展望报告，2014年全球72亿人口中，有近30亿的人以务农为生，而发展中国家的农民占了世界农民人口的90%。作为世界人口大国的中国和印度，两国农民数量是世界的一半。即使经过改革开放以来经济的快速增长，到2015年，中国农民中还有7000万人生活在绝对贫困线以下。可见，要实现传统农业大国的现代化，传统农民彻底摆脱贫困是一件多么重要而又艰巨的任务。

18世纪60年代英格兰中部开始了工业革命，标志着人类社会从农耕文明进入工业文明。机器的大规模使用极大地提高了劳动生产率，促进了科学技术进步和市场化发展，促使了传统农耕社会结构的解体和阶层分化。早期的工业列强的殖民式扩张引发了世界各国的内乱、暴力革命、战争，世界四大文明古国之一的中国在这场史无前例的大变革中，付出了惨重代价。没有迎头赶上工业革命的大清王朝在列强的船坚炮利中轰然倒塌，孙中山领导的资产阶级民主革命结束了2000多年的封建王朝制度，但在外强内乱中建立的中华民国政府没有能力外部抵御帝国主义的侵略，内部重建社会秩序，改善民生，保护民权，提升综合国力。多年的军阀混战，民不聊生，加之外敌入侵，使得中华民族陷入了生死存亡的深重灾难之中。“十月革命”一声炮响，为中国送来了马克思列宁主义。中国共产党领导下的新民主主义革命推翻了压在中国人民头上的三座大山，开始了具有中国特色社会主义建设的历史新阶段。

近代以来中国人民经受的各种苦难，其本质是发达的外部世界对内部僵化体制的结构性冲击。受冲击的不仅仅是上层的王公贵胄，下层的平民百姓更是饱受战争的蹂躏和践踏。受伤最深的，还是那些处于社会最下层、手无寸铁的农民阶级（层）。水能载舟亦能覆舟，正是那些没有多少文化，被视为保守落后，分散如口袋中的马铃薯，没有共同阶级意识，其阶级利益只能由他人代表的农民阶级，用两把菜刀闹革命的精神，在中国共产党的领导下，打败了日本侵略者，打垮了国民党反动派在大陆之腐朽统治，实现了中华民族之独立和解放。貌似弱小的农民，他们的力量又是何其强大！在谈到革命的原因时，毛泽东是这样说的："我在兴国调查中，知道地主占有土地达百分之四十，富农占有土地达百分之三十，地主、富农所共有的公堂土地为百分之十，总计地主与富农占有土地百分之八十，中农、贫农只占有百分之二十。但是，地主人口不过百分之一，富农人口不过百分之五，而贫农、中农人口则占百分之八十。一方面以百分之六的人口占有土地百分之八十；另一方面以百分之八十的人口则仅占有土地百分之二十。因此得出的结论，只有两个字：革命。因而也益增革命的信心，相信这个革命是能获得百分之八十以上人民的拥护和赞助的。"

《穀梁传·成公元年》："古者有四民。有士民，有商民，有农民，有工民。"农民与士、工、商为并列的四大社会职业之一。传统中国以农立国，重农思想根深蒂固，农民并不是最贱之民。在《诗经》中，农民更多地被称为"农夫"或"农人"。不管"农夫"或"农人"，都是指具体的从事农业的人，本身似不含身份或阶层的意义。在西周以至春秋时代，农民作为身份与职业统一的一个阶层，其称呼是"庶人"。"庶人"在当时的社会阶层等级中处于士之下，工商和奴隶之上①。到了近现代以后，工业革命的兴起，机器对劳动力的替代大大提高了工业、商业部门在国民经济中的比重，农民，特别是中国农民的社会地位江河日下。农民，不再是一职业称谓，而是落后、保守、不具有革命性阶级的小农意识的代表。《共产党宣言》谈到农民阶级时，认为农民不是革命的，而是保守的。不仅如此，他们甚至是反动的，因为他们试图使历史的车轮倒转。如果说他们是革命的，那是鉴于他们行将转入无产阶级的队伍。在经典马克思主义

① 李根蟠：《中国小农经济的起源及其早期形态》，《中国经济史研究》1998年第1期。

理论看来，农民阶级是介于无产阶级和资产阶级之间的“中间阶级”，有着保守性，工人阶级必须实现对农民的领导权，才能保证革命的胜利。[①] 马克思经典文本中认为农民具有小资产阶级和无产阶级的两重阶级属性，作为私有者的农民原本属于小资产阶级，但最终会沦落为无产阶级；随着资本主义生产方式的变迁和现代大农业的发展，农民必然逐渐破产并最终走向消亡，但农民是无产阶级革命需要争取的力量。

经典马克思理论语境中的农民概念，与大多数语境下指那些从事农业工作的劳动者有本质性差异。马克思主义思想体系下的农民是一个历史的、阶级的范畴。随着资本主义的灭亡和社会主义的胜利，阶级差别消失，农民作为一个阶级才会与其他阶级一道进入全面发展的自由王国，劳动异化不复存在，劳动者成为劳动的主人而不是奴隶。但是，在共产主义社会之前的历史阶段，人类社会还存在阶级差别和阶级斗争，农民作为一个特殊的阶级，由于从事的是小规模农业生产，决定了农民阶级意识具有保守、落后的特点。在经典的马克思理论看来，阶级意识是反映一定阶级特殊地位和利益的社会群体意识，在阶级社会中，各阶级的经济地位和生活条件不同，由此产生的物质利益对立和政治权力冲突，必然在意识形态领域中反映出来，形成各自的阶级意识。阶级意识包括阶级的欲望、情感、习惯等社会心理和意识形态。意识形态是阶级意识的主体部分，它高于并影响着阶级的心理。一定阶级的意识形态，是一定阶级的政治和经济地位的反映，是由一定阶级的经济地位决定的。进步阶级的阶级意识，对社会发展起着积极的促进作用；反动阶级的阶级意识，对社会发展起着阻碍作用。任何时代，占统治地位的阶级意识，总是该社会经济上占统治地位的阶级的意识，其他阶级则要受到统治阶级意识的影响。在很长的历史时期内，奴隶阶级和农民阶级由于其阶级地位的局限性，都未能把本阶级的意识同剥削阶级的意识完全区别开来，未能摆脱剥削阶级的意识形态束缚而形成本阶级的独立的意识形态。而无产阶级的阶级意识是在社会化大生产的基础上和同资产阶级的斗争过程中形成的。无产阶级经过马克思主义的教育，彻底摆脱资产阶级意识形态的影响，真正意识到自己的阶级地位和阶级利益，意识到自己崇高的历史使命：就是通过革命，建立社会主

---

① 从毛泽东主席的论述看，工人阶级领导不是工人阶级领导农民阶级，而是指共产党作为无产阶级政党，要领导一切可以革命的力量，实现革命的最终胜利。

义社会和共产主义社会。

价值观用来刻画一个社会，用以观察社会历史发展过程，可以用来解释人的生活目标、行为差别。马克思和恩格斯在批判资产阶级价值观的基础上，初步提出了共产主义的价值观，体现在19世纪40年代的《〈黑格尔法哲学批判〉导言》《1844年经济学哲学手稿》《哲学的贫困》《共产党宣言》等著作中。19世纪中期资本主义生产力水平的大发展，改变了人自身的生存方式，产业革命使阶级关系简单化，无产阶级作为独立的力量登上历史舞台，要求有能代表无产阶级利益的价值观。在马克思和恩格斯看来，资本主义制度下的异化劳动造成了价值观的扭曲，人与人之间、人与物之间的关系颠倒，人成为物的奴隶。资本主义生产越发展，穷人的贫困、奴役和折磨就越严重。资产阶级宣扬的超阶级、永恒的价值观如自由、平等、博爱等是苍白和虚伪的（罗国杰，2013）。①

不同民族、不同地区、不同国家和群体结构具有不同的价值观，农民这个群体，其经济、文化、社会、政治和日常生活由于其就业和生活场域相对于城市工商业者来说，具有明显的特殊性。按照经典的马克思主义观点，农民的生产方式决定着他们的阶级意识，因此不同阶级具有不同的价值观。在经典理论框架下，许多学者对农民意识、小农意识进行了批判性研究。比如张琳（2012）认为，小农文化心态是指建立在农耕文化基础上、农民文化传统和传统文化相互杂糅而成的一种文化心理和态度。农民文化传统有安土重迁、循规蹈矩、崇拜权力、追求平均和稳定、安贫守道、主张群体观念的特点。小农文化心态对马克思主义中国化产生了诸多不利影响。即使是那些走南闯北的农民工，在传统中国分散化、家庭式的自然经济基础上，也形成了农民工的小农意识：保守、缺乏竞争意识、严重依赖于血缘关系、人情重于契约等（黄进，2010）。刘永佶（2006）认为，社会存在的小农经济，集合于农民的观念，形成了小农意识。在以儒家道统为理论基础的官僚地主阶级意识形态中形成的小农意识，主要包括勤俭持家、安分守己、自私自利、只反贪官不反皇帝、平均主义和等级观念六个方面。郑琼现（2007）认为，小农的脆弱性使它呼唤专制和集权，小农的隔离状态使它淡漠民主，小农的安于现状使它排斥政治变革，小农的听命于天扼杀了对自由和人权的强烈需求。“小富即安”的农民意识指的是自我满足、自我平衡、自我保全，不愿

① 罗国杰主编：《马克思主义价值观研究》，人民出版社2013年版，第9页。

改变现状、不愿冒风险、不愿努力竞争之意，包括温饱自足、比较有余和无所作为三种类型（梅祖寿，2002）。袁银传（2000）对小农意识与中国现代化的关系进行了系统的分析，认为小农意识是小农在以自然经济为基础、家族血缘为本位的环境中形成并内化于其头脑中的认知心理、价值观念、思维方式和宗教意识的总和。

新中国成立60多年来，我国经济社会已发生了根本性变化，工业化、城镇化、信息化和农业现代化正同步推进，具有中国特色的社会主义市场经济全面发展，农民文化生活和价值观也随之而变。随着农村党团组织、基层政权、学校教育、文艺群体、各种新媒体等多方面作用的发挥，马克思主义人生观、价值观和共产主义理想对农村的渗透，都在重新塑造农民的基本价值观和基本人格。现阶段的农村，农民的文化教育程度、与社会交往和联系的广度、各种信息传播途径、基础设施建设水平，都使农民更加适应现代化生产和生活。在政治文化方面，几十年的社会主义政治生活使中国农村政治制度发生了根本变化，农民不仅参与政治生活和公共事务，而且参政议政能力增强。农民的民主意识、法制观念大大加强。经过社会主义新价值观的影响，平等信任、团结合作、互助互谅、真诚坦白、礼貌待人、见义勇为、弃恶扬善等新型农民价值观正在形成。虽然不可否认的是，农民还有很多不科学的生产、生活方式，农村还存在许多传统落后的因素，农村文化表现形式还很单一，迷信思想严重，农民科学文化水平还很低，但与传统中国农业社会或是与经典马克思主义语境下的欧洲封建小农相比，已是根本不同性质的农民阶级和农民群体，这就需要理论工作者根据变化了的农情，创造性地将马克思主义的基本原理与中国国情相结合，重新认识当下中国的社会阶层结构，重新认识农民阶层的价值观以及传统乡村的社会价值，提升农民对社会主义核心价值观的认同感，为促进城乡统筹和融合发展提供全新的思想武器。

马克思批评那些不认真分析国情的人说道，法国的社会主义和共产主义的文献是在居于统治地位的资产阶级的压迫下产生的，并且是同这种统治作斗争的文字表现，这种文献被搬到德国的时候，那里的资产阶级才刚刚开始进行反对封建专制制度的斗争。德国的哲学家、半哲学家和美文学家，贪婪地抓住了这种文献，不过他们忘记了：在这种著作从法国搬到德国的时候，法国的生活条件却没有同时搬过去。在德国的条件下，法国的文献完全失去了直接实践的意义，而只具有纯粹文献的形式。它必然表现为关于真正的社会、关于实现人的本质的无谓思辨。同样，将经典的马克思主义文献搬到中国来的时候，不可能将欧洲资本主义国家的生产生活条件搬到中国来。必然要将马克思主义中国化，将马克思主义的基本原理与中国革命和建设的实践相结合，深入乡村，分析当前我国农民阶层发生的深刻变化，拉住农民的手，问问他们在想什么，需要什么，才能制定出符合农村实际、改善农民生活的政策来。农民价值观研究，是“马工程”理论创新的需要，更是我国农村发展的客观需要。

二 研究目的和内容

（一）研究目的

历史从来不是按照先哲设想的轨迹运行，近现代中国社会变迁再次印证了这个假定。社会主义的中国脱胎于半殖民地、半封建的农业社会，没有经历过西欧发达国家所经历过的工业化、城镇化、市场化过程，资产阶级与工人阶级占社会人口的比重极小，社会的主体是文化程度低下的农民阶层。在这样的国家建设社会主义，照搬经典作家的理论用于指导“三农”工作是行不通的。某种意义上说，如何正确看待农民这一社会最大群体的阶级特征、价值观比政党如何看待工人阶级自身变得更为重要。在革命时期，正如毛泽东一再强调的，不依靠农民，饭没得吃，兵也没有，如何能成功？在建设时期，不调动几亿农民的积极性，不解决如此多低收入群体的民生问题，不带领他们实现农业、农村现代化，中国社会怎能实现现代化？比如，全国农民党员就有2000多万人，他们以农为生，生活在乡村，是我们党“三农”工作的核心力量，这些党员就是活生生的农民，如果简单照搬共产党是工人阶级先锋队的经典论述，[①] 势必会让他们的政

① 最近的党章指出中国共产党是中国工人阶级的先锋队，同时是中国人民和中华民族的先锋队。这个表述是“三个代表”思想的重要理论突破。但是，既然中国共产党是中国人民和中华民族的先锋队，又强调中国共产党是工人阶级的先锋队，在逻辑上存在一定的矛盾。因为有工人阶级，就必然有资产阶级。毫无疑问，当代中国社会资产阶级的一部分人群包含在了中国人民和中华民族这个更大的概念之内。中国共产党的政党性质不可能是那部分资产阶级的先锋队。实际上，随着中国经济社会发展，中国共产党的政党性质、政治目标也会与时俱进，而不能、也无法拘泥于经典马克思主义教条，人为分裂社会，制造阶级矛盾。只要拥护共产党的领导，有利于社会主义社会生产力发展，有利于国家富强、民主、文化繁荣的个人、组织，就能在法律框架下开展活动，不管是什么阶级。

治身份、政治目标与他们的日常工作和发展方向存在一定程度的背离，这并不利于中国共产党在农村各项工作的开展，也不利于农村共产党组织的建设。社会主义初级阶段的基本国情，要求我们从历史和现实的角度客观地分析农民阶级特性特别是农民意识即价值观问题。

国无农不稳，中国历朝历代都高度重视农业生产和农民问题。20 世纪中国两次重大社会变革都源于农村。20 世纪 80 年代初在农村实行以家庭联产承包责任制为主的农村经济体制改革，掀开了中国改革开放的序幕。自 2004 年始，中共中央连续 13 年的一号文件都以“三农”问题为主题，这是因为农业是国民经济发展的基础，农民占中国人口的比重还很大。农民问题一日不得解决，中国现代化目标就不可能实现。2015 年，中国城镇化率达到 56%，城镇居民人数已超过了农村居民人数，比如，当中国城镇化率达到 60%、80% 如欧美发达国家的社会结构时，如何理解《宪法》规定的“我国是工人阶级领导的工农联盟为基础的人民民主专政的国家”的国体性质？农民内部存在很大的个体性差异，区域的、性别的、收入的、宗教的、民族性的、文化程度上的，描述传统社会下的农民意识是否还存在？农民阶层分化后，各阶层之间会产生怎样的差别？如何认识城市居民与农村居民的价值观差异？当代农民阶层的基本价值观是什么？体现农民价值观重要维度的婚姻、家庭、养老、社会、政治、法律观是什么样？如何实现农民的最终解放和现代化？这些问题，都需要在实际调查基础上有一个系统的回答。因此，根据项目的总体目标，设计这一阶段具体的研究目标有：（1）农民价值观研究进展；（2）农民基本价值观分析；（3）农民婚姻、家庭和养老价值观；（4）农民社会和政治价值观；（5）农民解放条件与现代化。

（二）研究内容

根据项目研究的目标，设定项目研究的内容：

（1）梳理价值观，中国传统价值观、西方价值观以及我国农民价值观研究的现状；

（2）建构农民基本价值观分析方法；

（3）实证分析农民基本价值观；

（4）实证分析农民家庭、婚姻和养老观；

（5）实证分析农民社会和政治观；

（6）提出农民现代化目标、条件与政策。

三　研究方法

一般意义上的研究方法是指在研究中发现新现象、新事物，或提出新理论、新观点，揭示事物内在规律的工具和手段。毛泽东在他的经典著作《反对本本主义》中对调查技术进行了翔实的分析（见摘录的毛主席语录四），即使是今天的农村调查，除了调查内容和目的发生了变化外，很多方法至今也是适用的。农民价值观研究涉及很多实然和应然的问题讨论，项目更多地倾向于客观事实的调查，在此基础上归纳分析农民价值观总体和各维度的现状以及蕴含在其中的发展方向，最后从一种政策和应然的角度讨论农民的自由解放及现代化问题。作为农业经济学、社会学、政治学的综合性研究范畴，项目研究在借鉴价值哲学的相关论述基础上，更注重事实的调查。在价值观研究的立场和方法方面，始终坚持马克思主义的基本立场和分析框架，分析农民这个群体在新的社会经济环境中的基本价值取向以及相应的理论变革和应该采取的政策措施。

项目研究采用定性与定量，理论与实证，文献梳理与案例分析相结合的方法，以革命老区贵州省遵义市开展为期两年的农户、村镇干部价值观问卷调查（见附），收集定量和实证分析的基础数据，通过查阅相关统计资料，召开由各县（市）级主管部门领导、乡镇干部座谈会的方式了解当地农村经济社会发展概况。为了更好地理解近代中国共产党的革命历程以及制定有关农民问题的政策变化过程，除了阅读马克思主义经典作家有关“三农”问题的经典文献外，还多次到其他革命老区调查了解一些重大革命历史事件，以期为正确认识我国农民问题得到更多的感性认识，提出有利于实现我国农民现代化目标的政策措施。

（一）文献综述法

在经济学、社会学和政治学研究中，根据研究内容开展相关文献研读是研究工作的前提。社会科学研究对象有一个层次性问题，一般可分为宏观、中观和微观研究三个层次。在宏观层面，更多地依赖于历史数据和历史文献的收集、整理，把所要研究的问题放到特定的历史背景下，从历史发展的因果关系中去考察其中的发展规律，因此，我们坚持把唯物辩证法作为研究农民价值观的根本方法，一方面分析传统中国农民及农民价值观的发展变化过程；另一方面通过文献资料了解发达国家现代社会转型过程中的农民问题，将农民价值观问题置于历史的、国际的视角中。

（二）定性和定量相结合

研究农民价值观的现状，需要对价值观的总体结构有一个定量分析和因果分析，将价值观各维度的数量关系表现出来，可以对其现状和趋势有一个量上的把握。从定量的角度界定农民价值观，需要根据研究目的、内容设计调查表。调查表既包括结构性问题，也包括可供农民自由回答的开放性问题。结构性问题根据既定的数量分析手段设计，用于结构性分析；而开放性问题的结果更加多样化，有助于定性描述。

（三）个案分析

个案分析指的是对某一个体、某一群体或某一组织进行连续跟踪调查，从而研究其行为发展变化过程。个案研究法抽取研究对象中的个体加以调查研究，分析其特性、规律和形成过程。个案研究有三种基本类型：（1）个人调查，即对组织中的某一个人进行调查；（2）团体调查，是对某个组织或团体进行规模较大一些的调查；（3）问题调查，是对某个现象或问题进行专门调查。多数情况下，尽管个案分析以某些个体作为研究对象，但也可将研究结果归纳推广到整体，为政策制定提供借鉴。我们除了利用农户、村镇调查表开展问卷调查外，还对调查样本中具有很强代表性的务工人员、村干部、新型农业经营主体进行个案调查，这有助于我们更全面、更深刻地理解当代农民价值观现状。

四　报告结构

调研报告除去导言外，共分六章。导言部分包括界定研究的问题，提出研究内容和研究方法。接下来的第一章综述价值观研究现状，中国传统价值观及与西方价值观之比较；第二章是阶层分化与农民价值观，主要从理论上讨论阶级分层、不平等的历史过程、中国农民阶级分析的历史与现状以及农民价值观研究等四个方面的内容；第三章利用两年在革命老区遵义市四县的样本调查数据，在借鉴施瓦茨等关于价值观结构分析理论和方法基础上，用多维度分析法量化了农民基本价值观结构；第四章分别讨论了农民婚姻、家庭和养老等家庭组织层面上的价值观；第五章从更广的角度讨论农民的社会和政治观；第六章对农民解放条件的经典理论进行了理论反思并分析了农民现代化目标与相应的政策措施。

第一章　价值观及中西方价值观之比较

价值观是哲学研究的主要内容之一，是哲学教育的主要目的之一，是哲学理论转向社会实践的主要环节之一（袁贵仁，2006）。[①] 价值观对个体来说，是人社会化和主体性获得的核心内容。个体价值观在个体成长过程中得以形成和发展，反过来影响着个体的行为。价值观对于组织来说，是组织共同行动的黏合剂，是成员交互作用的重要调节手段，为组织成员所共同认同的价值特性和结构，影响着组织成员活动。这一章在梳理价值观研究的理论、方法基础上，对中西价值观的主要特点进行比较分析，为讨论农民价值观问题提供一个更宽广的视野。

第一节　价值观

价值、价值观念和价值观是相互联系而又有所区别的哲学范畴。价值的本质是价值观研究的逻辑起点和性质；价值观念，作为特有的一种精神形态，是人们关于基本价值的信念、信仰、理想的系统。价值观是价值意识的核心层次，是人的观念的一种（李德顺，2013；罗国杰，2013；黄凯锋，2007；袁贵仁，2006）。

一　价值

（一）概念

价值的本初意义是物品交易的价格，不同的哲学流派对价值的定义不同。新康德主义哲学家 R. H. 洛采、A. 里奇尔，唯意志论者尼采，无意识哲学家 E. Von. 哈特曼等将价值研究引入哲学领域。当代中国主流的是马

---

① 袁贵仁：《价值观的理论与实践：价值观若干问题的思考》，北京师范大学出版社 2006 年版，第 4 页。

克思主义哲学的价值论。对价值的认识主要有四类：（1）是客观事物本身或事物所具有的属性，即实体说或属性说。价值直接归结为客体，是具有价值的事物本身。（2）用人的兴趣或者需要来界定价值，即人本说。这种观点认为，衡量价值的标准是人的兴趣、欲望、需要、情感或者目的。（3）用客体对于主体所具有的意义或者有用性来解释价值，价值是客体对主体的有用性或者效用，即客体对于主体的需要、兴趣、愿望、目的的满足和实现所具有的作用。（4）从主体和客体的关系角度理解价值，认为要完整、准确地理解价值，只能从主体和客体之间的关系中把握。价值存在于主体与客体的关系中，是客体对于主体或者主体需要的一种肯定或者否定关系。马克思主义价值论（罗国杰，2013）认为：（1）价值与有价值的不能等同，价值的一般含义是千千万万个有价值的个别评价的抽象，揭示和反映的是众多的、具体的个别认识的共性和本质。（2）价值应当与价值实体及其属性分开。价值不能脱离开实体而孤立存在，价值不但以价值实体为基础，且是一个与事物的属性相联系的范畴。（3）价值不是主体的价值需要。价值问题只在人的世界中存在，但不能把价值看作人本性的对象化或者人本性向外辐射的结果。（4）价值不是主客体间僵死的关系，而是相互统一的结果。

价值就是事物对于人的意义，这一点上，各种价值学说大体相同，主要区别在于意义的存在和实质。观念说或精神存在说认为价值是人类的一种精神现象，不是一种客观的现实存在，容易导致价值相对主义。实体说认为价值是一种独立存在的实体或是现象体系，人们可以在世界某个地方或某种状态中找到它的终极存在，这容易导致价值观上的绝对主义或神秘主义。属性说认为价值虽非特殊的实体，却是某些实体所固有的或在某些情况下产生的属性。其中客体属性说认为客体的价值由客体本身所决定，容易导致价值绝对主义；主体属性说认为，价值就是作为主体人自身所固有的本性、意识、意志本身，人性就是价值。关系说认为意义本身是一个关系范畴，价值既不是某种独立的实体，也不是任何实体固有的属性，而是人所特有的对象性关系的产物。实践说认为价值是主客体关系的基本内容和要素，产生于人按照自己的尺度去认识世界改造世界的现实活动；价值的本质，是客体属性同人的主体尺度之间的一种统一，是世界对人的意义。价值问题需要立足于人的世界本身，充分认识人类特有的存在方式和活动特征。人类就是借助于这种意义，才能构造出科学知识和文化的对象，即客观世界。在实践中，客体的存在、属性和合乎规律的变化，是否具有与主体生存和发展相一致、相符合或相接近的意义，依主体尺度而区别为不同的性质：对主体的生存发展具有肯定的作用，或能够按照主体的尺度满足主体需要，即为正价值；反之则为负价值。

依据所满足的需要在主体生存发展中的整体性质和地位，人们常将价值区分为目的价值和手段价值。目的是指对一定需要的满足自身；手段则是达到目的所依靠的条件和过程。目的决定手段，手段检验目的。目的决定手段、选择手段，这是人作为有意识的、自觉的价值活动主体的特征。作为价值思维，是自觉明确目的，敢于坚持目的，积极选择手段来为目的服务。手段或工具选择以实现目的为标准，另外是社会规范标准。在功利主义理性原则下，教育、健康、文化、生育、环境保护等所有一切成为效用服务的手段。但是，这些价值很多自成目的性，本身就是目的价值。人类对未知领域的探索，很多科学家是在理想、信念、信仰的支持下，超越功利主义的崇高追求中实现的。一个 70 多岁的老者为了实现年轻时的梦想去考大学，考大学对他来说，自成目的性，而不是工具性。目的是主体内部规定性的具体化和现实化，是主体价值选择的定向机制。在认识中，主体按照自己的目的，把客体分解成能否为我的物质、能量、信息成分，从中发现主客体关系的前景，并规划达到这一前景的途径。

作为表达人类生活中一种普遍的关系的价值，是客体存在、属性和变化对于主体人的意义。作为外界物对于人的意义，价值问题是人类与生俱来的问题，价值关系从来都是人类实践的基本关系。人类对于价值问题的理解是一个从自发到自觉、从简单到复杂的过程。在哲学价值论的研究上，要坚持：（1）把人类生活实践及其历史发展作为价值研究的最终文本；（2）深入实践结构内部去揭示价值现象的意义；（3）价值联系着人的主体性存在，要用具体的、历史的主体分析方法去把握；（4）价值是指以主体尺度为尺度的一种主客体关系；（5）马克思哲学的价值取向是实践的唯物主义。现实的、具体的社会人，有个体、群体和类别等多个层次，主体不是抽象的、唯一的，而是具体的、多样的乃至多元的，社会上的价值取向和价值标准呈现多样化乃至多元化（李德顺，2013）。

（二）价值特点

按照主客体关系的价值学说，价值特点表现在：

1. 主体性

价值是对主客体相互关系的一种主体性描述，代表着客体主体化过程的性质和程度，也就是客体存在、属性和合乎规律的变化与主体尺度相一致、相符合或相接近的性质和程度。价值的基本尺度是主体的需要，如果没有主体的需要，客体就无价值可言。人是价值的创造者、实现者和享有者，是一切价值的主体和产生的根据、标准和归宿。物的价值及其等级和次序不是世界所固有的，都是按照人的尺度来排列。物的价值因人而异，客体的价值依主体而定，具体的主体性是具体价值的根本特性。现实生活中的同一客体对于不同的主体价值不同；同一客体对于同一主体的不同方面也可能有不同的价值；同一客体对于同一主体的同一方面，在不同的时空中也具有不同的价值。具体层次、具体关系上的主体决定着其独特的价值关系，而价值总是随着具体的主客体关系存在或消失，具体价值不可分割、不可替代和不可转移。价值主体性体现在价值关系中主体的地位上，在价值关系中处于主动和主导地位。不同层次的主体如个人、集体、阶级、民族、社会、人类，每一个低级层次同它的高一级层次之间，都通过个性和共性的关系联系起来并统一着。主体在价值关系的建立和价值实现过程中具有能动性、创造性和超越性。

2. 多元性

人类内部存在多样化生存条件、多样化利益差异和多样化角色分工，在一定范围的社会生活中，主体的存在是多元的，而每一主体会有一套自己的价值坐标体系，不同主体之间在价值关系上不可能彼此等同、重合或代替，因此价值具有多元性。价值的多样形态可以在同一根据和基础上最终综合、统一、一致起来，这是一元的多样性。另一种多样性是不能在同一基础上用同一根据加以综合统一的多样性，这是多元的多样性。在数学上可以用向量来表示。如果向量特征具有共线性，则多元性具有共同性；如果向量特征是正交的，则不具有共同的维度。

3. 多维性

价值的多维性是指每一个人或社会共同体，它自身结构和规定性的每一点、每一方面和每一过程，会产生对客体的需要，可能形成一定的价值关系，表现为具体的价值体验是可变化的、可选择的。这种变化和选择，往往是相互区别的价值方向之间的综合和转换。人类历史的进步过程，本身包含了人们不断发现和发展自己的本质、结构和规定性，从而使自己同自然界的价值关系在质、量和向度上不断地扩展的过程。价值的多维性，实质是人的本质的全面性和人的发展的全面性。对象性的价值关系，就是人以一种全面的方式，作为一个总体的人，占有自己的全面的本质。

4. 客观性

价值客观性的基础，根本上决定于主体本身的客观性实质，也就是主体的需要、活动和实践的客观性，对于价值的客观性来说，是决定性的基础和标志。人在进行价值判断时，不能脱离客观实际，必须以客体的属性和功能作为价值的客观基础。同时，主体的需要必须以人的生理条件和社会历史条件为基础。人的需要和能力，无论是生理的还是心理的、自然的还是社会的、物质的还是精神的，从根本上同人的社会存在相联系，有着不依赖于人的主观意志的客观性和必然性。价值的客观性最终通过主体生存发展的客观变化表现出来并得到验证。在所有的生活领域中有一个普遍的价值关系，即利益关系。承认社会生活是人的现实生活，而不是某种抽象的物质或观念运动，就得承认利益关系的客观存在，承认它的主体性和主体尺度。

（三）人的价值

人的价值是一个最根本、最重要的价值问题，是整个价值论的基本理念。价值是以承认人的主体地位为前提的，世界上存在价值关系和标准，是人主体地位的表现。同时，任何现实中的人是社会主体的一部分，也是一定社会关系中的客体，又是自己通过行动以满足自身需要的客体。人具有社会价值和自我价值。从人的现实形态出发，作为多种社会层次中的社会关系，人表现出的价值可认为是人的社会价值。当人把他的行为作为自己对象的客体，在需要和行为之间构成主客体关系，他的价值表现为人的自我价值。人的社会价值是人对他人和社会的意义，是社会评价的结果。人的社会价值是人对社会需要的满足，本质是个人对社会的贡献，为社会的生存和发展创造的价值。为了提高个人的社会价值，个人的贡献要大于对社会的享用。人的自我价值表现为自我实现、自我满足、自己丰富和发展自己，意味着人的自我负责、独立进取、自力更生和自我完善。人的自我价值不是一个抽象孤立的体系，是人的社会价值在人自身上的反映。因为个人的需要只能在社会生活中得到满足，个人自我价值的实现过程，也是占有、实现一定社会价值成果的过程。封闭的、自给自足的个人不可能很好地实现人的自我价值。个人只能从社会生活中，从他自己的实际社会贡献以及与之相称的社会地位中，看到个人的自我价值，不然就是主观的、虚幻的、脱离实际的自我评价。人的价值由什么决定，主要取决于人在自己的具体社会关系中的选择和创造。人在社会中，各自在自己的职业中实现个人的自我价值和社会价值，好坏不可以简单而论。个人实际上是被他人和社会所选择、评价的对象，选择的出发点是社会的需要和社会对此的理解。人道主义主要不是对被关怀救护者的要求，而是对他人和社会的要求，反映人和人类对待个体生命的态度、需要及其特征和水平。人道主义和人的价值历史地发生和发展演化的事实，表明人道需要是由人类的生存发展本身对于个体生命的依赖所决定的一种基本需要。

（四）价值意识和价值心理

价值意识是人们关于自然界、社会和思维的全部意识中有关价值内容的心理、思维、精神活动的总抽象、总概括。价值意识与意识中的非价值意识成分相区别、相联系，共同构成社会意识内容的整体。在社会意识形态中，人们基于自己的社会地位而抱有的社会立场、态度和观点居于主导地位，因此它们主要是具体的价值意识体系。在各种意识形式中，也不同程度地包含一定的知识内容。价值意识包括非理性认识，可由浅入深分为三个层次。一是朦胧的或不稳定的价值意识；二是人们从日常体验中提升的对某一类价值关系的较为稳定的思维模式；三是系统化、理论化的价值观。价值的意识论研究，着眼于人类的价值关系和价值现象在人的头脑即意识和精神活动中的存在和存在方式，包括自我价值意识的显现，即人的价值心理和价值观念，另外是价值关系中的客体和主客体关系状况的反映性认识，是价值意识中的认知和评价。

价值心理不同程度地表现在欲望、兴趣、情感和意志等形式中。需要是激发人的意识活动的基本动因，人的需要转化为人的主观意识想要的第一种形式，就是欲望。欲望直觉地、直观地表达主体的需要。欲望在意识中稍加发展，就成为愿望（想要）和动机。兴趣是个人对客体的一种积极选择性态度，表现为主动关切的兴奋状态。人对某些客体的欲望经过沉积，逐渐形成比较主动的自由的心理状态时，就成为兴趣。一个人或一些人各个方面的兴趣贯穿着这个人或这些人的一定精神本质特征，反映着主体特殊的生理或心理、社会特点，这是主体的趣味，即他的兴趣活动的基本取向和能力。通过趣味可以看到人们各种兴趣的实际意义和社会性质。趣味比兴趣更深刻地体现着人的客观需要、能力和条件。人的兴趣是能够通过趣味的变化加以调节的。在社会兴趣方面，人们的这种自觉性更为突出。与主体有机生理需要相联系的态度体验称为情绪，把与人的社会关系需要相联系并受社会关系制约的态度体验称作情感。人类的高级情感即社会情感，是认知与评价心理活动高度结合的形式，包括三种基本类型——道德感、美感和理智感。意志是人的价值心理的最高形式，是人自觉地确定目的并支配其行动以实现预定目的的心理过程。意志是人的价值心理达到了自觉、综合程度的形式，并不一定是理论的自觉，不一定是科学的综合，但是是人最高心理的价值意识。

二　价值观念

人们的价值意识，在具有社会共同方式的自觉水平上，成为价值观念。价值观念，指人们内心深处的价值取向或价值理念。一些学者认为价值观严格意义上讲是关于某个对象领域的学说系统，与价值观念不同（李德顺，2013），信念、信仰和理想是价值观念的特有形式。价值观念具有不同于科学认识和知识系统的特殊精神形式。如果说概念、判断、推理等是科学认识和知识系统的固有形式，那么构成价值观念的思想形式是信念、信仰和理想等。价值观念是以人们的价值关系和价值现象为对象的思想内容，它与客观的价值关系（包括物质和精神的价值关系）之间已经有了实质性的距离，成为纯粹的、相对独立的价值现象。

（一）信念

信就是相信、笃信，在精神上全部接受并服从之意，具有相当的非理性色彩，既可以是对某种理念的肯定，也可以是对某种理念的否定。信念虽然是一个常用的概念，但在理解上还存在巨大分歧。信念是人对某种现实或观念抱有深刻信任感的精神状态，体现了人在认识支配下，伴随着自身强烈的情感体验和坚定的意志追求的行为主体的心理特征，是坚信正确且必能产生良好结果的稳定的、持久的观念，表现为真理确认与价值认同基础上超越现实、超越自我，坚信未来美好结果的稳定的自我意识。信念有着复杂的层次和结构，由人们在生活和实践中确立起来，支撑着人们的精神世界，包含有较为强烈的情感价值取向。人们的活动确立了价值目标和行为导向，但不是对象对人的关系已成为既定事实，而是人没有完全把握同自身关系。信念的内容是从价值角度对现实和观念作出的价值判断，是在人们生活实践中实际体验了怎么想和做才有益而形成的活动模式。

不同的信念是不同价值实践经验的初步总结，可以是个别的、具体的、零散的，也可以是系统的、全面的。一个人可以有许多信念，并不一定形成自觉的系统。信念有科学和不科学、正确与错误之分。信念中包含的科学知识越多，可靠性越强。但信念的合理性和可靠性更在于思维方式和方法的合理性和可靠性。只有确立有效的科学思维方式，才能从根本上确立先进的信念。从社会角度看，社会主体中的主导集团或阶层常常用自己的意志作为信念的价值目标，要求成员以实现集团、阶层利益的目标与原则为个体的信念，并以理论、政策、方针等将主导性的意志和价值取向输入其中，通过宣传教育影响更多人的信念，以达到意志统一、目标一致的作用。

一般来说，当信念表现为对宇宙人生的总体性、普遍性观念和态度时，信念就成为信仰。

（二）信仰

信仰是人们关于最高价值的信念，表现为主体超越现实、超越自我、追求最高价值的自我意识，对具有最高价值的对象高度信服、景仰、向往、追求，以此统摄自己的精神世界，作为精神寄托的思想倾向，是主体对终极价值的追求。信仰在内容和作用上强化了信念，是人的一种精神状态或精神机制，给人们提供知识以外的关于未来的认识。构成信仰的内容，在人的价值意识中起着调节中枢的作用，使人的精神活动以此为核心并围绕这个核心形成一个完整的系统。信仰作为人生的主体力量，始终把某种信念置于思想和行动的统摄位置上，调动人的意志、情感、智慧和力量去实现。在引导和激励人的思想、感情、行为作用方面，信仰的力量比其他意识形式更大、更久。不同的人有不同的信仰，但信仰者对信仰的态度表现出极大的共性，即将信仰的意念当作人生实践活动的最高原则和指引。拥有信仰的人常常有清晰的人生方向和价值追求，在面临人生实践活动中的挫折和困境时，更有坚定的意志和不轻言放弃的态度。

人类需要信仰，以此确定人生的价值：或通过塑造完美的英雄形象，或勾画一幅美好的“来世”景象，构成人类社会向未来发展的精神支柱。人类可以增强生活的积极信念，引导人生活前进的方向。信仰与单一信念有所不同，信仰不是通过个别方面的实践形成的，而是由人们全部的社会条件、生活经历、知识及能力决定的，需要主体不断地探索、总结和反省。信仰受社会历史条件的制约，认识信仰的本质，对于理解社会不同群体的人生价值，特别是农民文化建设具有重大意义。

（三）理想

理想是人超越现实、超越自我、追求未来崇高价值目标和高度自觉的自我意识，是人类为之努力追求的、被视作最完美的人生价值目标范式。作为一种精神追求，理想是一个多层次的精神系统，具有超越性和现实性。理想的基本内容包括：（1）以一定信念和信仰为基础的价值目标体系；（2）以未来的实际形象为标志；（3）为人的思想和活动及其结果提供着自觉的典范。理想来源于人生活中最高的或极高的价值，而且是具体和形象的，在现实生活中可看到的通向目标的途径，因此理想有巨大的激励力量。理想的培养和确立，是人的精神生活的最高层次，对自然界、社会的本质和规律有正确的了解，更能形成和确立远大理想。作为一种思想意识，理想集中表现在一个人的政治立场、世界观和人生观方面。人们的政治立场有先进与反动，世界观有科学与不科学，人生观有崇高与卑下之别。因此，人们的理想也有先进与反动、崇高与卑下之分。实现崇高理想是人生的最高价值。理想的确立需要人们把具有明确的长远目标同现实条件结合起来，成熟的理想是使自己的思想和迈出的每次行动都向着理想目标接近。

信念、信仰和理想相互联系，但也有所区别。信念是情感、认知和意志的有机统一体，是人们在一定的认识基础上确立的对某种思想或事物坚信不疑并身体力行的心理态度和精神状态。信仰包含着对最高价值的追求，是人们对生活所持的某些长期的和必须加以捍卫的根本信念。理想是对未来事物的美好想象和希望，属于人的精神现象，具有超越性，它是人类对不完美现实的完美化和升华，是人最高的、终极的精神追求。信念、信仰、理想是价值观念的集中表现形态，是个体价值意识发展的最高形式，是处于支配地位的核心的价值观念。其中信念处于最低层次，理想居于最高层次。信仰支配一切的信念，具有专一性，同时决定着理想的内容和指向。信念往往是价值观念的具体表现形态，而价值观念所含的价值目标，价值追求，须借助于一定的信念才能实现。一个人形成某种信仰，就会有某种稳定的价值目标、价值追求、价值标准和价值规范，因此，信仰是一种价值观念，而且是支配性的、主导性的价值观念，也是最重要的价值观念。在信仰中居于支配地位的是信念，是对信仰对象的信服、崇拜。一个人会有多种价值观，但一个人的信仰表现专一。理想具有指导主体行为的巨大功能，将个体和社会引向美好的未来。

三 价值观

价值观是个人人品的根基，而对于一个阶层，一个社会、一个政党来讲，它的价值观决定了这个社会阶层、这个国家、这个政党的性质，因此也将决定着个人、阶层、社会、政党的历史命运。

（一）概念

价值观是人们对于客观存在的价值关系的反映，是人们关于价值问题和价值现象比较稳定的、深层的和系统的看法与观点。哲学上，价值观也就是价值论，是指关于价值的理论学说，是与每个人的人生追求和选择都有关的内容。就其形式而言，是由人们对某些基本价值的看法、信念、信仰、理想等所构成；就其内容而言，反映了主体的根本利益和需要，以及主体实现自己利益和需要的能力、活动方式等方面的主观特征，是以信什么、要什么、坚持追求和实现什么的方式存在于人的精神目标系统；就其功能而言，价值观起着评价标准的作用，是人们心目中用以衡量事物轻重、权衡得失的天平和尺子。①

在施瓦茨（Shalom H. Schwartz，1992、1994、2012）看来，价值观表现出六个方面特征：（1）价值观是信仰，同情绪相联。当触发、激活某些价值观时，就与个人的情感融合为一体。当人们的独立自主性受到威胁时，独立自主就会成为他们的重要价值观，而且当他们无论如何无法保护这种观念时，就会感到绝望；而他们能享有这种观念时，他们就会感到高兴和幸福。（2）价值观表示想通过行动来实现的目标。对于视社会秩序、社会公正和助人为乐为非常重要价值观念的人来说，就会在日常生活和行为中去追求和付出努力去实现。（3）价值观超越某种具体的行为和情景。服从和诚实，可能在工作、学校、体育、商业、政治与家庭、朋友、陌生人相关联，但这与具体行为和场合中的规则和态度是不同的。（4）价值观作为一种标准。价值观引导着行为、政策、人们对事件的选择和评估。人们决定什么是好或是坏，公正或是不合法，值得去做或是回避，这些都基于他们所持有的价值观的可能后果。但在日常生活决策中，价值观的影响很少被意识到。当行为或是评价同另外的人所持有的价值观有冲突时，价值观

---

① 黄凯锋主编：《当代中国价值观研究新取向》，学林出版社 2007 年版，第 1—2 页。

才容易引起人们的重视。(5) 价值观根据相对重要性来排序。每个人正是价值观系统而表现为一个特别的个体。一个人更看重结果或是公平，更看重新的东西或是传统，往往因为其价值层次与规则或态度是不相同的。(6) 多元价值观念引导着行为。任何典型的态度和行为都对某种价值取向有隐含意义。比如，参加教堂活动可能表示或推动传统，从众和安全，而对享乐和刺激不是那么看重。各种相互冲突、关联的价值观引导着个体的行为和态度。

价值观的一般结构和要素包括：(1) 主体的定位和自我意识，即主体意识。价值观念承担着评价标准系统的功能。主体意识是全部价值观念的核心，人是评价的原点。(2) 关于社会结构和秩序的理想、信念，包括个人的人生理想和信念，人们关于社会的理想和信念。(3) 关于社会规范的立场和选择。社会生活中的各种规范，是由社会生活结构和秩序规定的行为、规则系统。这构成日常生活的评价标准，表现出多元化特征。(4) 实践行为的心理意识，指人在一定价值观念的形成、应用过程中所依循和表现出来的深层思维和心理特征。(5) 本位价值，一个成熟的价值观念体系中，必然形成一种特殊的价值，当其他价值与它冲突时，最终服从于本位价值。

(二) 一般价值观和核心价值观

价值观是一个多层次、多维度的系统，从所处的地位来看，可以分为终极（最高）价值观、核心（主导）价值观、一般（非主导、边沿、从属）价值观。一般价值观散居于核心价值观的外围，仅为特定群体所持有，而且不稳定、缺少规则，由外及内其规则性越来越明显、引导力越来越强，统摄面越来越大、稳定度越来越高，到达核心层就是所谓的核心价值观。核心价值观是一个社会中居统治地位、起支配作用的核心理念，也是一个社会必须长期普遍遵循的基本价值准则。

个人核心价值观指个人在工作、生活过程中让自己信奉的信条。个人核心价值观是个人的重要组成部分，它是解决个人在生活、工作中如何处理内外矛盾的一系列准则，表明个人如何生存的主张。个人核心价值观深深根植于个人内心。它们是没有时限地引领个人进行一切工作、生活的指导性原则，在某种程度上，它的重要性甚至要超越个人的长远目标。对于社会价值观来说，其功能与个人价值观有所区别。(1) 批判功能。符合社会发展的客观要求的新社会价值观将以一种否定态度对现实的价值关系作出审视和批判，从而控制、削弱直至消除旧价值观的影响。（2）设计功能。价值观形成人们的理想追求。（3）导向功能。社会的发展要求人们在新旧价值观之间作出非此即彼的选择，或破旧立新，或维旧立新，一种价值观区别于另外一种价值观主要是看这种价值观的目标或动机。在一些西方学者看来，一些价值观是超文化的，具有普适性。因为个体很难靠单个的力量来满足其需求。人们必须明确表达他们适宜的目标，与其他人相互交流，并在追求他们目标中与其他人合作。从进化论的观点看，人类的基本价值观对于人类生存起着至关重要的作用。

人们的社会存在和社会生活是具体的、现实的，是属于一定时代的，反映社会存在和社会生活的价值观总是表现出鲜明的时代特点。它回应着特殊的时代性问题，表现着一定时代人们的需要和利益诉求，体现为时代要求的价值原则、价值规范和价值理想，表征着特定的时代精神。有什么性质的社会存在，就会有什么性质和内容的价值观。“随着每一次社会制度的巨大历史变革，人们的观点和观念也会发生变革。”不存在抽象的、超历史的、一成不变的价值观。价值观是一定群体在特定历史条件下，在长期的价值活动过程中，逐渐积淀、升华而形成的反映价值关系的社会意识。这种社会意识一旦形成或被接受，就反作用于群体的价值活动过程，成为对该群体价值活动起导向作用的知识背景和思维框架，决定着一定价值关系选择取舍的意向和态度。

一个民族在长期的共同生活和共同实践的基础上，逐渐形成具有该民族特色的价值原则、价值规范、价值理想，并通过历史的积淀和升华，使之成为该民族文化传统的核心和灵魂。价值观的民族性表现着一个民族区别于其他民族的精神气质。价值观与特定的主体相联系，其形成和发展与主体的社会地位、经济状况、文化传统密切相联系。正是由于不同历史时期，不同民族实践的方式不同才产生了价值观上的差异。东方和西方，汉族和其他民族，价值观存在不同。不同阶级社会中，人们自觉或不自觉地，归根结底总是从他们的阶级地位所依据的实际关系中，从他们进行生产和交换的经济关系中，获得自己的价值观，因而价值观总是带有阶级的特性。不同阶级由其阶级地位和经济利益所决定，有着不同的价值原则、价值规范、价值理想。作为阶级的价值观，它或者为统治阶级的利益辩护，或者代表被统治阶级对统治阶级的反抗和被统治阶级的未来利益。每一时代占统治地位的价值观都是统治阶级的价值观。一些人看得非常重要的价值观，对于另外一些人可能并不重要。但价值观作为一种社会意识，是在一定的历史条件下形成的，在阶级社会中，不同的阶级会有不同的价值观。作为人的有意识的选择与追求，会有先进与落后、真实与虚幻、正确与错误的差异。一种科学、合理、先进的价值观，正确地反映了某种价值关系。

（三）价值观研究概况

价值观的研究存在文化、社会、个体三种取向。三种研究取向在切入角度、内容选择和方法等方面各有侧重。文化层次的价值观研究把一个国家、一个民族长期以来所形成的文化积淀作为研究对象，从中梳理出这个国家和民族的价值观及价值取向。从事这种类型研究的多数是文化人类学者，也有一些社会学者和社会心理学者；社会层次的价值观研究对象常具有时代性，其研究目标在于反映价值观的变迁，一种体制、政策及自然环境变革所导致的价值观变化。一些社会性因素如经济状况、职业类型、生活区域、文化特点、政治制度、政策变革等是重要的考察对象。个体层面的价值观研究以个体的需要、认知、生活观念和行为为视角，通过个体价值观各维度的实证调查，综合归纳分析类似群体的价值观特征。目前从哲学角度研究价值观的文献最多，然后依次是心理学、社会学、教育学、政治学、经济学、文学、法律等学科。在教育领域涉及青少年价值观研究，而关于农民价值观问题的研究文献很少。

1. 个体、群体价值观的形成与相互关系

在马克思看来，“人的一切法律、政治、哲学、宗教等等观念归根结底都是从他们的经济生活条件、从他们的生产方式和产品交换方式中引导出来的”。[①] 因此，研究个人、群体、阶级（层）的价值观，需要从他们的生产方式和产品交换方式入手。个体价值观的形成是一个将价值心理提升为价值观念，进而提升为价值观的过程。在这个过程中，蕴含着个体价值观形成发展的心理机制，即价值理解—价值认同—价值选择—价值整合。[②] 价值理解是个体通过自己的思想接受、领会、获取外来的价值信息，并转化为自己价值体系的有机组成部分，具有个性化特征。个体因政治经

---

① 《马克思恩格斯全集》第21卷，人民出版社1965年版，第548页。

② 黄进：《价值冲突与精神皈依：社会转型期新生代农民工价值观研究》，南京师范大学出版社2010年版，第79页。

济地位、所处的现实环境、学识素养、生活经历、情绪情感的不同，造成个体思想结构、价值体系差异，从而产生不同的价值理解。价值认同分为自然认同和教育认同。自然认同指社会个体的成长和成熟过程中，主要由其生活的环境、方式所形成的社会价值认同。经过人的血缘、地域、民族风俗习惯、各种节日、礼仪，具有较多的情感成分。教育认同理性成分较高，是通过后天的教育学习对社会价值规范内容与意义的理性认识。从道理上认识到这种规范的好，进而遵从它。价值选择是个体在对社会价值规范理解、认同的基础上，按照一定的目的，根据自己的内在标准，自觉地对客体的属性、功能以及其对主体可能产生的效应，进行多方面的分析、比较、权衡、取舍的行为过程。价值整合是个体将纳入个体价值体系的各方面价值，从个体发展的整体出发加以调整、修正、更新、补充和完善的过程，使个体价值体系中的种种价值兼容并存，在总体上获得较高的、较全面的价值实现。各种价值行为方式是彼此交互作用的，并且反复不断地推动着个体价值观体系的丰富和发展，使之构建日趋完善。

与个人价值观相关的人生观、世界观。人生观是人们对人生目的、价值和道路的根本看法和态度，主要回答人生价值问题，具体体现在一个人具有的善恶观、生死观、幸福观、义利观方面。人生观形成后，贯穿于人生过程，支配人生活动，成为人生导向。世界观是人们对客观世界（自然界、人类社会、人自身以及人在外在世界的关系等）的总的看法和基本观点。世界观是在人的社会实践的基础上形成的。人们在社会中所处的地位不同，产生的世界观不同。在马克思主义者看来，世界观分为唯物主义世界观和唯心主义世界观。在人们的思想观念系统中，世界观居于核心地位，通过揭示世界发展变化规律、指明世界发展方向。

个体行为的相互交往中，都会产生自己的群体观念和群体意识。从夫妻、家庭、家族到社区、村民小组、村、乡、镇到整个社会，于是形成不同社会层次的价值观。家庭成员在冲突、适应、融合过程中会在一定时间段内达成相对稳定的价值观。随着社会群体边界的扩大，成员在相互联系中形成组、村、乡镇、县、省和更大的民族国家的价值观体系。价值冲突的概念指在价值评价、价值选择、价值创造的过程中内心价值观念不一致、不协调甚至激烈对峙的状态，并导致价值评价与选择中的迷茫和困惑。社会转型期价值冲突，宏观上看，主要表现为市场经济价值观与中国传统文化价值观、西方文化价值观、计划经济价值观的冲突；从微观上看，主要表现为功利性与非功利性价值观、个体与集体价值观、社会主导与基础价值观、目的性与手段性价值观、解释性与操作性价值观。

社会群体具有核心价值观。核心价值观在社会中占主导地位，然后辐射到社会生活的方方面面。核心价值观不是自然形成的，是一定的领袖、政党或某一集团的代表人物根据社会发展趋势，根据文化传统和现实的社会状况等提出来的。在社会成员中达到广泛的认同，从而使人们的价值目标达到某种一致性，对人们的思想和行为方式产生一定的指导作用和约束力，有利于社会稳定和发展。边沿价值观的聚合，是指社会中不占统治地位的价值观的某些合理内容逐渐被核心价值观所吸纳，并变成价值体系的一个有机组成部分。核心价值观与边沿价值观通过特定关系，国家与群体、群体与群体、群体与个人、个人与个人之间的社会关系，通过特定的文化形态中介相互影响。

2. 价值观的实证研究

个体层面的价值观研究注重对影响个体价值观形成的因素探讨。章志光 1993 年主编的《学生品德形成新探》中有多篇论文涉及青少年价值观的现状调查以及形成和作用机制，尝试把实验法引入价值观研究领域。研究者不再仅仅静态地去考察主体价值观的现状，而是把主体价值观与主体的亲社会行为、合作行为联系起来。辛志勇和金盛华（2002）从价值观与自我概念、自尊、生活满意度、主观幸福感、行为的关系角度进行了较为深入的探讨。

西方发达国家较早开展了社会层面的价值观研究。1953 年日本社会学者以 5 年为一个周期进行国民价值观跟踪调查。1981 年欧洲 9 国开展了价值观连续调查。豪福斯塔得（Hofstede, 1980）曾用一个包括 5 个维度的量表来测量全世界四十几个国家受雇人员的价值观。英格尔哈特—韦尔泽（Inglehart-Welzel）通过多年连续性调查，绘制了世界文化地图，他们认为可从传统与世俗的理性价值观和生存价值观与自我表现价值观三个维度刻画世界文化变化路径和特征。传统价值观强调宗教、家长与子女、权威，生存价值观更强调经济和物质安全，而自我表现价值观更取向于对经济和各种决策过程的参与。中国在社会层面的价值观研究连续性项目少，主要针对某一群体开展调查。黄希庭（1994）从政治、道德、审美、宗教、职业、人际、婚恋、自我、人生、幸福 10 个维度对青年群体的价值观进行调查分析。杨德广等（1997）开展的“当代大学生价值观研究”、苏颂兴等（2000）的“分化与整合——当代中国青年价值观”、吴鲁平等（2000）的“东亚社会价值的趋同与冲突——中日韩青年的社会意识比较”具有重要参考价值。宣兆凯（2011）在中国社会价值观现状及演变趋势研究中按三个层次抽取样本 3000 人，其中从事农林牧副渔业生产人员 618 人，追踪研究社会价值观变化趋势、多元价值观交汇与冲突、社会体系各类人群价值观差异性对比等，特别是分析了不同年龄、不同职业、不同性别和不同教育文化程度、政治面貌、宗教信仰的人群的价值观差异。

3. 价值观与经济发展

在亨廷顿等[①]人类文化学者看来，推动人们不停顿投资的价值观，不能是经济性的，否则，一旦取得经济成就，价值观即会随之消失。当一国人民富起来后，其价值观体系中除了发财致富以外，还必须有某种东西能敦促人们继续创造财富，永不满足。这“某种东西”应是非经济性的，也许是维护生存和安全，也许是拯救受难者，或者是追求卓越和威望，甚或是建造帝国，总之是永不满足的价值观。弗朗西斯·福山对社会资本的定义，就是一个群体的成员共同遵守的、例示的一套非正式价值观和行为规范，按照这一套价值观和行为规范，他们得以彼此合作。如果说殖民主义和依附两种因素不足以解释世界各地的贫穷和集权政治（而种族主义和种族歧视不足以解释国内少数民族的地位低下），如果说地理/气候因素无法解释太多例外（如热带的新加坡、中国香港、巴巴多斯和哥斯达黎加），过去半个世纪以来人类争取繁荣和政治多元化的进步不能令人满意，越来越多的学者、新闻工作者、政治家和实际从事发展工作的人，集中到文化上的价值观和态度在促进或阻碍进步方面所起的作用。如托克维尔认为美国政治制度之所以行得通，是因为文化适宜于民主；韦伯认为资本主义兴起是植根于宗教信仰的文化现象；爱德华·班菲尔德说明了意大利南部贫穷和专制的文化根源。哈特等认为各民族的文化价值观与政治表现及经济表现之间存在强有力的联系。

传统的信念或习俗，不论它看起来多么“古怪”，只要理解了它，就会看出它具有“适应意义”，社会文化体系，即使不是完全，也是大体上由适应性特征所组成（哈里斯，1960；坎贝尔，1974）。但坚持说一种传

---

① ［美］亨廷顿、哈里森主编：《文化的重要作用》，程克雄译，新华出版社 2002 年版，第 6 页。

统的信念或习俗既然多年沿袭下来，就一定在当地人们生活中起过有益的作用，那是错误的。传统的信念和习俗可能是有用的，甚至可能充当重要的适应机制，然而它们也可能是无用的，有害的，甚至是致命的。如在传统的非洲社会，认为只有天神才能改变永恒世界的逻辑就是有害的。世界以及人类的行为由天意注定。天意早在神秘的过去授给了开山祖宗，他们的智慧至今照亮着人生。那些地区的人通过讲故事和寓言赞颂祖先的光荣过去，却不努力为未来做改变。非洲人不愿意接受社会地位的改变，认为统治者和被统治者永远各居其位。这种逻辑演绎的结果是在非洲，你必须一出生下来就是统治者，否则你就没有当权的权利，除非搞政变。这种落后思想拒绝承认个人是一个自主的、负责任的生物。非洲传统文化观念认为非洲人植根于家庭，植根于老祖宗，人生方向与所在的集体相连，与社会相连。非洲人是家庭的个人，社会的个人，只能通过社会生活和家庭生活求得发展和兴旺。正是这种传统的价值观阻碍着非洲经济发展。

第二节　中国传统价值观

中国传统价值观的形成与其独特的自然环境和社会环境分不开。幅员辽阔的自然环境，自给自足的小农经济，家国同构的宗法制度，高度集中的中央集权制，这对中国传统价值观产生了影响（罗国杰，2013）。中国传统社会的经济基础是小规模的农业生产经营方式，在此基础上形成了独具特色的传统中国文化，总体上可用整体至上的价值观来表达。在自然观上，表现为“天人合一”，天地人一体；在历史观上，表现为家庭本位，家国同构，宗法一体。中国传统思维方式是一种整体思维，重顿悟（直觉、体悟）轻实证，重形象轻分析等认识特征与这种整体思维方式有关（袁贵仁，2006）。

一　中国传统价值观的基本特点

文崇一（1993）认为中国传统价值观在“富贵与道德相容”和“富贵与道德冲突”之间。传统中国人的人生理想是“升官发财”，发财是“富”，而升官为“贵”。朱永新（1992）认为用恋权情结（power complex）来反映中国人的心理特质和价值取向是比较适合的，表现在畏权、慕权、清官梦、升迁梦、滥用权等。引用广泛的社会学家费孝通的“差序格局”理论将中国传统价值观刻画为：中国人的伦理关系如把一粒石子投入水中，以自己为最中心，然后一圈圈推出去，愈推愈远，也愈推愈薄，社会范围是由一根根私人联系而构成的网络。中国传统价值观存在思想家的主导、社会的倡导和大众的奉行三个方面的冲突，如儒家与道家的积极与消极、有为与无为的分歧；社会倡导的儒家价值观与非正统的各家所主张的价值观之间有严重冲突；社会倡导的价值观与大众奉行的价值观反差大。在很多学者看来，德、礼、孝、忠、义是中国传统社会的主导价值观。中国人官本位思想的深层机理与中国权力在资源分配中所起的决定性作用联系在一起，这是极权专制制度下最为普遍的价值观形式。中国传统价值观是一个逐步演化的过程，单纯地、静态地说中国传统价值观是不符合历史发展的过程的，赵馥洁（2006）对此有系统的论述。

（一）统治者所倡导的主流价值观，总体性的东西就是德治

德治观念体系，是中国传统的主流价值观。德字出现在商朝卜辞中，与直相通，不具有规范意义。到了周朝，德始作为一个重要的道德规范。周人把德治看作是统治者兴邦治国的根本要求，德是获得奴隶和财富的有力思想武器。“尚力”者不得善终，“尚德”者终有天下。“仁”是德，“孝”是德，“忠”是德，“义”是德，温、良、恭、俭、让，……都可视作德的组成部分。礼作为整个社会的统一价值标准和行为规范，通过各种礼节仪式体现出来，礼节仪式是礼的外在形式。等级制度和伦理纲常被统治者看作是合理的、永恒的、神圣不可侵犯的。“仁”者性也，仁人志士是理想性的人格。“孝”出现在商代卜辞中，流行于西周。孝观念产生于血缘的“亲亲”关系，可能与嫡长子继承制的宗法制有关，在中国传统价值体系中具有根本性地位，是中国传统社会最具共识性和生命力的价值观，对于社会稳定发挥着重要作用。孔子提出了忠的概念，而使忠具有规范性意义的是韩非子，包含了真心诚意、积极为人的意思。义的源字是羊在上，下边是人手持戈。上面为羊示形，中间左右对称，象征公平之意。同时古代祭祀用羊，表达信仰。下边为持戈的武士，也可能是“我”的意思。义源字的意思就是，为了公平（或信仰）而战斗，对个人则是我为公平（或信仰）而战斗。

在中国古代哲学范畴体系中，有关“真伪”的认识论范畴很少并且地位不突出，中国哲学表现出“重人伦轻自然、重修养轻知识、重觉悟轻论证”的特点。真理与价值统一的思想，长期保持在直观思辨水平上。中国

思想家认为致知与修养不可分，穷理就是尽性，崇德就是致知。中国哲学推崇善而降低真的地位，同西方哲学推崇真而排斥善，似乎是同一个分化过程的两极形式（李德顺，2013）。孔子的“则天”思想，着重在引导人们去领悟“礼”和“仁义”；老子的“人法地，地法天，天法道，道法自然”所得出的结论是“无为”；墨子的“顺天而行”归结为“兼爱”。“天人”“义利”“理欲”“体用”“本末”“性习”“力命”，这些关于不同价值形态、价值标准、价值行为的概念成为长期争论的话题。

（二）五福是中国传统社会中大众的人生理想和生活信念

官方所倡导的核心价值观与民众生活所践行的价值取向存在差异性，官方不把福作为社会的核心价值观，但大众对福的祈求居于生活的核心地位。[①]《尚书·洪范》中论述五福为：一曰寿；二曰富；三曰康宁；四曰攸好德；五曰考终命。五种幸福的事是长寿、富裕、健康安宁、遵行美德和高寿善终。

1. 丰衣足食

在传统社会，特别在农村，能吃饱穿暖，就是福星高照，有福气了。儒家的基本取向是宣扬安贫乐道，把利义对立起来。虽然主流社会价值体系贬低人们对钱财的追求，但是民间却十分推崇钱财的作用。人为财死，鸟为食亡；有钱能使鬼推磨；有钱走遍天下，无钱寸步难行。这些都是对财富渴望的现实描述。人们对财富的渴望和追求使他们创造了种种关于财神的传说，认为财神爷负责管财富的赐予和分配，在此基础上产生了财神崇拜，并逐步演化为民间的求财习俗。

2. 高车驷马

“富”是可以通过勤劳节俭来实现的人生目标，但“贵”不是人人可求的。当官得有官运，官不仅可以丰衣足食，可以出人头地，而且当官被认为是人生的极大成功与幸福。读书做官是读书人的终极追求。除官宦之家，百姓人家实现禄愿，唯一的途径是读书。金榜题名的光环使许多人陶醉，禄与官相联，高官厚禄与荣华富贵是很多人的梦想。

3. 寿比南山

只有富贵是不够的，人还得长命百岁。皇上被尊称为万岁。先秦时代，五福中长寿观念已成为一种大众追求的人生观。西汉曾有王杖诏书

---

① 勾承益：《福音——中国民间求福习俗》，四川人民出版社1994年版。

令，规定凡年满70岁的老人，朝廷授予王杖，持王杖者有许多社会优待，打骂他们的可以以大逆不道的罪名问斩。在中国神话和民间传说中，有不少长寿灵物或象征。周、秦直至宋、元，祭祀寿星是王朝的国家祀典，至明代才废除。彭祖从夏朝活到商末，活了800多岁。中国文化具有很强的老年文化特征，民间给老人祝寿的礼仪显示了中国人对长寿的追求，很多长寿养生术在官府和民间都广为流行。

4. 儿孙满堂

在以农立国的宗法等级制度中，男子的多少往往决定着一个家庭的兴衰。家族人丁兴旺，子孙后代多，在社会秩序不稳定的大环境中，对于家庭成员安全、养老都具有重要的作用。

5. 行善积德

福就是无祸，通过为邻居、他人、社会行善积德，以求平平安安。普通百姓在日常生活中向各种神祈求福气。据不完全统计，传统祈福的习俗有20多种，如百神祭祀、福星高照、天官赐福、福神阳城、祭龙王祷福、祀灶祈福、爆竹迎福、数罗汉祈福、驱邪致福、百业祈福、风水致福、看相问福、寺庙摸福、摸物祈福、贵人赐福、取名求福、干亲赐福、福倒临门、岁终祷福，等等。

二　中国传统价值观的演化

中国传统价值观经历了一个漫长的历史演化过程，以每个时代特色和主体地位的价值观为标准，中国传统价值观可分为九个阶段（赵馥洁，2004）。

（一）“敬德”的提出

夏商时代，“上帝”“帝”“帝命”“天”“天命”的观念占主导。政治权力、道德规范的制定取决于天。商朝人认为天和神对自己意志和行动具有支配性作用，通过祭祀，取悦上天和祖先神，以期获得庇佑和保护。西周从商朝灭亡中体验到了天命无常，因此西周改变天命，提出敬德保民。周公看来，德是一种综合性概念，融信仰、道德、行政、政策、刑罚于一体。《尚书·康诰》中将敬天、祭祖、尊王、怜民、惠民、保民、新民、勤勉、谨慎、孝友、慎罚包括于德之中。敬德受命是道德的首要价值，在这种德命统一观念中，包含了中国传统哲学将必然与应然统一的思想萌芽。明德可达至治，崇德能成贤人。周人不仅重视道德的政治价值，开始认识道德的人格意义。周人认为，德只能从民身上反映出来。在人与天的关系上，突出人事，使人成为价值判断、社会活动的重要标准。周人崇德尚贤、佑贤辅德的价值观念，是后世儒家学者崇尚道德人格，赞扬君子、贤人、圣人的思想源头。把好德作为幸福的一项重要内容，是周初道德价值观的重要特征。出于祭祀需要，礼取得独立地位，普及于社会生活的各个方面，把礼作为维护秩序的主要规范，用于评价顺、逆、善、恶的标准。尊命、尊神、尊礼与尚忠、尚敬、尚文，是夏、商、周三代总体价值取向。礼是规范，形式是文，核心是德，尊礼和尚文的本质是崇尚道德价值。德、民、礼构成中国传统价值观的核心。

（二）“人道”争鸣

春秋战国时期，礼乐制度的破坏，百家争鸣、处士横议、学派林立、义利之辩等，正是战火纷飞时代引发价值观冲突的反映。这是围绕人的价值进行争鸣的历史时期，没有统一的主导性价值观。以儒、墨、道、法四家为代表，围绕天人、群己、义利、德力等问题展开争论。人者，仁也。孔子开创的儒家将仁义道德作为至高无上的人生价值，认为仁义是人的本质，是人之所以为人的根基，仁义道德是其他价值观的基础。孟子把仁义看作天爵，将道德作为价值评价的最高标准。仁义是崇高的价值目标，人要重义轻利。在社会价值导向上，将礼用于人的日常生活，人可充分发挥其主体能动性去实现仁义。政治上要实施德治、仁政，反对暴政，争取实现天下大同的理想社会目标。以墨子为代表的墨家，提倡贵义、尚利、义利统一的价值观。义者，利也。生存是人最根本的第一需要，而利益是仁义的核心，是保证人生存的第一要素。作为当时那些勤劳朴实、艰苦朴素、善良敦厚、乐于助人、勇于奉献的劳动者而言，义的价值应归结为利的价值。在人与人、人与社会关系上，要“兼相爱、交相利”，利人、利国和爱人、利人具有同等位置。治理国家要行善政，富国利民是对治国者最根本的要求，对人行为的评价应将行为动机和效果结合起来，而不仅仅从愿望出发。以老子、庄子为代表的道家的自然主义价值观以无私求、无亡作、不强制、顺应自然状态和过程为基点，人按照自己的本性行事，无束缚的自由是顺应自然的结果，是保身全生的重要手段。自然是人与社会关系的“道”，治国理政追求道法自然，无为而无不为。以商鞅、韩非为代表的法家是一种尚力、崇法的功利主义价值观。人性本恶，利己是人的本性，追求私利是个体的价值目标。世变道异、因时立法，在国家生活中，法才是保障社会秩序的根本手段。君主权力处于中心地位，决定和制约着法和术。法术之士应以公义为宗旨，去私而行公义。法家的公与私，实际是君臣、君民的利益关系，与墨家天下之公利不同。法家主张的政法型人格，与儒家的道德型人格、墨家的侠义型人格和道家的隐士型人格价值目标不同。先秦建立了中国传统价值观的基础，涉及价值观的各个维度。

（三）“纲常”的树立

秦汉以降，作为意识形态的价值观逐渐发展起来。汉武帝“罢黜百家，独尊儒术”后，儒家价值观作为维护社会秩序的主导价值观地位得到确立。最早见于东汉班固编的《白虎通义·三纲六纪》的“三纲五常”，成形于西汉，是儒家学说长期发展的结果。“纲常”注重人伦的社会价值，而不是宗教价值和自然价值，强调君权至上的政治价值观。君为臣纲居其首，君为臣的准则，臣民必须绝对地遵从君主、服从君主、忠于君主。在董仲舒及汉儒看来，尊卑等级是维护社会秩序的根本，家国群体价值观居于主导性位置。“三纲”关系中，就个人与群体的关系而言，个体须服从家、国更高层次的群体组织，承担个体对于家、国的责任。“三纲五常”价值体系的最终根源和最高原则来自天。天是至高无上、主宰一切的人格神，支配着自然界和社会上的一切事物。天同人一样有思想、有感情、有意志、有道德。与阴阳五行学说相结合，儒家学者将“三纲五常”解释为与宇宙结构、宇宙规律相符合的必然性法则，将应然规范变成了必然规范，达到必然与应然内在统一的目的。“阴阳五行”是天道，“三纲五常”是人道，遵循“三纲五常”就是发挥人的能动性，与天相参，隐含着“忠、孝、顺”义务的单向性特征。

（四）自然崇尚

魏晋是中国历史上一个重大变化时期，价值观上的天人关系以自然和名教之辩的形式出现。尽管先秦道家的观念得到了某种复兴，但玄学的主流仍上承儒学传统。相对于儒学而言，玄学所体现的儒家价值体系呈现新特点，突出地表现为对自然原则的空前重视。在崇尚自然观念的指引下，在人生无常的哀伤和人生短促的感叹中暗含着对人生、生命、内在人格的强烈欲求和留恋，是对生命价值的重新探索。这时期的思想家尝试重建天与人、自然与应然的内在统一关系，这种尝试既表现为化外在的名教为内在的道德本体（王弼），又表现为普遍本体与个体自由的融合（向秀、郭象）。魏晋玄学由化当然为自然而确认名教（当然）与自然的统一，体现了儒道合流的历史趋势。以名教（当然）的自然化重振名教的基本思路，表现为儒家价值体系的延伸；以仁义规定天性、为自然以安名分的玄学力图重建当然与自然的统一关系，但这种努力并没有重大突破。①

（五）万善同归

经过魏晋南北朝的割据和兼并战争，又经隋之暴政，唐初君臣们以史为鉴，提出了新的君民关系等治国策略，形成了中国历史上有名的“贞观之治”。隋唐沿袭儒家的“三纲五常”，意识形态内部由儒释道三教相争而走向融合，三家价值观念兼容并举。儒家的仁义道德、佛教的般若智慧、道教的生命眷恋形成了鼎立之势。儒家鼓励修身齐家治国平天下；佛教以轮回之说以解脱人生之苦；道教以延续人生自然之乐而追求神仙般的超越。

（六）天理营造

宋元明时期，价值观演变的标志是封建伦理道德的强化。道学家把儒家的道德价值绝对化，提高到了“天理”的高度，以“存天理，灭人欲”为价值标准，确定价值目标，选择价值对象。在程朱理学看来，天理是最高的价值准则。天理出于道心，人欲出于人心。道心是应遵从的价值准则，而人心是恶的，是人们在生活中就要抵制和排斥的。只有克尽人欲，才能实现人生价值的理想。理学家提出的存理去欲、崇义贬利、尚公非私、尊王贱霸等价值取向，是实现这种崇高价值理想的方式和途径，是为达到这种崇高精神境界而必须经过的修养功夫。宋明理学提出的天人合一境界，是真实性（诚）、生命性（生）、道德性（仁）、自由性（乐）相统一的理想境界。王阳明的心学提倡“致良知”，从人内心中去寻找“理”。“理”在人心，“理”化生宇宙天地万物，人秉其秀气，所以人心自承其精要。在知行关系上，强调知行合一。

（七）利欲萌动

明末清初，批判封建专制，扫荡空谈学风，主张理存乎于欲，欲遂其生，合私成公，且任物情，各从所好，把人欲、情感、个性的价值提到了重要地位，有情之人和有情之天下作为理想人格和理想社会。从明

① 杨国荣：《论魏晋价值观的重建》，《学术月刊》1993 年第 1 期。

中叶至明末清初，经济发展后，士林的傲诞、狂狷、疏放、怪癖，表现了人性的复苏和个性的自由，标示着礼教的崩析和人格的独立。社会存在普遍性的价值批判精神，高扬人欲、功利、情感、个性等价值，向传统的存理灭欲、重义轻利、崇公废私、贵群贬己、扬理抑情的价值观念提出了挑战。

（八）人权伸张

1840 年后开始了中国近代史，西方列强对传统中国社会带来了巨大挑战，引发了中国社会结构和价值观的剧变，初步形成了追求个性、平等、博爱、自由、民主、功利、独立性的价值观。鸦片战争前夕，龚自珍等人呼吁个性“自我”。鸦片战争之后，太平天国提倡“平等”“均平”观念。康有为等变法派宣传“天予人之权”。严复主张自营论，合理利己主义。孙中山等革命派提出人类社会已进入“民权时代”，力主“一国之人皆有自由、平等、博爱之精神”，都是人权思想在不同历史时期的体现。龚自珍的价值反思，表现在对个体的尊重和对私心的肯定。重视个体价值是对重群价值观的背离，推崇人的社会地位的平等，则是对传统等级特权价值观的反叛。仁爱、博爱在近代中国，与儒家爱有差等的仁爱相区别，具有基督教道德色彩。肯定民主、自由，人可以按自己的欲求、愿望和目的来决定和选择自己的行为，实现自己的人生目标，以此获得作为人的尊严和人生的崇高价值。

（九）个性解放

五四运动后，民主和科学是价值重估的两面旗帜，个性解放被视为实现人生价值的关键。新文化运动推动思想文化层面上的价值重估，促进国民价值观更新。在新文化运动者看来，传统价值观的要害是扼杀个性，因此建立新价值观就必须弘扬个性，实现个性解放。陈独秀认为自西洋文明传入中国后，思想界最初觉悟者为学术，其次为政治，然后是伦理。中国传统文化注重集体意志，以家族为本位，个人权利没有得到应有的尊重。传统中国宗法社会损坏独立自尊之人格，窒碍个人意志自由，剥夺个人法律上的平等权利，养成国民的依附性。鲁迅从进化论和个性角度批判传统价值观，认为“首在立人，人立而后凡事举，若其道术，乃必崇个性而张精神”。胡适说：“现在有人对你们说：牺牲你们个人的自由，便是为国家争自由，去救国家的自由。我对你们说：争你们个人的自由，便是为国家争自由！争你们自己的人格，便是为国家争人格！自由平等的国家不是一群奴才建造得起来的!”[①] 在新文化运动者看来，个性解放主要包括理性精神、权利意识、自由意志和自主人格。理性精神是指不受各种权威、圣人和偶像的束缚，不盲从和迷信，以个人的理性分析事物、区别是非、指导行为。权利意识是确定个性在社会、法律上的重要地位的价值观念，与义务观念相对应。自由意志是个性的内在要求，自由的发展和个性的发展是一致的。人格是个性特征的综合体，自主型人格是个性解放所要求的理性精神、权利意识、自由意志的综合表现。

三　中国传统价值观的总体评价

中国传统价值观形成于春秋战国时期的“诸子百家”，具有多样性、丰富性和历史性。总体上，儒、释、道、法几家的观念相互影响，而儒家占据主导性地位。中国传统伦理学说从宗法制度引申开来，思想家借助天道来建立人道。宗法伦理道德被本源化，道德规范渗透到社会生活中。个人的理想、信念、追求以及个人的欲望、需求、动机、思想有效地纳入道德评价范畴中。道德优先的人伦关系与现代社会所强调的契约精神存在一定程度的非兼容性，延缓了中国现代型社会的建立。

中国传统儒家崇仁义，明教化，价值范畴很多，如仁、义、忠、孝、信、智、礼、勇等，仁义为核心。爱人为仁，正我为义。儒家的君子型人格特征表现为文质彬彬，重义轻利，可以大授的责任能力，和而不争的处世态度以及执两用中的中庸思维方式。儒家追求的价值目标，就个人来说是成为君子，对社会来说是成为“德化”的社会。为了实现这一目标，提出了“人能弘道”和“修身为本”的价值实现论。在“道学问”中，具体化为五个步骤：“博学之、审问之、慎思之、明辨之、笃行之。”墨家的基本价值观为兼相爱，交相利。墨家弘扬功利，兼爱则是不分人我，不分亲疏、无差别地兼相爱，这与儒家差别之爱不同。在义利关系上，重利与贵义，二者内在统一，认同一种兼爱型人格：利人为人生宗旨；志强志达为修养目标；“言必信，行必果”的求实精神；以苦为乐的生活态度；急人所急的侠义作风。法家崇尚权力法治，价值论建立在人性自私的基础上，把君主权力和作为权力工具的法术看作最高价值手段。围绕君主权力，法家提出了法、术、势、刑、公、利、力等概念，构成了权力价值论

---

① 胡适：《易卜生主义》，《新青年》第4卷第6号，1918年6月15日。

体系。在法家看来，儒家的仁义之道不仅无用，虚伪，荒谬，而且十分有害。“行于示则主威分，慈仁听则法制毁。”法家把君主看为社会的价值主体，看作一切价值中的最高价值，看作社会治乱兴衰的根本。君主只有占据权位，掌握权力，才会发挥他在政治生活中的决定作用。“势”包括权力、地位和驾驭权力的能力。权轻则位卑，权重则位尊。权势是君主威严的基础。法术之士具有公义宗旨，变古精神，明察秋毫的能力，劲直品质和实干作风。中国传统社会作为主体的专制政治、农本经济和一统文化的格局基本没有超出法家的理想社会，也就是一些学者常说的外崇儒，内尊法的治国理念。道家的价值论、人生论是从其本体论、宇宙论延伸而来的。既然宇宙的本原是道，而道是自然无为的，那么人要遵循道，人也要自然无为，以无为的态度和方式处世。人无私求、不妄作、不强制，是顺应自然的状态和过程。自然纯朴的人性是最圆满的，人要“抱朴”“无欲”“复初”，以此恢复人的自然本性。道家的至人性格有：法天贵生宗旨；无己无为和用心若镜的处世态度；遗物离人的独立意志；游心无穷的精神境界。而在释者看来，一切皆苦，修行解脱。苦、集、灭、道“四谛”告诉信众人生的本质是苦，以及苦的原因、消除苦的方法和达到涅槃的最终目的。心性本觉，妄念所蔽。“因缘所生法，我说即是空，亦为是假名，亦是中道义。”中道才能导致人内心的宁静、内证、正觉和涅槃。

近代中国饱受西方列强凌辱，一些苦苦探索救国存亡之道的学者特别是马克思主义学者对中国传统价值观持强烈批评态度。他们从生产方式决定社会意识的思维出发，认为中国传统价值观相对于西方发达资本主义国家来说，传统中国自给自足的小农经济决定了中国传统价值观的农耕文化性质。小农是中国专制社会的经济基础，小农经济看似如伊甸园，实则是窒息个人独特气质与创造力的地狱。小农经济孕育出安土重迁的小农习性，使华夏民族几千年的历史练就一种保守性和包容性极强的文化心态。他们（江畅等，1997）认为农耕经济是一种和平自守的经济，由此派生的民族心理素质也是防守型的。中国传统礼教的精义在于“防”，中国人养成了安土重迁的习惯，不像古希腊人那样视海疆为坦途，以征伐为乐事，对超出一小块地域之外的一切感到不自在、神秘和不适应。传统文化注重整体的和谐，肯定公平，放弃效率，平均主义是整体主义和家庭本位的必然伴生物。与恋家相关的是恋土。中国人对于土地的赞美：“至哉坤元，万物资生，乃顺承天。坤厚载物，德合无疆，含弘光大，品物咸亨。”① 中国的政权就是土地政权，中国的战争就是土地战争。“乾，天也，故称乎父；坤，地也，故称乎母。”古代汉人所追求的是在自己的故土上从事周而复始的，自产自销的农业经济所必需的安宁和稳定。正是恋家恋土情结如铁链、牢笼，把人们的眼界锁住，把人们的心胸封闭，使抗争意识、冒险精神受到压抑，使人们目光短浅、知足常乐、开放意识缺乏、进取心萎缩、裙带风盛行。以家庭血缘关系次生的同乡关系、战友关系、人情关系后面是一种依赖性的人格。小农经济基础上产生的小农意识的本质是平均主义，在平均主义和中庸观念的文化氛围下，产生的理想人格不求强烈的自我表现，而是热衷于执两用中、均平田产、顺应自然、温顺谦和的君子风度。由于小农经济的脆弱性，中国人在天灾人祸面前习惯于把自己的利益和幸福寄托在真龙天子、青天老爷身上。在极权主义盛行的地方，民主政治就没有市场。历代统治者借助上层建筑中的国家政权强化儒家学说，排斥任何与其观念不一致的理论，意识形态的高度统一促成了中国传统的超稳定社会结构，使得社会发展缓慢，不能培育出具有现代意识的国民。

近来有些学者指出，从中古到当代，即使是在欧洲发达资本主义国家的英国、德国、法国以及美国和日本等国家，家庭农场经营（小农传统）仍是比雇佣型的资本主义大农场更具竞争力的生产组织形态（董正华，2014；文礼朋，2013）。传统的农耕经济形态是否为传统价值观的根本原因，是需要进一步思考的重大课题。传统中国文化观念与西方资本主义国家文化观念存在差异，但应是各有所长。不能因为工业文明发源于西方国家，就对中国传统社会进行全盘否定，妄自菲薄（梁漱溟，1921，1936，1937，1949②）。在新儒家③看来，儒家是“国学”的核心与主体。儒学植根于中国固有的价值系统而又能随时自我调整，适应了时代和社会的变化。而且相当大程度上是由于它为东方最有价值的思想体系，以至于今天

---

① 源自《易传》之《象传上·坤》；《易传》之《说卦传·第十章》。

② 梁漱溟影响力极大的代表作有《东西文化及其哲学》，1921 年 10 月由北京财政部印刷局初版，1922 年 1 月起由商务印书馆出版。《乡村建设大意》，1936 年 1 月由山东邹平乡村书店初版。《乡村建设理论》1937 年 3 月由山东邹平乡村书店初版。《答乡村建设批判》1941 年 2 月由重庆中国文化服务社出版，收入《全集》第二卷。《中国文化要义》1949 年 11 月由成都路明书店初版。

③ 狭义的新儒学，是指马一浮、梁漱溟、张君劢、熊十力等人所提倡的新儒学。广义的新儒学则可上溯到鸦片战争以来关于儒学变革的所有学说。

在某种意义上可说它是国学（传统文化）的代名词。近年来，中国内地兴起的国学热，世界各国大量孔子学院的兴建，都在说明中国传统价值观具有很强的生命力。

第三节 西方价值观

从历史的角度看，西方价值观指西方自古至今主导性的价值观念，包括古希腊罗马的幸福主义价值体系、中世纪以上帝为轴心的价值体系、近代以个体为轴心的价值体系和当代以个性自由发展和整体和谐有序为指向的价值体系。横向看，指西欧各国、美国以及继承西方文化传统的国家所信奉的主导性价值观。西方各国价值观存在较大差别，但这些国家的文化渊源于古希腊和希伯来文化传统，并经历了大致相似的历史发展过程，具有相似的政治经济制度。①

一 西方价值观总体特征

在研究价值哲学的学者看来，西方价值观的核心在于自由、民主和法治。个人主义是西方价值观的思想基础和立足点。在个人与整体关系中，个人是本位，国家和社会的使命是保护个人的权利。在所有的权利中，自由、民主、平等最为根本。个人生活的最高目标是幸福。② 在古代把具有美德理解为幸福；近代把获得利益理解为幸福，表现为利己主义；当代把享乐理解为幸福，表现为享乐主义。为达个人幸福生活，实现方式侧重于个人奋斗和实力竞争，强调个人的自主、自立精神，强调自己选择、自己决定、自己设计、自己创造的生存方式。推崇理性，重视知识，倡导勤奋，讲究节俭，重视冒险、投机、时间的价值。面对个人与社会目标之间的冲突，强调构建相应的制衡机制加以解决。强调正义或公平，对人们价值追求作出适当的限制，从而使社会处于和谐、稳定的有序状态。正义在

① 江畅、戴茂堂：《西方价值观念与当代中国》，湖北人民出版社 1997 年版；周建明：《西方核心价值观的生成以及对中国的参考意义》，潘维（编）《聚焦当代中国价值观》，生活·读书·新知三联书店 2008 年版，第 230 页；［美］E. M. 伯恩斯、P. L. 拉尔夫：《世界文明史》第 1 卷，罗经国等译，商务印书馆 1987 年版，第 259 页。

② 廖永松对哲学、心理学、经济学关于幸福的研究有较系统的文献梳理，参看《万年村的幸福》，中国社会科学出版社 2016 年版。

道德上包括利他、爱人、同情、尊重他人的人格、尊严、价值和权利。在法律上保证成员追求自由、平等权利。

相对于中国价值传统，当代西方价值观主要有四个基本特征：（1）功利化。把个体对利益的追求看作人的自然权利，看作人活动的根本动力和真正动机，强调追求个人利益的天然合理性。（2）理性化。价值观是个体理性选择的结果。（3）相对性。价值观被视作与个人的欲望和感情相联系，适用于特定社会，具有相对性。（4）多元性。在法律范围内，个体有广泛的选择和决断的自由。这种自由受到社会尊重，人们的价值观呈现多元化特征，社会群体能够互相包容。

二 西方价值观的演化

古希腊哲学是西方哲学的源泉，西方价值观的思想流变源自古希腊的智者。

（一）公元前1500年开始的迈锡尼时代到公元5世纪西罗马帝国灭亡

古希腊文明，以雅典形式为代表，表现出尊重肉体和心灵，对个人的尊严和价值给予高度重视。希腊精神是古代希腊人留给后代西方和世界的宝贵遗产，构成了整个西方文明和价值观的灵魂。早期希腊人对生活和人格追求持一种比较宽容、豁达的态度，他们并不把幸福等同于道德。以美作为基调的神话表明早期希腊人普遍地把美作为生活的最高追求，作为幸福生活最高境界的写照。个性的美在于貌美、力量和智慧。思想家、政治家、军事家作为社会精英阶层，代表着希腊精神。通过精英阶层的思想、行为和风范影响大众的意识和行为，使之成为社会普遍的价值追求。

对幸福的现实主义和乐观主义态度是希腊人的共识，主要有三种幸福观。一是快乐幸福观。赫拉克利特以德行、教养和审美情趣作为精神完美的内容，是这种幸福观的主要代表人物。他认为快乐就是幸福，包括肉体的、感官的快乐，也包括精神的、心灵的快乐。二是美德幸福观。苏格拉底、柏拉图认为按人的本性进行理性生活是幸福的，这种幸福观把美德与幸福等同起来。美德即知识，在苏格拉底看来，现实中人的恶行来自无知。善人是幸福的，恶人是不幸的。柏拉图认为理念为人心灵固有，但只有理性才能达到对理念的认识。善的生活就是感性服从于理性、快乐服从于智慧的生活。在他的理想国里，正义是国家的根本价值观。通过个人道德修养和社会制度的完善，实现社会和谐的理想。三是至善幸福观。梭伦针对当时人们把占有财富看作幸福，认为财富对于幸福是重要的条件，但提出没有美德的财富是不义之财的观点。亚里士多德在此基础上将其系统化，认为幸福生活要具备健康的身体、一定的财富和优良的品行。幸福是至善，是享乐主义、德性主义和至善主义的综合。幸福的生活存在于哲学的静观和合于伦理德性。幸福生活须有理性原则的指导。人是天生的政治动物，人的发展完善不能离开社会。追求思辨的幸福生活是最高的人生境界。

智慧、自由、民主、正义和法治是希腊社会推崇的基本价值观。古希腊七贤[①]因为他们有智慧，博学多才，德行过人而被广泛推崇。智慧包括理性智慧和实践智慧。理性智慧是一种超越自身的纯思辨活动；实践智慧则是有助于人们在实践活动中作出选择、决定善恶的智慧。智慧不仅具有工具价值，而且具有目的价值。在哲学观念上，认为经验是关于个别事物的知识，而技术是普通的知识，因此理论部门较之生产部门应有更高的智慧。自由是幸福生活的重要维度，有自由才有幸福，体现在自由的生活、自由谈论、自由思考、自由创作方面。追求民主政治，大众有参与国事或对国事有自由发表意见的权利。古希腊雅典城邦著名政治改革家克利斯提尼建立了历史上第一个奴隶制民主政治国家。公元前594年，梭伦提倡政治上定期召开公民大会，重大事情由大会决定。希腊神话中有专门司正义的女神，在他们看来，民主自由社会的制约机制是道德和法律，正义是根本。人的社会性使人需要正义和秩序，而人的理性则使人能节制自己，使行为符合正义。正义是安邦治国之本，是人区别于动物的基本标志之一。什么是正义？柏拉图认为正义即是个人美德，也是社会原则。对应于理性、意志和情感有三种美德，即智慧、勇敢和节制。三者相互融合，和谐就产生了正义。亚里士多德的正义有分配正义和平均正义两种，是良好社会秩序的基础。法治精神是社会价值体系的重要内容。从公元前6世纪到公元6世纪为止的罗马法，平民将法律看作为争取平等政治权利的依据，而统治者也将法律作为维护统治秩序的根本。罗马人认为法律是正义之术，源于理性，人类自然平等，依法治国和权力来自人民。民主、王权和贵族三合一的混合政体是理想中的罗马体制，主要分为公法和私法。公法包括国家机关及宗教祭祀活动的规定；私法包括所有权、债务、家庭、婚

---

① 古希腊七贤，包括梭伦、泰勒斯、奇伦、毕阿斯、庇塔库斯、佩里安德、克莱俄布卢。

姻、继承等方面。十二铜表法反映了立法为了平民大众和有法必依的思想，影响了罗马法律的方向。

（二）希伯来—基督教宗教观

在希伯来文化遗产中，包括了关于世界和人类起源的神话、历史传说以及希伯来古代的律法、希伯来先知制定教义和法规等内容的《旧约圣经》，是希伯来文化的总汇，是希伯来宗教的正典，涵盖律法、历史、先知和文集等内容，是这一时期西方价值观的集中体现。在整个中世纪，基督教所宣扬的价值准则和价值观在西方社会中占据支配地位。奥古斯丁、阿奎那等影响深远的哲学家，都持有以神为核心的信仰主义价值观。

《旧约圣经》的核心观念体现在：（1）上帝观念。上帝创造一切、统治一切和至高无上，没有形象和日常语言名称的耶和华具有人格，体现在他的意志、情感和欲望方面。相对于人而言，他具有人所不具有的智慧、能力和善性，即相对于人而言的全智、全能和全善。上帝创造万物和主宰万物，是真理、正义和道德的化身和标准，崇拜和服从上帝就是信守真理、正义和道德。（2）原罪观念。罪在自身，现实世界的罪恶、人类遭受的苦难，是上帝对人类的惩罚，罪在人类自身，而不在上帝。（3）契约观念。希伯来人长期生活在地处欧、亚、非交通要道的西亚地区，自古以来商业贸易十分发达，与商业贸易相伴随的契约观念影响着希伯来人的日常生活。（4）神选观念。上帝选择义人，也就是那些信奉、崇拜和服从他的人，作为他的选民。上帝多次与选民立约，违背了上帝的旨意要受到惩罚，选民在上帝面前平等。（5）救赎观念。与原罪观念、神选观念相应的，人类承认自己是上帝的罪人，必须赎罪，只有这样才能得到上帝的赦免，从而得到上帝的拯救。忏悔、祷告、献祭是希伯来宗教的固定仪式。（6）律法观念。摩西十诫的观念以及其他许多律例是由上帝制定的，上帝是立法者。上帝观念对于希伯来人抵御外族入侵和当地人的袭击，对于民族团结和统一具有重要作用。共同的信念使他们具有强烈的民族认同感、自豪感和凝聚力。有了这位王，就有了判断是非善恶的尺度，有了规范行为的律法和公正无私、执法严明的法官，就有了价值观念的轴心。

新约观念是基督教观念的核心内容，体现了基督教独特的宗教精神和基本价值观。犹太人在公元前后遭受罗马人的屠杀，为了心灵的慰藉，基督教在这些地区迅速发展起来。其倡导的新宗教观念有：天国来临，灵魂永生，自我否定，爱人如己和忍让宽容，其中爱是根本，体现了对人的终极关怀。天国来临，进入天国，就可进入永恒的生活。耶稣经常谈到永生，把永生看作是人生的最高追求和完满人生的标准。只要相信上帝，就可获得永生。永生并不意味着永久存在，而是指人的生活属于上帝统治着的世界。人过着一种有目的的生活，这种目的也是上帝的目的，只有上帝的目的才可以给予内在的统一、幸福和满足。人生内在的统一、幸福和满足可以使人的生活获得永恒的价值。只有在终极的目的中，人才能为自己的心灵找到宁静。永恒的生活服从伦理的要求，也是一种同上帝建立友谊的生活。现实世界的永恒生活是一种彼岸世界的生活，是一种将来的生活。耶稣把永恒生活看作是确定完满人生的真正标准，认为没有什么生活比受到上帝监督更有价值。如果符合上帝目的、充满友爱和自我奉献，生活决不会使人感到疲惫厌倦，反而使人感到内心充实，生气勃勃。这种生活方式使人感受到生命的永恒，为人的生存获得终极价值。基督拯救他人的唯一理由是存在永生这一事实，彼岸世界存在另一种生活。

无论是正统的，还是非正统的神学观念，作为自成体系的理论化价值观，包含三位一体，上帝存在，灵魂不朽，神学美德，天启真理等基本内容。圣父、圣子、圣灵是上帝的本体、存在和善。也有反对者认为圣子不是上帝，与上帝不是同性、同体的，而是从属于圣父的，是被造物；圣灵则比圣子更低一级。反对者认为三者按其威力、意志和品格来说，是一致的，但按其本性来说，不可能是一个实体，它们是三神。上帝既存在于心中，也存在于现实中。因为不能设想有比上帝更完善的东西。事物存在等级证明最好最美的存在。事物的治理证明无理性的事物没有意志不可能达到目的。灵魂不朽就是理智不朽。没有任何从外部发生在身上的事情可以刺激行善或作恶。上帝的恩惠在于对人们自由意志选择的公正奖惩，不是帮助人们进行选择。没有上帝的恩典，人的意志不可能选择正当的秩序和真正的幸福。基督教作为一种伦理化宗教，包含许多对个人品德的规定，要求人们行为正直、做事公义、说话诚实、不恶待朋友、不诽谤别人、不毁谤邻里、蔑视匪类、亲近敬畏耶和华的人、坚守自己的誓言、不放债取利、不受贿伤害无辜、行善永不动摇等。

（三）近代西方价值观

近代西方形成的价值观是在弘扬古希腊罗马价值观的基础上，基督教价值观作为补充，以适应西方市场经济发展需要而形成的，强调以个人为轴心，以自由、平等、获利、知识、勤劳、节俭、正义、法制为基本原则，兼具个体主义、民主主义、自由主义、快乐主义、利己主义、功利主义、理性主义、新教主义、乐观主义等诸多特征的价值观整体。

1. 人生来并且始终自由平等

文艺复兴运动中，人文主义思想家提出了以人为价值中心的人道主义价值观，将中世纪人的天堂幸福带回人世间。人文主义者在以人道反对神道、以人权反对神权、以人性反对神性的过程中，通过强调人的意志自由和个性发展来反对天主教会和神学对个人自然欲望、世俗幸福和个性发展的否定，认为人天性平等，反对封建等级制和教会制度。法国《人权宣言》第一条写道，“人们生来并且始终是自由的，在权利上是平等的；社会的差别只可以基于共同的利益”。这体现了自由、平等是近现代西方价值观最基本、也是最高的原则。

19 世纪以前西方思想家对自由平等有形而上学、政治哲学和新形而上学三条论证思路。形而上学的论证主要有法国哲学家伽桑狄、笛卡儿和德国哲学家莱布尼茨。伽桑狄对伊壁鸠鲁哲学的复兴反映了近代的时代趋势和要求，是对近代个体主义时代精神作出的回应。人具有自由意志，不仅有必然性，也有偶然性。人不是听任自然规律的任意摆布，而可以通过努力摆脱盲目的命运和冷酷的必然性；人的自由意志使其按照本性（追求快乐）生活成为可能；人的生活取决于自己，人的行为准则也取决于自己。笛卡尔认为，自然界的物质不仅指无机事物，也指植物、动物和人。既然所有物体都是实体，它们是独立的，具有独立性。莱布尼茨证明了以自由个体构成的社会是一种以上帝为统治者的最公正、最完善的正义国家，使社会获得最大可能幸福的幸福法则，把别人的幸福看作自己的爱的法则，以及赏善罚恶的正义法则。政治哲学论证主要有洛克和卢梭的天赋人权论。他们认为人生来就是自由的，不受任何权势的支配，而只受自己的理性影响。合法的国家只能是基于人民自由意志的社会契约的产物，它的目的完全是为了保证订约者的自由、平等、生命和财产。新形而上学的论证指德国古典哲学家对自由的思考，最主要的有康德和黑格尔。康德通过纯粹理性批判，给自由、道德信仰留下空间。这种论证使自由平等原则，特别是自由原则本体化，最终使自由原则成为一个不可动摇的哲学观念。黑格尔认为人自己的本质——理性——是客观地呈现给他的，它对人来说有客观的直接的存在。因为真的东西是普遍的意志和主观的意志的统一。人的理性是价值来源，价值观是人的理性的派生物。

在西方价值观中，自由包括人性之中天生的自由；与智慧和美德相联系的后天自由；完全依赖于有利环境所获得的、不同程度地拥有或因人而异的环境自由。政治自由和经济自由是自由的重要方面。经济自由通过权力分散缩小了政权的行使范围，自由市场可以大幅度抵消政权集中。同时，自由需要制约，这就是正义。个体只能享有正义所允许的自由，而正义的尺度就是法律。法律保障每个人的自由不受侵犯，因为人人平等。作为人所具有的尊严不同于事物的属性，它在程度上是没有差异的，全人类都平等地具有做人的尊严。无论条件平等或不平等，人可分为政治的、经济的和社会的平等或不平等。近代西方人追求环境平等，也就是条件的平等和机会的平等。从正义原则出发，那些贡献较大的人有正当理由比贡献较少的人获得更多财富，没有人拥有的比他足够实现基本生活所需要的还少，没有人拥有的比所有人拥有的还要多，正义或公平规定了社会财富占有差异不能过大。这种观念影响到欧美国家的经济政策，美国从罗斯福开始，经济政策从自由放任转向国家干预，西欧国家普遍实行高福利政策。经济学家凯恩斯认为对个人自由权利作出适当限制，这样可以缓和社会不平等导致社会失去秩序。但是20世纪30年代以波普尔为代表的哲学上的新自由主义，以哈耶克为代表的经济学上的新自由主义，以诺齐克为代表的政治学新自由主义认为，政府应是一种除了保护性功能之外再无其他功能的组织，管得最少的政府就是最好的政府。罗尔斯在自由与平等关系上采取中和态度，认为个人在政治思想、信念等方面的基本权利是不能以任何名义牺牲的，但在社会和经济利益分配领域内，可最大限度地改善处境最差者地位的原则。

2. 获利是人的责任

在韦伯看来，资本主义精神的特征在于把获利视为职业和事业，每个人感到对自己的职业或事业有伦理上的义务，促使他在事业上成功。[①]“生活中，一个人是为了他的事业才生存，而不是为了他的生存才经营事业”，工作成为生活不可或缺的组成部分。上帝应许的生存方式，不是要人们以苦修的禁欲主义超越世俗道德，而是要人完成个体在现世世界所处地位赋

---

① ［德］马克斯·韦伯：《新教伦理与资本主义精神》，于晓、陈维纲等译，生活·读书·新知三联书店1987年版，第59页。

予他的责任和义务。劳动是人生的目的，是生活的天职，是至善，是获得上帝恩宠的可靠手段。美国作家费迪南德·古恩伯格认为，资本主义精神就是“从牛身上刮油，从人身上赚钱”，代表了获利是近代西方价值观的核心思想。

霍布斯、爱尔维修、费尔巴哈的思想分别代表了17、18、19世纪三个不同时期和英、法、德三个不同国度的价值观取向。霍布斯认为自我保存是个人最基本的自然权利，是第一自然法，独立并优先于其他自然法，这区别于传统的人依附于自然和秩序的观念。爱尔维修认为人类有五种感官，唯一的动机就是求乐、避苦。人能感受到肉体的快乐和痛苦，所以逃避后者、追求前者。这是人的自爱本性，是永恒的，普遍的。自爱这种情感是人的肉体感受到的直接后果，与人不可分离。费尔巴哈认为人首先是自然界的产物。利己主义根植于人的新陈代谢中，利己天然合理。快乐只有通过利益才能获得，因而是否对自己有利成为判断行为合理性的标准。曼德威尔在他著名的《蜜蜂的寓言》中提出了人的“私恶即公利”的观点，认为不民主和不自由是国家贫穷和经济落后的原因。国家如果普遍节俭，意味着消费和生产规模下降。高消费带动生产，才能使经济繁荣，人民幸福。亚当·斯密在《国富论》中分析了追求私利的意义，将具有多元价值观的人抽象为“经济人”。“经济人”在经济活动中以实现个人效用为目标，通过分工、成本节约实现最大利益，实现一国财富的增长。最富有的国家也是最文明、最道德、最勤奋、最自由的国家，财富普遍增加会促进社会的自由、平等和幸福。人们自由发挥自己的个性，经济社会在单个人的自由竞争中自发调节是国富民强的关键。

在肯定利己合理性前提下，强调利己不能损害他人和社会的利益，相反要通过利他和社会公益来促进个人的利益的实现。勤劳、节俭的观念渊源于新教道德传统，是近现代西方对如何实现人的价值目标的基本态度。富兰克林说：“通往富裕之路就如去市场一样容易。它只有四个字：勤劳、节俭。”财富意味着人履行其职业责任，它不仅在道德上正当，合理，而且有助于社会的进步与发展。富兰克林将个人美德概括为十三种：不喝酒、沉默、有条理、果断、俭省、勤奋、真诚、公正、温和、清洁、安宁、贞节和谦逊。美国人推崇、钦佩白手起家的个人英雄。一个家境贫寒的孩子，经过诚实、勤奋的工作和简朴的生活，终于摆脱贫困，走上富裕之路而得到社会尊敬，这被视作“美国梦”的价值内核。

3. 知识就是力量

现代实验科学始祖培根，论述了实现价值目标的基本取向。知识或科学像自由、平等一样，具有工具和目的双重意义。知识是人自我完善的手段。“学问使人心和雅仁厚，易于治理，而愚昧则只能使人粗野蛮横，易于叛乱。”在培根看来，知识是滋养信仰最善的养料。科学知识能够不断为人类征服自然提供新方法、新工具、新途径，而且能够增加人类的幸福，减轻人类的痛苦。贝纳尔在1939年出版的《科学的社会功能》中，从现代意义上对科学的价值和功能作了系统研究。获得知识的途径和方法来自经验和理性。在经验主义看来，有直觉的知识，论证的知识和感觉的知识。感觉知识虽然缺乏普遍必然性，但是可作为生活的指南。经验科学所特有的方法是假说—演绎法。理性主义强调数学方法的普遍意义，倡导理性演绎法。逻辑实证主义认为，要证明一个命题是否有意义，必须看它是属于逻辑和数学命题，还是属于经验科学命题。一个命题不能被二者证明，就是一个虚假命题。

（四）当代西方价值观的新变化

工业革命以来，西方国家科学技术日新月异，生产力水平空前提高，但整个社会也出现了诸多新问题，主要表现在经济发展并没有带来居民幸福感的提高，反而引起社会吸毒、自杀、犯罪率增加，这引发了西方社会对片面追求个人享乐最大化的价值观的反思。

20世纪50年代，追求个人生理和心理欲望的满足，享乐主义之风在西方社会日渐弥漫。感官上的快乐就是人生的目的，追求极大限度的感官享受，导致自我中心主义滋长。现代西方社会的人们处于高度紧张的关系之中，人往往沦为现代社会的附属物甚至牺牲品。人们普遍感受到的是社会发展的压迫而不是馈赠，是恐惧和不安全感增加而不是舒心和幸福。技术渗透到现代西方社会的各个角落，成为发达工业社会的基础，成为现代化唯一真实的指标。技术取代了昔日的宗教，成为了新宗教。技术异化后，人成为了技术的奴隶而不是主人。理性主义的发展陷于畸形，人拥有了丰厚的物质却失去了精神家园。人作为生命体丧失了个性而走向平均化、标准化和普遍化。技术缩小了人的时空距离，但却扩大了人与人之间的情感距离，网络技术的发展更是如此。20世纪现象学学派创始人胡塞尔在反省欧洲文明的现实困境时，认为西方的实证主义精神传统抹杀了情感价值和生存意义，造成了客观主义和自然主义的偏执和西方人的精神倦怠，造成了现代社会的精神危机。法兰克福学派认为科学强调的是目的理性，致使价值目标日益萎缩，导致了非理性和新野蛮。现代西方社会倾向于理性化与知识化，遗忘了对人的终极关怀和价值实现，导致了深重的价值危机和普遍的精神焦虑。物质主义、享乐主义和科学主义，导致人文精神的扭曲、主体价值的遗忘、消费价值的看重，人际间的交往空前的孤独和失落。宾克莱在《理想的冲突：西方社会中变化的价值观念》中说，时代正进入相对主义时代。价值观不全是理性的结果，而是相对的，具有较大的不确定性。价值观相对于不同的社会文化或个人，不具有绝对性、客观性、统一性和普遍有效性。

在经济学方面，新古典福利经济学受到越来越多的批评，而幸福经济学备受人们关注，正是人们对以享乐主义为基础的经济发展模式的深刻反思。随着各国经济快速发展，全球资源环境问题变得突出，国际社会对唯收入论的经济发展模式提出了强烈质疑。人们开始反思单一的以收入为指标的经济测度模式，特别是用货币化效用表征的消费者快乐水平。Easterlin（1974）发现在一个国家之内收入高的人表达出更高的幸福感；可在进行国家间的比较时，至少在那些可以满足基本生活需要的国家之间，人们表达出的幸福感并没有太多差异。就美国而言，1946—1970 年间人均国民收入稳步增长，但居民报告的幸福感却没有太多的增长。Easterlin 的发现被称为 Easterlin 悖论，由英国华威大学的 Oswald（1997）所复兴。Oswald 观察西欧九国多年居民报告的幸福水平发现，收入增长并没增加居民的幸福，但就业与幸福高度相关。之后，一些经济学家、心理学家将哲学层面的幸福研究落实到实证层面。Kahneman and Krueger（2006）对主观幸福感（Subjective well-being）测定方法的进展进行了系统总结，幸福经济研究方兴未艾，都反映出西方价值观的新动向。

三　西方价值观对中国的影响

中国传统价值观与西方价值观都经历了长期的历史发展过程，随着全球化的加深，两种文化相互冲撞、相互影响的程度增强。总体上，中国传统价值观重视整体价值，以个体修养为基础，重视精神和道义追求，而西方价值观重视个体价值，追求国家公平正义，在义利关系上，更加强调功利原则。两种价值观有所差异，但并非没有共同的、本质性的内容。无论中国还是西方，价值观产生和发展的根本动力是社会实践活动，价值观的重要功能在于维护各自环境条件下人们的生产生活秩序。陆地文明、农耕生活为社会基础的中国传统，以血缘、姻亲关系组成的基本生产单元，要求家庭成员更加维系在以家为本的群体中。而孕育了西方价值观的古希腊，商业和航海是社会生产生活更为主要的模式，个体在海洋文明中形成了对神意志的重视（罗国杰，2013）。国家政治生活影响着社会价值观、个体价值观。任何一个政权，都会通过国家意识形态宣传，加深对社会成员价值观的影响，以此达到统治者需要的社会秩序。近代以来，由于科学技术的发展推动着中西方价值观的变化。同时，各民族、阶层价值观的矛盾和冲突对中西方价值观的完善和发展起着重要作用。

但是，近代以来中国科技发展水平落后西方，中国传统价值观受到西方价值观的强烈冲击。谁都无法否认，当前中国正处在一个价值观激烈冲突的时期，这是因为中国处在深刻而尚未完成的社会转型过程之中。辨识这种冲突的性质及其前景，首先需要正视近代以来中华民族的历史处境。近代以来，中华民族由于受到西方列强的侵略而陷入深刻的民族危机，中国传统价值观也受到西方文明的猛烈冲击。虽然中国在历史上也曾经历过不同文明的交流与碰撞，例如佛教传入后对中国文化的影响，但是近代西方文明的冲击就其广度和深度而言，都大大超过了历史上任何一次中外文化交流和碰撞对于中华民族的影响，今天仍然处在消化这种影响的历史后果中。鸦片战争以后，有识之士面对中西文化冲突曾经提出过各种不同的应对方案，除了一些调和折中的方案外，主要是保守的“中化派”与激进的“西化派”之间的交锋，20 世纪 30 年代发生了激烈的论战，一直持续到中华人民共和国成立之初。新中国成立后，这些论战被暂时中止了，但是改革开放后，旧的争论又改变形式继续重演。比如 20 世纪 80 年代曾出现以《河殇》为代表的“西化”思潮，90 年代以后又掀起持续至今的“国学热”，这些都是新的历史条件下中西文化之争的继续。① 总的来说，以儒家文化为主流的中国传统价值观，由西方传入的主要以欧美为代表的近现代价值观，改革开放前与毛泽东时代的体制相适应的传统社会主义价值观，改革开放实践中新生的价值观，这四种因素同时并存、相互交织，展开着激烈的争辩和交锋。

历史上，佛教传入中国，也是与中国的儒家“修身、齐家、治国、平

① 杨学功：《当前中国价值观冲突及其前景》，《天津社会科学》2013 年第 3 期。

天下”的思想观念相契合，才构成了中国独有的儒释道文化传统。外来价值观与一个群体内在结构和外在环境的交流过程中，在群体内演化出具有一定特征的思想观念和价值体系，进而影响着群体价值体系和行为。在一些文化学者看来，中国文化生长发育的东亚大陆与其他文明中心相距遥远，周边又是封闭的地理环境，使中国有一种自我封闭的可能性；而历时久远的自给自足的自然经济和宗法专制制度，使得中国有不求向外扩张的农耕文化传统。建立在自然经济形态上的小生产方式与西方近代社会相比，明显是缺乏活力的（江畅等，2004）。第一次是近代西方价值观渐入中国，历史上有“戊戌变法”，核心是“民主”与“科学”，即德先生和赛先生（Democracy and Science）；第二次是 20 世纪 70 年代，核心是“市场”和“法则”，即马先生和骡先生（Market and Law）。

今天与历史上不同的是，中国不仅面临着一般意义上的传统与现代化问题，而且面临着从传统的计划经济体制和与之相适应的社会结构向市场经济体制及与之相适应的社会结构转型。换言之，中国需要同步实现从传统农业社会向现代工业社会和从传统社会主义向中国特色社会主义的双重转型。因此，当前中国社会价值观念相互冲突和交织的情形，就比近代以来更加复杂。近代西方在工业革命以后，在新的生产方式基础上形成了新的社会结构，相应地建立了新的政治制度和思想文化，而西方近现代的价值观是与之相互适应的。所以说，真正对中国产生冲击的西方文化，不是古希腊罗马文化，也不是欧洲中世纪文化，而是现代的西方文化，亦即欧美现代文化，在全球取得了支配地位，而且至今仍表现出不可抗拒的强势。

当前，除了占主导地位的马克思主义价值观之外，在社会价值观领域，主要有新自由主义、文化保守主义、民族主义思潮等；在个体价值观中，享乐主义、金钱主义、极端利己主义、权力意志主义等价值观在社会中有较大的市场。中国人必须直面这种文化冲击，提出具有中国特色的新价值体系，这是转型中的中国最为急迫的问题。

第二章　阶层分化与农民价值观

1848年2月，30岁的卡尔·马克思和28岁的弗里德里希·恩格斯为共产主义者同盟起草了影响全世界走向的纲领《共产党宣言》。《共产党宣言》第一次全面系统地阐述了科学社会主义理论，明确指出至今一切社会的历史都是阶级斗争的历史。在过去的各个历史时期社会完全划分为各个不同的等级，社会地位分成多种多样的层次。但在资产阶级时代的阶级对立简单化了，整个社会分裂为资产阶级和无产阶级，中间等级的下层都将降落到无产阶级的队伍里来。包括农民在内的中间等级下层同资产阶级作斗争，都是为了维护他们中间等级的生存。所以农民不是革命的，而是保守的。不仅如此，他们甚至是反动的，因为他们力图使历史的车轮倒转。"十月革命"一声炮响为中国送来了马克思列宁主义，中国的阶级斗争并不是简单化了的资产阶级与无产阶级的斗争，而是一个半殖民地半封建社会下农民阶级与地主阶级之间的革命斗争。农民成为了革命力量的主体，并在中国共产党的领导下取得了最终的胜利。讨论中国农民的价值观，需要一个历史地比较和马克思主义视野。

第一节　阶层分化

一个广泛存在的社会现象：农民出身的人，其亲戚朋友大多也是农民，甚至包括他们的同学。在北京的普通中小学，来自普通中下层家庭的学生占比要远高于重点中小学。在中国的农业大学、农业研究单位即使是国务院下属的农业部，作为中国最高农业行政管理部门，农民出身的工作人员占比也远高于其他部委的工作人员。所以说，社会的不平等和阶级的划分，在当代中国是一个客观的现实。实际上，人与人之间的不平等和社会地位（社会资本）不同在世界各个国家都广泛存在。人们关心的是这种不平等性有多大，是如何产生的，将来会怎么样？由于中国农民普遍收入低，受到很多制度性歧视，从意识形态角度，农民意识的大帽子还沉重地戴在头上。人们不得不问，这种价值观歧视的依据何在？是有利于阶级冲突的解决及和谐社会的建立还是无助于社会公平正义的实现？

一 人类社会不平等的历史

（一）社会不平等的内涵

从社会学理论看，社会不平等是人们在获取有价值的资源、服务、地位时据此拥有不均等途径的状况。[①] 虽然不平等的产生同个人和群体地位高低、他人评价有关，但是人们在社会科层结构中所处的不同位置是社会不平等最重要的影响因素。具有不同的个人品质和社会角色的社会成员之间会产生社会差异，社会差异导致社会不平等。但是，社会差异并不必然地促使人们的品格、职位会被划分为高低不同的等级。在一些社会中，人们所处的地位不同，但并无价值观高低之分。在社会学分层理论看来，人自身处理事务的能力不同，在个人声望、荣誉方面会产生差异，导致社会不平等；另外，因为社会中的某些角色或地位使一些人处于能够获得比别人更多的有价物品和服务，扩大了社会的不平等。如果一个社会通过武力能带来更多收益，武士们常常能要求更多的回报获得更多尊重，而在一个社会分工复杂的社会里，组织和协调者会拥有更多的权威，从事简单劳动的工人、农民会在社会分工中处于相对弱势地位。社会分层指固定化或制度化了的不平等，并且存在一种社会制度，能够决定不同阶层的人得到不同的商品和服务，比如中国只有具有一定级别干部身份的人才可以在不同单位之间调动。制度化指有一个高低层次分明的制度体系，在这个体系中，那些占有一定地位的个体和群体能凭借制度规定实施更大的影响力而获得商品占有的优先权。如果某一阶级或阶层地位来自世袭，这种地位获得方式是先赋的；当阶级或阶层地位主要由个体自身能控制的因素决定时，这种地位获得方式是后天的。中国农民阶级目前的社会地位是典型的先赋型。

（二）人类不平等的历史

人类在比较固定的农耕区域定居下来形成社会的时间，距今只有 1 万

---

① ［美］哈罗德·R. 克博：《社会分层与不平等：历史、比较、全球视角下的阶级冲突》第七版，蒋超等译，上海人民出版社 2012 年版。

年的历史，在此之前人类大多处于一种近似平等的状态，与当代社会普遍的不平等形成巨大反差。按经典马克思主义理论，人类社会经历了原始社会、奴隶社会、封建社会、资本主义社会到将最终进入的共产主义社会。除了原始社会人的原始平等和共产主义社会的人人平等之外，其他都属于阶级社会。在阶级社会之中，统治阶级为了获得其统治地位，必然通过国家暴力机器，对被统治阶级进行残酷剥削和压迫。与生产力决定生产关系，生产关系反作用于生产力的论断相似，美国社会学家伦斯基（Gerhard Lenski）[①] 发现一个社会不平等的程度与社会的生产力和剩余商品的数量有关。当生产力水平较低而剩余产品较少或没有时，就没有阶层拥有支配社会资源的权力，社会存在普遍平等。而当技术进步并生产出更多的剩余时，不从事日常生产的精英阶层能够找到支配剩余商品的手段，将他们的权力凌驾于别的阶层之上并获得更大份额。人类社会的分配方式是从食品短缺的计划到半计划（权力）再到市场交易的方向演化的。在原始社会，食品分配结果平均，但分配方式是指令性的；在后来的农业社会，食品分配与权力紧密结合在一起，少数人占有大多数食品，大多数人占有相对均等的少数食品，生产资料、生活用品的分配也有很强的指令性。进入工业社会后，市场交易方式成为生产和分配的主要手段。伦斯基研究发现在农业社会中，占总人口2%的统治者和统治阶级得到的收入约占整个社会总收入的一半。在19世纪的俄国，这一群体占总人口的1.25%；在17世纪的英国，大约是1%；17世纪的法国，约为1.5%。与此相对照的是，绝大多数平民生活在极度贫困之中。历史经验表明，在一个生产技术水平低下的社会，资源短缺程度越高，对计划分配的需求越强，进而需要更强有力的权力制度。但是，在基于权力分配资源的社会中，不平等程度反而会随着技术进步而扩大。

10000—15000年前人类在狩猎采集生活时期出现了人口数量的快速增长，大多数考古学家认为当时许多地方面临食物来源减少，要找到一块没人占据的新领地变得异常困难。当时世界上人类居住密度较高的地方，比如北非和近东，食物和土地的持续短缺引发了很多部落之间的冲突。早期部落成员都要参与狩猎与农耕，对现存狩猎和采集部落的研究表明平均一

① 伦斯基认为人类社会是一个包含创新、信息传播和技术进步的社会变迁过程。他用社会文化演化来描述这个过程。他将人类社会分为狩猎、园艺、畜牧、农业和工业社会五个历史阶段。

个部落只有约50名成员，并且90%的时间处于游牧或者半游牧状态。人类进入狩猎方式生产食物的历史时期，用了100多万年才使人口达到1000万人的规模。但据估算，在农业社会（始于距今约10000年前）的起初8000年间，人类的总人口就从1000万人增加到了3亿人。在生产力水平很低的原始社会，人与食品（生活生产）之间的矛盾异常突出，部落内需要强有力的制度安排计划分配食物，才可能保证部落内部秩序及安全；而部落之间存在严酷的斗争，使得部落内部不会出现一人（部分人）将其他人杀死以争夺食物的情况，部落内部成员大多存在血缘亲缘关系，在族长的领导下，成员的平等性较高。人口增长与食品短缺之间的矛盾持续存在，部落之间的战争频繁，残酷。随着生产力水平提高，部落不再杀死战俘，而是将战俘变成奴隶，随之引发部落内部阶层之间的分化，完全计划分配的原始社会逐步进入部分精英的半计划与市场交易分配相结合的农业社会形态。原始社会末期到农业社会早期，那些如同今天发明了互联网技术的精英发明了许多农耕技术，如早期的铲棍、种子等，这些人实现了财富积累，在早期的农业部落中处于社会的上层。随着工匠、手工业者、少数商人及重要的政治和宗教人物的出现，社会差异扩大，私有产权产生了。原始社会部落规模只有50人左右，是以血缘和亲缘关系组织起来的家族（共婚制），这时的分配制度以原始家庭为基础，财产权公有，更是家族成员共有。原始社会财产制向早期农耕社会的私有制发展，是原始社会人群扩大，社会关系复杂化和农耕技术进步的结果。在一个技术水平低下，食物奇缺，自然灾害严重的农耕社会早期，维持先富部落和先富成员的财产权异常困难，早期社会秩序的维持必然更加残酷，战犯、罪犯、还不上债的人，变成了奴隶阶级，人类历史进入了第一个利用奴隶从事大规模活动的社会。

约5000年前，铲棍、耒耜被犁和灌溉技术所替代，这个时期定居农业持续发展，食品产量增加后，可以养活更多人口。先进的农业生产方式促使社会进一步分工，越来越多的人从农业中分化出来从事艺术、手工艺、宗教、战争等职业，家庭和家庭的联合体可以通过在农业上的成功获得较高的财富和权力，并且财富和地位的继承性增强。农业社会以前统治者被视为财富的共同管理者，但在农业帝国时代，他们变为财富拥有者。通过控制财产和生产剩余，统治者得以收买维系这一高度不平等体系运作官员的忠诚。即使存在很大的社会不平等，但社会上层通过如韦伯所说的科层制可以维持社会运行，保障了上层社会的利益。6 世纪前的欧洲，多数早期农业帝国衰落，人们聚居在一起以自保，像早期的农民一样，耕耘固定的小块土地。直到 13 世纪，技术进步使各种社会政治组织重构，欧洲出现了封建等级制度。封建等级制度最初主要由许多当地各自掌管、完全独立的庄园贵族组成。随着一些庄园主财富增加和权力扩大，在 14 世纪出现了现代意义上的国家。15 世纪的英格兰、法国，教会拥有全国近三分之一的土地。上等教士产生于贵族或上等社会，而下等教士主要是居住偏远的社区，从平民中招募。封建制度衰亡后，国际竞争加强，促使一个国家内部阶级的结盟。

世界各国生产力水平差异主要发生在工业革命之后。到了 16 世纪，一种新的工业体系开始在欧洲扎根，其改变社会性质的速度超过了以前任何一个时代。工业技术发展影响最大的有依赖于土地的旧贵族、政治精英和新兴的商人阶级。虽然平民（从事手工艺的工人、农民、面包师等）在技术进步中发挥了作用，但通常是被资本家利用的工具。平民以暴动、反抗的方式造成了很大的社会危机，暴力革命之后，受益者却是那些寻求将危机转化为自己利益的社会群体。在中国，政治精英成熟得更早。在工业革命之前，中国的许多技术和科学知识领先于欧洲国家，但统治中国的旧有帝国体系站在了商人阶级的对立面，阻碍了一场将能够令中国在 16 世纪前就支配世界经济变革的变化。

机器工业大范围的出现逐渐引起了农业和工业、农村和城市、农民和市民的对立。农业在社会中主体地位被工业取代后，农业社会中农民的先进地位随之丧失，逐步下沉到社会的最底层。16 世纪后，一个由欧洲主导的世界经济体系产生了，并不断将越来越多的强权国家卷入世界经济的冲突之中，强权国家将欠发达国家或地区变为其殖民地和半殖民地。葡萄牙、西班牙、荷兰、英格兰、法国相继出现了商业资本家对原来土地贵族的革命，进入资本主义社会。中国和俄国走了另外的发展道路，在马克思主义理论指导下，共产党领导的政治团体通过暴力革命走向了社会主义。在中国，虽然建立了社会主义基本制度，但城乡矛盾、工农矛盾突出，产生了新的农民问题，成为当代中国社会的基本矛盾之一。西方发达国家在封建社会向资本主义社会过渡的过程中，却较成功地实现了农民的市民化，城乡差异大大低于发展中国家。就当前中国的农民问题来说，主要表现在农民就业不充分，文化程度、社会地位、政治地位、收入水平低（相对于城镇居民或发达国家的农民来说）。农民进城务工，干了很多城镇劳动者不愿意做的苦、脏、笨、累和险的工作，但他们得不到城镇居民所拥有的各种制度性权益。应该看到，贫富差异和阶层分化，是一个全球性的问题。根据世界银行数据，全世界的贫困人口在增加，富人与贫困人口之间的比例在增大。即使在经济最为发达的美国，近 30 年最富有的 20% 的人口的收入和财富在总体中所占比例有显著的增长，但其余 80% 的美国人的收入和财富在总体中所占比例却明显减少了。与发展中的中国不同，发达国家城乡差异和农民问题并不突出，这些国家中产阶级群体占比较大。

中国是一个有几千年历史的国家，各个朝代农民的人口数量和地位有所不同，但在现代工业文明以前，农民阶层内部的分化主要体现在农地占有数量方面。在现代教育制度实施以前，贫困农民向上层社会流动[①]的途径极为有限。相比于近代西欧早期工业化国家，中国历史上工业也有较大程度的发展。在中国工业历史发展的过程中，工业部门是逐步增加的。在原始社会，工业种类很少，只有石器制造、骨角制造、陶器制造、纺织品制造、酿酒、编织等部门。奴隶社会增加了冶铜业（即青铜业），封建社会又增加了冶铁、制糖、棉纺织业等部门。从工业经营的方式来说，其发展的一般趋势，是由家庭手工业到作坊工业，再到工场手工业。中国的官府工业，历史悠久，自从奴隶制国家建立后，就有官府工业的存在。从西周到西汉，主要的工业部门，官府都设有作坊。统治者把手工业者集中到官府，以强制的手段迫使他们在官府作坊里进行制造。从春秋末期起，随着农业经济的发展、生产技术的提高、社会分工的扩大，不少手工业者脱离农业而独立。这时社会上除了官府工业作坊外，还出现了一批民间工业作坊。其时以冶铁业发展最快，因为它与人民生活有密切关系，其产品具有极大的市场。从东汉开始，社会分工方面有了进一步的发展，民间手工业者不断从农村中分化出来，向城市集中，成为独立的手工业者。这一时期，一方面是民间手工业者脱离农业而向城市集中；另一方面是官府工业在中国工业经济中仍占有主导地位，并在很大程度上限制民间手工业者的发展。到明、清两代，官府工业走上衰落的道路，民间工业则不断发展，官府工业与民间工业的同时并存。中国古代历代统治阶级的官府为满足统

① 社会流动为个体或群体在阶级体系中位置的移动。社会流动分为垂直流动和水平流动，个体在阶级体系内的上下移动和他们在相同等级不同位置上的移动。

治者的生活享受和政治、军事、财政需要而经营的手工业，又称作“官工业”或“官手工业”。[①]

二　新中国成立前农民阶层变动

中国传统农耕社会历来重视农业生产，在土地制度、收益分享机制及经营模式方面历经多次变革，但秦汉以降的郡县—编户齐民模式在大部分历史时期内占主导地位，表现出相对稳定性和强大生命力，是中国传统农耕社会的主流治理模式（胡怀国，2015）。[②] 中国封建社会中由私人经营的以手工劳动及其协作为基础的各种手工业，包括农民经营的与农业紧密联系在一起的家庭手工业、城乡劳动者经营的独立的个体手工业和地主豪强及其他工商业者经营的手工作坊或工矿作场。

（一）民国以前农民数量与阶层

历朝人口的增长，都是以农业的发展、农民数量的增加为基础的。由于封建王朝的政权更迭，农民数量并不是呈直线型增长，具有明显的波动

① 秦汉统一帝国建立后，逐渐形成一套庞大的官府手工业系统。汉王朝在京师长安（今陕西西安）由少府监管理兵器制造、仪仗用品和生活用品的官营作坊，在地方设置铁官、盐官、铜官、金官、服官等职官，分别管理各类官营工业。汉代规模最大有冶铁业和铸钱业，从业人数高时可达10万人以上。魏晋南北朝，官营工业也十分发达，朝廷大都设有平准令丞、署染令丞等官职，专管织造工艺。隋唐以后，官营工业有了更进一步的发展。唐代中央设少府监，掌管礼器、车舆以及织染、矿冶、铸钱等业；设将作监，掌管土木工匠；设军器监，掌管武器等军用品制造工场。因手工业的种类不同，监下设若干署，分门别类加以管理。宋代仅少府监下附设的一个掌管金银玉饰品制作的机构——文思院，就领有42座。内侍省里制造皇家嫁娶用品的有81座。在这些日用器物制作之外，还有土木工程，军器、车舆、礼器制造以及织染、盐铁等各业。元初统治者把俘虏和收括的工匠编为军匠和官局工匠，仅造作局的70多所就有官匠人42万户，未入匠籍的只是少数“畸零人匠”。这种系官工匠要子孙相继，婚配不能自主。各种手工业在“诸色人匠总管府”的统属之下，分“局”立“司”，专门制造。明初，官营工业种类有188种，工匠经常保持在30万人左右，仅宫廷内部管理作坊就有十几个机构。工部负责管理建筑、军器、织造等官工业，户部则管理制盐和印造钱币等官工业。其分支机构遍布全国，最多的是织染局；其次是宝泉、军器、杂造等局。在一些特产地区也设有专门机构，如景德镇的御器厂、产铁地区的铁冶、产盐地区的盐运司等。清代官府手工业分属内务府、工部和户部经营。它大致包括织造、陶瓷、铸钱、军火、造船及宫内御用手工业。清代官府手工业经营较之于前代，较多地以市场交换方式控制民营手工业，利用其为官府加工生产，使科派与加工关系交织在一起。如织造局实行的“领机给帖”、陶瓷业中的“官搭民烧”、铜矿业中采用的“放本收铜”等即是。随着民营手工业与市场经济发展以及王朝统治的衰弱，清中叶以后官府手工业日趋没落。参看祝慈寿《中国工业技术史》，重庆出版社1995年版。

② 胡怀国：《中国传统社会的“国营农场”及其转轨路径——兼论古代屯田的制度背景与演进逻辑》，《中国经济史研究》2015年第5期。

性、周期性特征。在封建王朝初期，农民数量较少，王朝政权巩固后，社会秩序稳定，经济发展特别是农产品供给增加，农民数量会较快的增长。而到了王朝中后期，权贵之间、权贵与社会底层之间矛盾激化，农业生产不能支持整个社会人口的需要，官僚腐败，外敌入侵，内部战乱，流民四起，社会秩序受到极大破坏，人口数量急剧下降，农民数量甚至会降到王朝初期以下。赵文林①在《中国人口史》中推算，战国时期（公元前300年），全国总人口为3200万人，赵冈推算，此时期的城市人口约509万人，农村人口约为2691万人（赵冈，2001②）；西汉平帝元始二年，全国的总户数为12233062户，总人口为6959497人，当时农业人口大体上占总人口的90%，因而，农业人口大约为53635480人；唐宋时期，由于科技进步，耕地单位面积产量提高，促进了人口的增长，农民人口达到一个新高峰。唐天宝十四年，全国共有人口8775多万人，其中农村人口7676万人；宋金对峙时的南宋宁宗嘉定十六年，总人口12540万人，城市人口占22.05%，农村人口为9774万人。经过战争的重创后，1381年有家户1065多万户，人口下降到5987多万人。社会稳定后，人口逐年增长，明中期以后的户口数已远远超过宋金时代。之后人口保持增长态势，到清代鸦片战争前的1820年，全国人口总数已达35300万人，而农村人口的比重达93.1%。到了1840年，全国总人口数增长到41281万人，农村人口的比重上升到了93.3%，总数达38512万人。自南宋始，我国人口迅速增长，即使受到连年战争内乱的影响，人口总数没有出现大幅下降。梁方仲编著的《中国历代户口、田地和田赋统计》提供了中国人口、田地变动的基本情况（见表2-1）。

表2-1　历代中国人口、田地、户数、每户平均亩数、每口平均亩数

时间	人数（万人）	耕地（亿亩）	人均耕地（亩/人）	户均耕地（亩/户）	户数（万户）
西汉平帝元始二年（2）	6959.5	8.27	13.88	67.61	1223.3
东汉光武帝中元二年（57）	2100.7	—	—	—	427.9

① 赵文林、谢淑君：《中国人口史》，人民出版社1988年版；葛剑雄主编：《中国人口史》，六卷本，复旦大学出版社2002年版；袁祖亮：《中国人口通史》，人民出版社2007年版。

② 赵冈：《农业经济史论集——产权、人口与农业生产》，中国农业出版社2001年版。

续表

时间	人数（万人）	耕地（亿亩）	人均耕地（亩/人）	户均耕地（亩/户）	户数（万户）
建康元年（144）	4973.1	6.89	13.87	69.33	994.7
三国（蜀、魏、吴）（263）	767	—	—	—	147
隋炀帝大业五年（609）	4601.9	5.59	—	62.7	890.7
唐天宝十四年（755）	5291.9	14.3	27.03	160.45	891.4
宋真宗景德三年（1006）	1628.0	18.6	11.42	25.08	741.7
元世祖至元二十八年（1291）	5984.9	—	—	—	1343.0
明太祖洪武十四年（1381）	5987.3	3.6	6.13	34.42	1065.4
清世祖顺治十二年（1655）	1403.3	3.88	—	14.40	—
宣宗道光十三年（1833）	39894.2	—	2.41	—	—

资料来源：梁方仲编著《中国历代户口、田地和田赋统计》，中华书局2008年版，第285页。

郑学檬（2005）[①]、蒋海升（2009）[②] 对中国经济通史和历代农民问题进行了研究。我国夏代（约公元前2070—前1600）无文字，商代土地所有权属于以商王为代表的国家，商代社会主要由贵族、平民、奴隶三个阶级构成，平民阶级包括公社农民与手工业者；奴隶的主要来源是战俘，属于贱民阶级。商代出现专门以做买卖为业的商人。

西周的土地制度与商代的土地所有制相似，仍是以周王为代表的国有制，对王畿以外的广大地域实行分封制，农民只有使用权，没有私有权，“野”的农民负担比“国”的农民负担重。西周手工业，主要是官营，门类、工种很多，有“百工”之说。包括青铜器制造、各种生产工具、兵器、制陶、纺织、皮毛加工、艺术品。商人也很活跃。春秋（公元前771—前476），铁制农具出现，促进了手工业、商业发展，这时期奴隶制向封建制转变。周王朝对全国控制减弱，地方诸侯坐大，土地变为各路地方势力所有。炼铁、纺织业繁荣，铁制农具有较大发展，垦地面积增加，牛耕出现，城市规模扩大。农民由耕种新旧贵族的土地转为耕种自己土地的自耕农，承担田租、军赋，是社会主要生产者。氓是从其他村社迁移出来的农民，是农业生产者，是过去的“农民工”。部分自耕农变为佃农、

① 郑学檬主编：《简明中国经济通史》，人民出版社2005年版。

② 蒋海升：《中国历代农民问题》，泰山出版社2009年版。

雇工流入城市做工。春秋战国是中国古代乡村的巨变时期，乡村地位提高和乡村人口觉醒。有众多人口与土地的乡村——野，成为各国兵源。将原有宗族统治集体土地授予野人及国中平民。野人和国中平民成为国家直接管理的编户齐名。社会阶层有所消除，官僚制代替贵族制，受过教育的、或者受过其他训练有一技之长的农民均被视作士，成为官僚的主要来源。各诸侯国有很多商贾巨富之人，这时的贱民阶层包括战俘、罪犯、抵债等各种原因形成的奴隶。

秦汉时期，实行郡县制，意味着中古社会的开始。中古社会肇始于秦汉，止于中唐，乡村出现了自耕农和庄园制两条发展形态。自耕农成为乡村社会的主体，同时，由大地产兼并而成为相对独立的经济形态的大庄园也占有一定比例。土地制度主要有国家土地所有制、地主土地所有制和自耕农、半自耕农土地所有制三种。秦汉社会最基本的阶级是地主阶级与农民阶级，皇族、官吏和一般地主，而自耕农、半自耕农、佃农、雇农都属于农民阶级。以末致富，以本守之，这时期有市籍的商人社会地位低下。西汉前期，百工中的“医、巫、商、贾”都不算良家子，后期有所变化。手工业有官营与私营两部分，包括家庭手工业和具有一定经营规模的以市场为目的的手工业两大部分。一般的自耕农，商品交易量占农产品10%以上，而大地主家庭，其经营的农产品商品率在80%以上。东汉后期，土地兼并普遍，豪强地主占地面积比例大增，自耕农破产，沦为大地主的佃农、部曲和家兵，东汉庄园经济较常见。失地农民增多，变成流离失所的流民，引发汉室统治的终结。

魏晋南北朝也是土地国家所有制，自耕农、半自耕农、佃农和雇佣劳动者，民间工匠编户齐民，官府做工。各类手工业者短缺，官府控制极严，即使贵族、官僚私占百工户也会受到惩罚。从民间征调百工户到官府作坊后，与配到作坊里的刑徒一起做工，世代相袭，社会地位卑下。晋、南朝继承了三国以来的世兵制，兵户世代当兵。兵户除服兵役外，还要耕田纺织，向国家交纳租调。兵户的地位比自耕农低，甚至比佃客还要低。均田制创行于北魏，经北齐、北周至唐中叶，前后历时300年左右。唐开元、天宝年间，土地买卖兼并非常严重，农民与地主之间分化产生了较大的社会冲突，引发了王朝更替。作为乡村结构的乡、亭、里，逐步变化为自然聚集的村。县、乡、村的结构，到宋时期初步形成。宗法血缘加官方体系的乡里体制向以地域为基础的乡村体制转变。与唐代相比，宋代王朝政府直接拥有的土地数量不多，只占全部耕地面积的十二分之一至十分之一。但是，宋代的自耕农小土地所有制变化较大，在赋税加重情况下，小农纷纷破产，土地兼并普遍化，官僚地主、豪强占地比例增大。北宋时，“公卿大臣之占田或千顷而不知止”。南宋土地兼并程度，远超北宋。土地高度集中后，地权与赋税版籍混乱，农村中有地无税、有税无田等赋税不均现象大量出现。王安石推行的方田均税法和免役法也相继失败，但以地为赋税原则的总趋势没有变。与晚唐、五代相比，宋代农民徭役减少且不服兵役，加上推行募役法，表明王朝对农民的人身控制有所削弱。

但是，元朝建立后，政府对农民的人身控制有所加强。在土地占有形式上，分为官田和私田。官田主要包括军屯田和民屯田、职田、学田、草场、牧场以及政府赏赐给贵族、官僚、寺观使用的土地。私田是各阶层私人占有的土地。从比例上看，经过战争征服、没收、通过权力大规模兼并，元朝官田占比增加。元代赋役制度混乱，对丁多地少农户都纳丁税，地多丁少者纳地税，这对无地少地的自耕农极为不利。除此外，农民要承担各种徭役、兵役、差役，农业生产和社会发展停滞不前，直到明中叶还处于恢复阶段。由于政治腐败，农民生活困难，明朝中叶农民起义增加，由张居正推行的“一条鞭法”的赋役制度改革，提高了赋役的公平性，促使以地而税的制度赋役改革更进一步。到清乾隆时期，全面推行摊丁入亩，表明官府对农民人身直接控制下降的历史总趋势。

近古社会始于唐宋之际，终于清末，这是中国古代乡村日益贫困化，乡村的生产能力无法支撑城镇人口增长的历史时期。城镇人口的增长，主要表现为官僚阶层、军事阶层人口的急剧增加，食利阶层快速扩大。工商阶层增加对原有的农业综合经营体系带来了压力。在诸子均分家产继承制下，人口增长使农业生产规模下降，人地矛盾日益突出。到清朝末年，一些地区的土地收益负增长，富者坐收租金，不愿意投资经营农业（今天就是不愿意搞实体经济），只有农民（今天是劳工阶层）苦苦支撑，最后天下分崩离析。但是应注意到，中国乡村社会的贫富差别较大和农民的弱势地位，农民之于地主的人身依附关系突出，但中国自耕农和半自耕农仍占农民的多数。宋以后，租佃地主与佃农之间的人身依附关系逐步下降，这与中世纪欧洲的封建领主与农奴之间的关系大不相同。不能简单地用西欧的封建关系搬到中国来分析传统中国乡村社会

(秦晖和苏文，1996)。[①] 中国封建社会有“朱门酒肉臭，路有冻死骨”，但是社会是在人身依附关系基础上按权分配的等级分化，而不是在所有制关系基础上按资分配的阶级分化。而且社会阶级分化的程度并不像一些人认为的那样必然与全社会的财富集中程度相一致。封建社会的最大弊端，与其说是剧烈的阶级分化，不如说是等级权力压制下民间阶级分化不发达。正是传统中国没有像西方封建社会晚期在平民等级中分化出一个强有力的富裕阶级，使中国社会深陷在宗法共同体中而没有与西方一道进入近代化过程。

（二）民国时期农民阶层

中华民国（1912—1949）是中国近代历史由旧向新转变的关键阶段。[②] 民国时期，中国处于半殖民地、半封建社会，国家主权处于半独立状态，全国主要有封建经济、民族资本主义经济和在华外国资本主义经济三种形式。鸦片战争以来，中国经济社会在外国资本主义的侵略下发生了巨大变化，原来封建的自给自足的自然经济受到了破坏，在中国一些地区出现了外国资本主义经济。他们利用不平等条约，享有许多特权。从清光绪二十年（1894）到宣统三年（1911），清政府向各国借款高达120382.5万银两。世界列强通过贷款控制了清政府的财政、金融、铁路和重要的工矿业。甲午战争之后，外国侵略者完全打开了中国的大门。由于长年的战乱，民国财政支出中，比例最大的是军费，民国十七年（1918），用于军费支出就占财政支出的48.3%，用于偿还各种债务占财政支出的34.2%，两项加在一起，占了民国财政支出的80.5%。在严重的政治经济社会危机中，政府自然无法集中力量发展经济，保障民生，更加剧了社会的动乱局面。资本主义式的近代经济有所发展，但也主要分布在沿海、沿江的一些大中城市及邻近地区，西部和边疆地区、广大的农村，资本主义市场经济发展缓慢，农村经济长期处于停滞状态，自给自足的自耕农占主体，整个社会成员大多陷入全面的赤贫状态，民不聊生，流民四起。1931—1947年，全国平均水稻最高产量383斤，小麦154斤，大豆183斤，玉米194斤，棉花只有34斤。1933年，除东北四省和甘、宁、青、新、滇、黔等

① 秦晖、苏文：《田园诗与狂想曲——关中模式与前近代社会再认识》，中央编译出版社1996年版，第1页。

② 郭飞平：《中国民国经济史》，人民出版社1994年版，第1页。

边远省份，全国17省共有工厂2435家，其中冀、鲁、苏、浙、闽、粤沿海6省有2241家，占92%；而上海一地就有1186家，占了全国的48.7%。1947年，全国20个城市中，上海、天津、青岛、广州这4个城市的企业占了全国的69%。民国时期的东北因日本侵略强行进入后，资本主义市场经济相对发达，在当时的工农业生产中占有重要位置。1940年前后，东北铁的产量占了全国总产量的79%。但是日本侵占地区的经济具有殖民性质，经济命脉掌控在日本人手中，只为日本侵华服务。

巫宝三（1942①）应用增加值法估算了1933年民国的国民收入，以此可以粗略地看到民国农民生活状况、与其他部门就业人员的阶层关系。1933年全国人口42949万人，人均国民收入（GDP）46元，折合12美元。同年美国人均GDP为313美元，民国人均GDP只有美国人均GDP的3.8%。在GDP构成中，1933年民国农业占了61%，制造业占了9.1%，商业占了12.6%；而同期美国农业已只占GDP的7.9%，可见民国生产和消费水平之低，国民普遍处于食不果腹的生活困境中。在巫宝三先生看来，民国时期生产经营活动的主体是地主与商人。民国早已脱离了自给自足的经济，不过却牢牢守住"有土斯有财"与"逐什一之利"的生产方式。1933年，全国28省4.29亿人，农业人口3.23亿人，占75.5%，非农业人口占全国人口24.5%。全国城市人口有8600万人，占全国总人口的20%，其中贫困人口阶层达到5700万人。全国农业人口中有佃农1.14亿人；半自耕农0.74亿人；自耕农1.35亿人。分阶层看，地主及富农占了53%的土地，中农及贫农占了47%；就户数而言，地主及富农占10%，中农及贫农占90%。中国农业所得中地租占45%，即45%的农业所得归占农户人口10%的地主及富农所有。总体上，与欧洲封建社会相比，中国的土地集中度还是不高的（见表2-2）。②

在制造业、矿冶业、运输交通业、营造业及商业中，工人阶级占了总所得的70%。1933年民国新增加投资为负值，特别是营造业（基建）新增投资基本为负，可见失业人数之多，经济凋敝之严重。

---

① 巫宝三：《中国国民所得（一九三三年）外一种：国民所得概论》，商务印书馆2011年版（民国三十四年十月中央研究院李庄官田社会研究所）。全国分生产货物及劳役的产业为九大类：农业，包括畜牧业、林业及渔业；矿冶业；制造业及手工业；营造业；交通运输业；商业，包括旅馆业、饮食业及娱乐业；金融业；住宅业；自由职业；公共行政。

② 1934年，吴文辉对当时中国地权状况的调查结果。

表 2 - 2　　全国农户占有土地比例

土地（亩）	户数（户）	百分比（%）
未满 10 亩	20532285	42.7
10—30 亩	12611998	26.4
30—50 亩	7651575	16.0
50—100 亩	4625096	9.7
100 亩以上	2467648	5.2
合计	47888602	100

资料来源：吴文辉《中国土地问题及其对策》，商务印书馆 1944 年版，第 128 页。

在共产党建立苏维埃红色政权之际的 1933 年，民国年人均粮食占有量 250 公斤，每天人均不足 1 公斤粮。佃农人口达 1.14 亿人，他们的年工资收入只有 80 元，其他各业工资最低的苦力、车夫年工资收入 120 元，金融业人员年收入可达 700 元，最高的是大学教授，年收入可达 2300 元，是农村佃农年收入的 30 倍。民国教授地位之高，真是奇迹（见表 2 - 3、表 2 - 4）。

表 2 - 3　　民国二十二年（1933）各业就业人员与工资水平

职业	农业	矿冶业	制造业工厂	手工业	车夫	苦力	店员	金融业	自由职业	其中大学教授
人数（万）	33200	73	74	1000	56	57	860	13.5	5.3	0.4
工资（元/天）	0.25	0.5	0.6	0.4	0.4	0.4	0.5	2.1	2.0	6.5

资料来源：根据巫宝三《中国国民所得（一九三三年）外一种：国民所得概论》数据资料整理，第 29 页。

表 2 - 4　　民国二十二年（1933）人均粮食产量　　单位：公斤

粮食	稻谷	糯稻	小麦	大麦	春麦	玉米	高粱	小米
246.8	114.4	2.1	25.6	5.6	1.5	9.4	13.1	13.3

资料来源：根据巫宝三《中国国民所得（一九三三年）外一种：国民所得概论》数据资料整理。

注：粮食包括了红萝卜。

正如毛泽东早期对中国革命主体力量的分析（见语录一、二），在如此民不聊生的历史时期，如果照搬经典马克思主义理论对资本主义社会的阶级分析，共产党的革命就会失去主体力量。生活极度贫困的农民（佃农）才是最革命的阶级，而不是保守的代表。对于这一点，毛泽东是这样说的，“地主阶级对于农民的残酷的经济剥削和政治压迫，迫使农民多次地举行起义，以反抗地主阶级的统治。……在中国封建社会里，只有这种农民的阶级斗争、农民的起义和农民的战争，才是历史发展的真正动力”。[①] 回顾中国古代土地、赋役制度发展过程，史家归纳出两条基本规律：一是土地兼并不治之症；二是所谓的“黄宗羲定律”，农民负担成为积累莫返之害。土地兼并导致政府财政收入减少，自耕农破产，陷入贫困，社会贫富分化严重。但是每次赋役改革农民负担有所减缓后，很快因政府膨胀、腐败又添加各种摊派和附加，引发农民暴动。[②] 从北魏均田制到北齐、北周，经隋唐中期解体，历经晚唐、宋、元、明、清和民国的土地的兼并过程中，对自耕农私有土地最大威胁的不是市场上的“大资本”，而是那些手握强权的勋贵、官僚。以权占田，贫富分化，是生产力水平低下，全社会普遍性贫困的常态。

三　新中国成立后农民阶层分化

新中国成立后，在借鉴苏联模式的基础上，中国实行了城乡分割的“二元经济”发展模式，以户籍管理为特征的一系列“身份制度”将农民固定起来，农民彻底沉没在经济、社会、政治、文化各领域的最底层。要理解这种制度的逻辑基础，需要对马克思主义的阶级分析方法、工农联盟和人民民主专政等概念有一个基本的认识。

---

① 《中国革命和中国共产党》（一九三九年十二月），《毛泽东选集》第二卷，人民出版社1991年版，第619页。

② 实事求是地看，马克思主义早期的学说是以分析资本主义社会资产阶级与工人阶级贫富分化、矛盾冲突、矛盾化解的理论体系。但值得注意的是，从社会主义国家产生的苏联、中国、朝鲜、柬埔寨、越南、古巴等国家恰好都没有经过资本主义发展阶段看，这应不是历史的偶然。这些国家没有经过工业化革命的洗礼，农民占社会的主体，生产力水平低下，社会贫富分化严重，官民矛盾突出。笔者认为，马克思主义早期学说为穷人闹革命提供了有力的思想武器。但是，这些穷人并不是市场经济高度发展后的资本主义社会下的工人阶级，而是市场范围小，农业生产占主体，深受贫困困扰的社会下层农民所构成。马克思主义的革命理论不是引导工人走向革命，而是引导工业革命大背景下殖民、半殖民地国家的农民走向革命。几千年农民抗争的，其实就是孙中山先生提出的一个“民族、民权、民生”的“三民”主义。

（一）阶级、工农联盟和人民民主专政

1. 阶级

对于划分阶级的标准还有很大的争论，主要有韦伯和马克思主义理论两大传统。在现代社会学上，阶级定义为分层体系中拥有相似地位和相近政治利益的个体集合。一般将职业、权威、资本三者结合起来划分个人的阶级地位，包括个人在职业结构中的地位，个人在权威结构中的地位（个人必须听从多少人的命令，他可以命令多少人），个人的财产拥有量（资产结构）。从当代发达国家比如美国、欧洲各国社会阶层分化的现实看，是否存在资产阶级、工人阶级和农民阶级这样的“三分法”是需要讨论的。按现代社会学的阶级分类法，在美国，上层阶级常指那些在大公司里拥有巨大财富以及拥有权威和声誉的家族群体。这些大家族控制着美国主要的大公司。公司阶级用来指那些在大公司（通常也是在政府里）具备高度权威、拥有很大行政权力的人。他们通常不是公司产权持有人，没有进入公司决策层，出任公司总裁、副总裁或公司董事会成员职务。中间阶级指那些资产并不多却有一个中上等的职业地位（脑力劳动）和权威的人（中上阶级有公司管理层、医生、律师；中下阶级如办公室文员、公司职员、销售员）。工人阶级指那些几乎没有什么财产，在职业结构中居于中下地位，也几乎没什么权威的人（技术工人和非技术工人）。下层阶级用来指那些没有任何资产、经常失业、毫无权威可言的人（即穷人）。美国人的社会地位代表着发达资本主义国家的等级秩序。

中国继承了经典马克思主义理论的阶级分析法，这在《宪法》和《中国共产党章程》中有明确的规定：中国共产党是工人阶级的先锋队。《共产党宣言》指出：“无产阶级是指没有自己的生产资料、因而不得不靠出卖劳动力来维持生活的现代雇佣工人阶级。”根据马克思、恩格斯对英国、法国和德国等国家工业化初期社会阶级的研究，农民阶级内部的社会流动和阶级分化使农村居民出现了三个不同的社会阶层，第一个阶层是富裕农民阶层。他们由大土地占有者、大租佃农、大农和中农组成。他们往往雇有农业短工或长工，属于农村资本家阶层。第二个阶层是小农阶层，这个阶层构成农民的大多数因而是农民阶级的主体。他们是小块土地所有者或租佃者即小自耕农和小佃农。他们既是小私有者，同时也是劳动者。既具有上升为中农甚至富裕农民的可能性，同时也随时面临跌落为农村无产阶级的命运。他们与小资产阶级的地位大致相同，其社会诉求也大致一样。

第三个阶层是附属于农民阶级的农业工人或者农村工人阶层。他们受雇于农场主或为工商企业主从事家庭工业生产，主要靠工资收入生活，属于农村无产阶级。他们与城市无产阶级的根本利益和倾向是一致的。马克思、恩格斯研究的一个重要发现是，随着现代大农业的发展及其与小农经济的竞争，小农阶层的经济条件不断恶化，他们日益贫困破产，他们的社会地位日益低落，小块土地所有制不可阻挡地走向灭亡。农村居民由于分散于广大地区，由于难以达到大多数意见一致，所以他们永远不能胜利地从事独立的运动。

根据马克思主义的经典理论，早期的中国共产党人在农村开展阶级划分运动，以"团结真正的朋友，打击真正的敌人"。《告中国的农民》① 一文中，第一次根据农村经济资源占有量、土地的多少作为农民阶级划分标准。依据居民土地占有及劳动和生活状况，农村阶级划分标准为：（1）拥有田地较多，自己不耕种或雇人耕种或租给人耕种，自己收租。这种人是上等农民。（2）自己耕种自己的土地，而这个土地的产量，可以养活全家人。他们除自己的土地外，有时还租种别人家的地。这种人是中等农民。（3）自己有一点土地，但只靠自己土地的出产决不能养活全家，所以不得不靠着耕种别人家的田，分得一点以自赡，这种人是下等农民。（4）"穷光蛋"，自己连"插针"的地方都没有，专靠耕人家的田谋生活，这种人是最穷的农民。1925 年 12 月 30 日李大钊在《土地与农民》一文中提出了"耕地农有"的口号，并将农民划分为富农、中农、小自耕农和佃农四个阶级。1925 年 12 月 1 日毛泽东在《中国社会各阶级分析》一文中系统地对农民进行阶级划分："所谓半无产阶级，包含绝大部分半自耕农，贫农，小手工业者，店员，小贩等五种。绝大部分半自耕农和贫农是农村中一个数量极大的群众。所谓农民问题，主要就是他们的问题。半自耕农、贫农和小手工业者所经营的，都是更细小的小生产的经济……可知一切勾结帝国主义的军阀、官僚、买办阶级、大地主阶级以及附属于他们的一部分反动知识界，是我们的敌人。工业无产阶级是我们革命的领导力量。一切半无产阶级、小资产阶级，是我们最接近的朋友。那动摇不定的中产阶级，

① 《告中国的农民》一文，是中国共产党创建时期较早、较系统地阐述中国农民问题的一篇重要文章。但是，由于该文的开头部分"被上海法捕房没收走了"，遂给后人留下了一个历史之谜，使人们难以知道该文的作者是谁，李继华认为是中共一大代表周佛海。参看李继华《中共创建时期的重要文章〈告中国的农民〉作者考》，《党史研究与教学》2006 年第 4 期，第 86—92 页。

其右翼可能是我们的敌人，其左翼可能是我们的朋友——但我们要时常提防他们，不要让他们扰乱了我们的阵线。”以农村土地改革为目标的农民阶级划分，直到现在还在很多人的个人档案里保留着。

2. 工农联盟

工农联盟是马克思主义的基本原理之一，写入了中国宪法。我国宪法明确规定：“中华人民共和国是以工人阶级为领导，工农联盟为基础的人民民主专政的社会主义国家。”中国共产党作为工人阶级的先锋队，团结农民、知识分子、各民主团体、小资产阶级等一切可以团结的力量，领导中国人民对敌人实行人民民主专政。宪法没有明确工农联盟的具体意义，也没有说明“农”作为与工人阶级相对应的阶级包括什么样的群体。工农联盟指由工人阶级在进行无产阶级革命和社会主义建设中同劳动农民在共产党领导下结成的革命联合。马克思在总结欧洲 1848 年革命失败的经验教训时提出了工农联盟的思想；列宁在领导俄国革命中实践了工农联盟的思想；毛泽东在领导中国革命进程中，进一步发展了工农联盟的思想，提出了统一战线的理论。无产阶级的领导权是民主革命彻底胜利以及统一战线取得成功的决定性条件和根本保证，而无产阶级要实现对民主革命的领导权，就必须建立工农联盟。无产阶级领导权的中心问题就是领导农民的问题。中国农民与工人阶级利益的基本一致性，决定了他们可以同工人阶级结成联盟，去反对共同的敌人和建设社会主义社会。因为农民不是先进生产力的代表，在政治上、经济上存在诸多弱点，决定了中国农民不能形成一支独立的政治力量，不可能成为政治领导者，在工农联盟中必然处于被团结、被联合、被领导的地位。“作为政治力量的因素，农民至今在多数场合下只是表现出他们那种根源于农村生活隔绝状况的冷漠态度。广大居民的这种冷漠态度，不仅是巴黎和罗马议会贪污腐化的强有力的支柱，而且是俄国专制制度的强有力的支柱。然而这种冷漠态度决不是不可克服的。”①

3. 人民民主专政

《论人民民主专政》是毛泽东为纪念中国共产党成立 28 周年而写的重要著作，1949 年 6 月 30 日由新华社首次播发，同年 7 月 1 日发表在《人

---

① 恩格斯：《法德农民问题》，《马克思恩格斯全集》第 22 卷，人民出版社 1965 年版，第 563—587 页。

民日报》上。仝华[1]（2014）对人民民主专政进行了解读。他认为，正是在十月革命的影响下，“中国人从思想到生活，才出现了一个崭新的时期。中国人找到了马克思列宁主义这个放之四海而皆准的普遍真理，中国的面目就起了变化”。在资产阶级领导时期的革命和在无产阶级领导时期的革命，区别为两个很不同的历史阶段。而无产阶级对革命的领导，是经过共产党来实现的。

毛泽东在《论人民民主专政》[2] 中明确说道，（1）在国内，唤起民众。就是团结工人阶级、农民阶级、城市小资产阶级和民族资产阶级，在工人阶级的领导下，结成国内的统一战线，并由此发展到建立工人阶级领导的以工农联盟为基础的人民民主专政的国家。（2）在国外，联合世界上以平等待我的民族和各国人民，共同奋斗。这就是联合苏联，联合各人民民主国家。要强化人民的国家机器，主要指人民的军队、人民的警察和人民的法庭，借以巩固国防和保护人民利益。以此作为条件，使中国有可能在工人阶级和共产党的领导之下稳步地由农业国进入工业国，由新民主主义社会进入社会主义社会和共产主义社会，消灭阶级和实现大同。对于专政的理解，毛泽东曾有非常明确的解释。所谓“专政”，就是对于反动派和反动阶级的反动行为，共产党决不施仁政。共产党仅仅施仁政于人民内部，而不施仁政于人民外部的反动派和反动阶级的反动行为。人民民主专政的基础是工人阶级、农民阶级和城市小资产阶级的联盟，而主要是工人和农民的联盟，因为这两个阶级占了中国人口的80%到90%。推翻帝国主义和国民党反动派，主要是这两个阶级的力量。由新民主主义到社会主义，主要依靠这两个阶级的联盟。人民民主专政需要工人阶级的领导。因为只有工人阶级最有远见，大公无私，最富于革命的彻底性。整个革命历史证明，没有工人阶级的领导，革命就要失败，有了工人阶级的领导，革命就胜利了。那么工人阶级领导指的是什么呢？毛泽东说得非常清楚，就是共产党的领导。

（二）改革开放前的身份制度

新中国成立后，农民成为了中国工业化原始积累的提供者，不仅为新

---

① 仝华：《毛泽东〈论人民民主专政〉学习导读》，《思想理论教育导刊》2014年第7期（总第187期）。

② 《论人民民主专政》，《毛泽东选集》第四卷，人民出版社1991年版，第1478—1479页。

中国成立初期的工业化提供了资金，提供了物质保障，而且提供了市场，为中国工业化、现代化做出了重大牺牲和贡献，但从社会制度和意识形态上，农民作为一种社会身份低人一等，以户籍管理为特征的城乡分割发展的“二元经济”结构将农民束缚在小块耕地上，人民公社体制严重限制了农民的自由和发展权。改革开放前，农村组织集体化，从初级农业生产合作社到高级农业生产合作社，再到人民公社，农民在一个严密的科层结构中劳动和生活。农产品由国家统购统销，生活资料凭票供应。农民不能异地就业和定居，城镇居民与农村居民是两种身份的人，这种社会成员划分，具有明显的利益分配功能。拥有城镇户口居民可以享受在就业、劳动保险、失业救济、住房、粮油供给等一系列优于农业户口的居民的优惠政策。农民不单纯是一种从事农业生产的职业，而是社会身份的象征。① 农民子弟通过参军、上学转成城镇居民常是他们的人生最大目标。

改革开放前，城乡居民被划分为各种政治身份，身份一旦确定，除非平反，基本不可能更改。在城市，有革命干部、革命军人、烈士家属、工人、店员、城市贫民、手工业者、高级职员、小业主、资产阶级、工商业兼地主、买办资产阶级、反革命分子、坏分子、右派分子。城市里有工人和干部差别，全民所有制企事业单位、集体所有制企事业单位身份差别。在城市与农村之间，首先是农业户籍人口与城市户籍人口的差别。在农

---

① 中国国旗环绕大星之后的小星，设计者曾联松根据毛泽东在《论人民民主专政》一书中指出的人民包括工人阶级、农民阶级、城市小资产阶级和民族资产阶级四个阶级，于是决定以四颗小星象征广大人民。城乡分割的工人、农民、干部身份人事管理制度，一直沿用到今天。比如报考公务员，一些国有企业、事业单位招聘工作人员，职称的认定、评定，工龄的审核等都体现出对农民的制度性歧视。我国不同部门具备不同的行政职能，其中干部管理等方面由人事组织部门负责，工人管理及社会劳动保障等方面由劳动部门负责。通过向劳动部门申请办理招工（就业）手续后具备工人身份；通过人事组织部门办理吸收、录用干部手续后具备干部身份，国家统一招收并分配的大中专毕业生执行一年见习期考核合格办理转正定级手续后也具备干部身份。干部身份与工人身份差异表现在：第一，政治待遇不同，干部获得的国家、社会以及国际信息要比群众多，干部级别越高所获得的社会信息也就越多。第二，就业范围上待遇不同，干部可以在国家机关工作，工人群众如果不转变成干部身份则很难在国家行政机关就业，而且工人群众转变成干部身份的机会非常少。第三，在非工资的福利待遇上，干部比工人群众要高，例如住房以及住房补贴、用车补贴、带薪度假、子女医药费报销等方面，干部比工人群众享受的待遇高。第四，在医疗服务标准上，包括住院条件、用药等级、医药费的报销比例等方面，干部比群众高。第五，在养老标准上，干部比群众高出许多，而且干部级别越高，这种差距也就越大。例如，达到一定级别的干部可以享受离休待遇，而且有政府专设的老干部局为其服务。第六，在政府机关和事业单位工作的工人，也要比在其他企业工作的工人的待遇相对高出一些。

村，延续土地改革时期的阶级成分划分，将农民划分为地主、富农、上中农、中农、下中农、贫农和雇农等阶级成分。这些身份是衡量社会成员对新政权的政治态度和接受教育、参军、转为工人阶级等的重要依据。1950年，农村人口被分为14个阶级和阶层，包括有：地主；资本家；开明士绅；富农；中农；知识分子；自由职业者；宗教职业者；小手工业者；小商小贩；贫农；工人或手工工人；贫民；游民。1949年土地改革前，中国农村的地主和富农约占10%（其中4%的地主，6%的富农）；中农约占20%；而贫雇农则占70%。土地改革后显示有众多的贫雇农变成了中农，即出现了“中农化”现象，二者之比是中农60%，贫雇农30%，地主富农未变。在农业合作化时期，要求贫下中农在领导机关中占优势，这是农村社会主义改造实现的保障。同时依靠贫农去团结中农，要防止富裕农民中的资本主义倾向。那时中央认为农村中的资本主义自发势力一天一天地在发展，新富农已经到处出现，许多富裕中农力求把自己变为富农，农村中向两极分化的现象必然一天一天地严重起来。因此应逐步地实现社会主义工业化和逐步地实现对于手工业、资本主义工商业的社会主义改造的同时，逐步地实现对于整个农业的社会主义的改造，即实行合作化，在农村中消灭富农经济制度和个体经济制度，使全体农村人民共同富裕起来。只有这样，工人和农民的联盟才能获得巩固。①

（三）改革开放以后身份制有所弱化，但还普遍存在

改革开放后，农村人民公社体制解体，高度集中的计划经济体制逐步向社会主义市场经济体制转型，农业、农民和农村发生了深刻变化。农村家庭联产承包责任制从1979年开始实施到1984年全面推广，农民获得了更多的就业自由和人身自由，生产积极性获得空前提高，全国粮食等农产品产量迅速增加，大多数人解决了温饱问题。在沿海地区和一些经济区位优势明显的地方，国家开始容许国外资本进入国内办企业，农民也可以发展乡镇企业，引发全国性的经济制度变革。30多年中国工业化、城镇化、市场化、信息化的现代化进程，农民的价值观、行为方式发生了诸多变化，农民阶层自身重新分化，农业生产经营制度等农村基层组织、农民的婚姻、家庭、养老、社会政治观也随之而动。城乡居民差异、工农差异呈

① 参看《关于农业合作化问题》，《毛泽东选集》第五卷，人民出版社1977年版，第168—191页。

现新特点，社会阶层很快发生新变化，主要包括农业小规模的传统农民、兼业农民、农村精英分子、乡镇企业主及管理人员、新型农村经营主体、国有农场职工和农民工。陆学艺（2002）将农民阶层分为（每两组数字同为1989年和1999年之比）：（1）农业劳动者阶层，从1989年的55%—57%下降到1999年的48%—50%；（2）农民工阶层从24%下降到16%—18%；（3）雇工阶层从4%上升为16%—17%；（4）农民知识分子阶层从1.5%—2%上升为2.5%；（5）个体劳动者和个体工商户阶层从5%上升到6%—7%；（6）私营企业主阶层从0.1%—0.2%上升到0.4%—0.6%；（7）乡镇企业管理者阶层从3%下降到1.5%；（8）农村管理者阶层从6%上升了一个百分点。比较土改前后和改革之后农村阶级分化，以前农村的地主、富农、开明士绅、资本家消失后，取代他们地位的是私营企业主阶层、乡镇管理者阶层、农村管理者阶层。他们现在是农村阶级的上层，在农村有很大的影响力。以前的中农和贫农现在变成农业劳动者阶层。以前有长工、短工等农工，现在有雇工，而且人数在增加。以前有小手工业者、小商小贩，现在有个体劳动者、个体工商户。以前的农村知识分子、宗教职业者阶层变化不大。农村阶层变化主要是工业化、城镇化引发的收入变化，这与农业占主体时期，农民阶层主要以耕地占有量为评价标准有根本性的不同。

改革开放后，我国以经济建设为中心，经过30多年的发展，城乡居民生活水平极大提高，生产技术不断改进，中国经济总量超过日本排名世界第二，工业化、城镇化、市场化和现代化提升。从农业生产方式看，自给自足的传统农业逐步向现代农业发展，粮食产量大幅度提高，棉油糖、肉蛋奶、果菜鱼等农产品稳定增长，市场供应充足，农产品质量安全水平不断提高。2014年，中国粮食和谷物的总产量分别达到6.07亿吨、5.57亿吨。农业技术装备水平和农业综合生产能力得到显著提高，推动农业生产方式向集约化、专业化、机械化方向发展。生物、信息、新材料、新能源、先进装备制造等高新技术应用于农业领域，加快由传统农业向现代化农业发展方式的转变，发展多种形式的适度规模经营。构建现代农业产业体系、生产体系、经营体系，提高农业质量效益和竞争力，推动粮经饲统筹、农林牧渔结合、种养加一体、一二三产业融合发展，走产出高效、产品安全、资源节约、环境友好的农业现代化道路。农民收入来源多元化，包括家庭农业在内的家庭经营收入所占比重持续下降，工资性收入所占比重快速上升，财产性收入与转移性收入所占比重也稳步增加。在小规模家庭经营依然占主体的背景下，农业的副业化、兼业化现象较普遍，农地流转加快，各种新型农业经营主体出现。随着农业技术进步，农业现代化、机械化、信息化水平的提高，传统农民日出而作，日落而息的生产生活方式也在发生深刻变化。农业劳动力用工减少，大量劳动力外出。留守在农村的农民在劳动之余的文化生活相对于城镇居民来说，还是相当的匮乏。从农民人均文化消费支出占家庭消费支出的比例看，他们的教育消费支出占比很低。文化活动中心开展活动较少，这就为赌博、封建信仰、犯罪留下了空间。

1. 从事小规模农业家庭经营的传统农民

这个群体常由一些年龄较大的中老年农民构成。他们因为子女在外务工经商，或是需要在农村老家照顾小孩子上学、或照顾老人、或是自己缺乏外出就业的能力而不得不在农村以农为生。这部分农民文化水平低，除在家经营自己从村集体承包的耕地外，还流转入少量的外出打工、经商的亲朋好友、邻居流转出的承包地。他们也在农闲之余，就近从事少量的非农活动，这在中国农业主产区、山区较为常见。这部分农民农业生产经营方式有点类似于马克思经典意义下的小农经济。这部分农民家庭收入主要来自农业，水平低，很多家庭处于贫困状态。

2. 兼业农民

这部分农民在居住地从事农产品购销、农村建筑、餐饮、小规模商品贸易等各种非农经营活动，同时耕种从集体承包的耕地。他们从事农业生产的主要目的是保障自家的口粮和其他农产品自给，家庭收入的主要来源是非农生产活动。这部分人群对于连接农村与城镇，活跃农村市场，起到了关键性作用。

3. 农民工

常年在城镇、厂矿、企业从事第二、第三产业活动。他们大多是农村中的中青年群体，年富力强，文化程度相对较高，有一定的专业技能。他们的家人在农村老家居住，过年过节、农忙季节回家。他们家庭收入来源于非农产业。他们虽然生活和工作于城镇，但户口还在农村，不能如城镇居民（严格来说，应是国有单位职工）那样能享受到的医疗、教育、养老、文化等政策。他们在城镇务工，干了很多城镇居民不愿意干的苦、脏、笨、累和险的工作，是当代工人阶级的典型代表。

4. 农村精英分子

主要包括村“两委”成员、各生产小组组长、农技推广人员、农村党员、农村小学老师、医生、文化艺术工作者，以及很多从事宗教活动的各类组织者。这部分人群收入水平要高于村内的普通村民，他们是农村知识、信息传播、技术扩散、政策落实基层的核心力量，是稳定农村社会的基石。

5. 新型农业经营主体

近年来，随着农村土地流转加快，城市工商资本向农村进入，全国各地出现了大量的新型农业经营主体。这部分群体，包括各类农业专业合作社、家庭农场、农牧企业、种粮大户，他们被视为“新农人”。这部分人有现代市场经营理念，具有一定的资本实力和较高的文化程度。虽然有的人自己从来没有从事过农业生产，但他们雇用专业技术人员，发展农业综合体，按市场原则经营，提高了农业生产效率。

6. 个体工商户、企业家及管理人员

包括在村、乡镇、县城、城郊农村、经济发达区域办各类工商企业的人员。他们很多人被称为农民企业家，是改革开放政策最大的受益群体，也是农民阶层中的富裕阶层。他们与国有和集体企业主不同，没有政治身份，但有的人在企业所在地与当地政府有较复杂的政商关系。

7. 国有农场职工

在新中国成立初期，为了解决转业军人、下乡知识青年就业，国家实行了鼓励他们到边远地区开荒的政策。他们在全国各地开垦出了大片耕地，比较典型的有黑龙江、新疆和海南等大型垦区。国有农场的职工虽然也从事农业生产，但耕地的性质与农村集体所有不同，属于国家所有。农场经营人员常具有国家干部身份，纳入“国有企业”的管理序列中，最高行政级别可达正部级，正处级干部身份的国有农场职工不少。

现阶段农民的分化，主要表现在收入、职业和权利三个方面。随着中国工业化进程，大量农民从事非农产业，进入工业、建筑业、交通运输业、商业、服务业等各种业态。以家庭为基本生产单位的多种农业经营组织代替了原来单一的小农户生产状态，农村各种专业合作组织、社会组织有了一定程度的发展。农民有了更多的生产自主权、财产权和择业机会。农民的社会流动性大大增加，与社会交往更加频繁，社会关系更加复杂化、多元化。非农就业收入、财产性收入在农民家庭收入中所占的比例日益增加，在经济发达区、城郊区、旅游开发区与山区、贫困地区和少数民族地区之间、从事商业或是农村经营大户与普通农户之间的收入差异加大，农民阶层内部又发生了较大的分化。在政治权利方面，随着“一大二公”的农村公社集体组织的解体，农民与村级管理人员之间的关系发生变化，农民要求平等、民主参与农村公共事务的意识增强，传统农民社会正向现代农村社会过渡。

第二节　传统农民价值观

一些学者认为（秦晖，2004[①]；徐勇，2012），中国是有着悠久农业文明传统的东方大国，由此构成了当代中国的一个基本国情“大国小农”，即由数亿个农户构成的农业大国；并在长期历史进程中形成了特有的“中国特性”，其中包括特有的中国家户传统。这一传统既不同于以西欧为代表的“西方”庄园制传统，也不同于以俄罗斯和印度为代表的“东方”村社制传统。18 世纪末 19 世纪初，人类近代史上出现了工业革命，最先完成工业革命，进入工业社会的西方国家，对东方传统形成了巨大冲击。进入 20 世纪中期后，“现代化”是城市和工业的代名词，而传统、落后与乡村和农民联系在一起。现代化理论认为以一定的社会文化传统为基础的价值观取向对社会进化起着决定性作用，传统农民价值观，是与现代化相比较而言的。世界各国历史发现，农业技术创新基本不是从事农业生产活动本身的农民实现的，而是外部精英阶层的输入。农民很难超越自己的经验技术，需要外力的推动。农民的教育水平，特别是低收入陷阱，使得他们没有承担风险的能力，也没有积极性去创新。传统中国科技水平落后，以农立国，农民占大多数，传统乡村社会是农民价值观甚至是传统中国价值观的社会经济基础。

一　农民的概念

“农”和“民”这两个字在甲骨文、金文中已使用，“农”初指职业，“民”指身份。“民”古同“氓”，是指卑贱的下人。农民含有职业与身份的多重含义，当下农民有时指职业，有时指身份，有时指农村居民，有时

---

① 秦晖：《传统十论》，复旦大学出版社 2004 年版。

是指一种意识形态和传统农耕文化。在日常语境中，人们通常将从事小规模种养殖业的人称为农民（大规模的是企业家），农民进入企业或城市后叫农民工，办企业后被称为农民企业家，可见职业变化容易，身份改变困难。目前学术界主要从四个不同的角度来定义农民（陈春燕，2010）。

（一）职业角度

从职业的角度定义农民，是指从事农业生产的劳动者。在20世纪以前常用的替代词有农夫、农户、农家、农人、农丁、庄户、庄稼汉等，一般是职业上的称呼。在传统中国以职业为标准划分有“四民”，即《春秋·穀梁传》所说的“古者有四民：有士民、有农民、有工民、有商民”。1980年版的《辞海》定义农民为“直接从事农业生产的劳动者”。这是从职业角度看农民。作为农业生产活动的直接经营者和生产者，是农民最为本质的属性。在发达国家的“farmer”，因其工业化、城镇化、市场化、信息化程度高，农民占总人口的比重很小，农民已经少有身份、意识形态色彩，是一个与其他产业就业者平等的职业指称，用于描述经营农场或从事农业生产的公民，在宪法框架下享有公民权。在许多发展经济学学者看来（舒尔茨，2006；[①] 孟德拉斯，2010），农民与其他社会成员一样，是一个理性的生产者或消费者，在既定的技术制度约束条件下优化配置资源，以追求利益（效用）最大化。黄宗智（1986）[②] 认为，农民既是追求利润者，也是维持生计的生产者，更是受剥削的耕作者。习惯上，农民概念包括农业劳动者，也包括农业劳动者所抚养的农村人口，但农业劳动者是农民概念的核心。按农业包括种植业、林业、牧业、副业、渔业的分法，农民包括这些行业内的直接生产者，也包括既直接参加农业劳动又负责经营管理和技术服务的人员（王宽让和贾生华，1994）。[③] 如果一个人不从事农业劳动，就不应再是农民了。比如，一个大规模投资农业领域的企业家，主要负责企业运营和管理。这样的人就不应属于农民的范畴，而是与其他行业的企业家一样属于企业家阶层。

（二）社会角度

农民不仅是劳动者，更是一种社会身份的标志，是指从事农业生产但

① ［美］西奥多·W. 舒尔茨：《改造传统农业》，梁小民译，商务印书馆2006年版。

② 黄宗智：《华北的小农经济与社会变迁》，中华书局1986年版。

③ 王宽让、贾生华：《传统农民向现代农民的转化》，贵州人民出版社1994年版。

又没有土地或只占有较少土地的社会群体。在经典的马克思主义理论中，农民作为一个阶级，是历史发展阶段的产物。封建社会以前不存在农民阶级，而是奴隶阶级。历史发展到封建社会后，农民阶级成为与地主阶级相对立的一个社会群体。进入资本主义社会后，资产阶级与工人阶级的矛盾是社会的主要矛盾，农民阶级最终会分化到这两个阶级之中。进入共产主义社会后，阶级矛盾不复存在，阶级差异消灭，人得到最高度的自由发展，农民阶级作为一个历史阶段的产物将消失。英国著名学者 R. 希尔顿认为农民阶级的特点是：农民作为主要耕作者，占有——无论是否为他们自己的——农业生产工具，自给自足并一般地生产比维持生计与自身再生产所需更多的农产品；农民不是奴隶，不是奴隶主的私人财产；农民可能会拥有少量土地，可以是小土地所有者、租赁者（交纳货币、实物或分成租，并附以或不附以劳役）或自主佃农；农民主要使用家庭劳动，偶尔也有限地使用雇佣劳动；农民家庭一般是村社组织的基本单元；农村中的手工业者仍可作为农民来看待；农民阶层在不同程度上受上层压迫，包括国家组织的剥削等。

（三）居住地角度

农民指与“城里人”相对应的“乡下人”。孟德拉斯认为：“农民是相对于城市或一个精英集团来定义自身的，只要没有城市，就不会有农民。”这里讲的农民是由居住地限定的群体，主要指农村常住人口。目前我国国家统计局在农村开展住户调查时，用的是农村常住人口概念。农村常住人口指的是全年经常在家或在家居住 6 个月以上，而且经济和生活与本户连成一体的人口。外出从业人员在外居住时间虽然在 6 个月以上，但收入主要带回家中，经济与本户连为一体，仍视为家庭常住人口；在家居住，生活和本户连成一体的国家职工、退休人员也为家庭常住人口。但是现役军人、中专及以上（走读生除外）的在校学生以及常年在外（不包括探亲、看病等）且已有稳定的职业与居住场所的外出从业人员，不算家庭常住人口。农民家庭人均纯收入、农民家庭现金消费等统计学中的“农民”，是指农村常住人口。

（四）特定文化角度

一般将农民视作传统农耕文化的载体，与现代工业文明相对应，农民是“乡巴佬”，是落后、守旧的社会心理和社会意识的总代表。传统农业社会中的农民以农业生产为生，但规模小，技术落后，自给自足，与这种

“小农”生产方式相适应的社会形态为宗法性的。农民处于社会底层，在社会政治经济系统中处于从属地位。在意识形态和文化方面，从属于主导阶级意识形态和主流文化。小农保留着传统色彩，常被视为封建时代落后文化的象征，因此需要“改造”。在统一中国文化背景中存在城市与农村相异的次文化，农民生活在农村文化圈中，以自然经济或半自然经济、小农生产为基础。在许多人看来，农民几乎就是传统的代表，农业就是传统产业的代名词。乡恋者总觉得农民对土地有传统意义上的神秘感和依恋感，经济学家和会计师常提醒的是，土地只不过是物质资本的一种表现形式。

二 传统、现代与现代化

传统、现代与现代化是同农民与农民社会、工业与工业社会紧密相关的概念，研究农民价值观、农民意识等问题，最后都要回到如何让“传统农民”适应现代社会发展需要，如何实现农民现代化的问题。

（一）传统

传统是一个广泛使用的词语，基本的意思是世代相传的精神、制度、风俗、艺术等，与时尚、现代、前卫、新潮、潮流相对照。如用新与旧对比，旧的则属于传统。马克思、恩格斯在《共产党宣言》中说：“共产主义革命就是同传统的所有制关系实行最彻底的决裂；毫不奇怪，它在自己的发展进程中要同传统的观念实行最彻底的决裂。”经典作家中的“传统”是指“旧”的私有制及其私有观念；革命要“破旧立新”，要打破一个旧世界，建立一个新世界。在20世纪后的前70年间，革命、反革命是社会的主要矛盾，传统的社会秩序、价值观被全盘批判和否定。传统的乡村生活和农业生产方式被新的价值观所主导，小农被进行社会主义改造，全部纳入高度集权的计划经济体制中。社会学家如希尔斯①认为传统是从过去传递到现在的任何事物。雷蒙·布东②在他的《行动》一书中定义传统为一种“过去总是这样做的”的一种思想和行动模式，这种传统思想和行为方式常被认为是有依据的、正确的，因为这是过去的做法。在社会学中的传统社会与现代工业社会相对照，韦伯对传统权威和现代理性法制权威概

① 爱德华·希尔斯，1940—1995，美国芝加哥大学社会思想委员会和社会学系知名教授。

② 雷蒙·布东，1934年生，法国人，发展了马克斯·韦伯的个人主义方法论。

念有过详细描述。作为一种与当代理性结构相对照的社会结构，传统社会有一套人们行动符合社会要求的规范性体系。

传统农民常指在市场经济不发达，自给自足，以农业（更多是种植业和小规模散养部分家禽家畜）生产的劳动者。孟德拉斯在描述法国传统农民时认为，农民内心深处觉得土地是独特的，因为农民是唯一了解、爱恋和拥有它的人。认识、爱恋和占用，这三者不可分离。即使是农业劳动者用理性和经济方式对待土地资本的时候，他依然对土地保持着深厚的情感。在内心把土地、家庭和职业视为一体，把土地和他自己视为一体。这种情感被新一代农业劳动者建立的思想观念打破。新的劳动者认为土地仅仅被视为一种生产要素。传统乡村社会包括三个方面的内容：即农民所处的环境、所使用的技术和工具以及社会结构。一种种植、饲养的组合形式，一种耕种土地的方式，一种通过互补关系构成整体的乡村资源配置方法，可以确定每年的收入总体达到平均水平，并使系统的每个组成部分通过互利关系与其他的组成部分相联系。星期、季节的划分对于农耕的农民和工业化生产的城市人具有完全不同的意义。但是，技术的进步正在改变农民的时间、劳动观念。选择一种职业，就是一种生活方式。

（二）现代

“现代”一词来自拉丁语 modernus。德国学者姚斯在他的《美学标准及对古代与现代之争的历史反思》中考证，“现代”一词在公元 10 世纪末期首次使用时，意思是指古罗马帝国向基督教世界过渡的历史时期，目的在于把古代与现代区别开来。当今“现代”一词意指 18 世纪启蒙主义运动兴起以后的历史时期。哈贝马斯[①]关于“现代”的解释较具代表性，他认为人的现代观随着信念的不同而发生变化。人的信念由科学促成，认为知识无限进步、社会和改良而无限发展。

按照英格尔斯[②]的解释，所谓“现代性”就是那种有助于现代化的人的价值观念和行为取向，它以一定的文化传统为背景，涵盖个人的效率感，对新经验的开放态度，尊重科学和技术，承认严格划分时间的必要

---

① 哈贝马斯：《现代性：一项未完成的工程》，在 1980 年 9 月 11 日于法兰克福圣保罗教堂被授予阿多诺奖时所做的演讲，见汪民安等主编《现代性基本读本》，河南大学出版社 2005 年版。

② 英格尔斯：《人的现代化》，四川人民出版社 1985 年版。

性，积极取向于未来计划，等等。现代观是一系列的态度、观念和行为等，特别是高度的城市化、工业化和社会教育环境对上述态度、观念和行为的塑造。通俗地说，现代观是指人从传统社会向工业社会、信息社会转型的过程中，以适应社会环境变化的态度、观念和行为方式。现代的人具有的特征：（1）乐于接受新的生活经验、新的思想观念和新的行为方式；（2）易于接受社会的改革和变化；（3）思路广阔，头脑开放，尊重并愿意考虑各方面的不同意见、看法；（4）注重现在与未来，守时惜时；（5）强烈的个人效能感，对人和社会的能力充满信心，办事讲求效率；（6）重视有计划的生活和工作；（7）尊重知识；（8）可依赖性和信任感；（9）重视专门技术；（10）对教育的内容和传统智慧敢于提出挑战；（11）相互了解、尊重和自尊；（12）了解生产及过程。

美国学者摩尔（1987）从经济、政治等多方面定义现代社会得到了广泛引用：（1）经济方面，现代社会工业和服务业占主体，所使用的全部能源中非生命能源占据较大比重；传统社会第一产业占主体，所使用的全部能源中生命能源占据较大比重。（2）政治方面，现代社会普遍具有一个有高度差异和功能专门化的政府组织，采用理性化和世俗化的程序制定政治决策，人民有广泛的兴趣积极参与政治活动，各种条例的制定以法律为基础，多数传统社会不具备这些特点。（3）社会结构方面，现代社会高度分化，组织之间的专业化程度和相互依赖程度很高，社会流动性强，城镇化率高，角色和地位的分配主要依据个人的能力和业绩，调节人际关系的规范标准化，科层制普遍发展，家庭功能缩小，在人们日常生活中的功能有所下降。（4）文化方面，现代社会的文化强调理性主义、个性自由、不断进取、效率至上、功能至上等观念。（5）从个人人格与行为特征上，现代社会的成员有强烈的成就动机，在处理事务时有高度的理性和自主性，对新事物有高度的开放性，对公共事务有强烈的参与感，对生活在其中的世界有较高程度的信任感。

（三）现代化

1951 年 6 月美国社会科学研究会经济增长委员会主办的一次学术讨论会上，第一次使用“现代化”一词来描述从农业社会向工业社会的转变特征。一个社会从传统形态转变到现代形态，必须从经济、政治、社会、文化等方面彻底改变，建构一套全新的“现代”经济、政治、社会和文化结构。德国政治学家伯恩斯坦认为现代化是一个社会由传统向现代转化的总体过程，经济发展是前提与主要驱动力，以此推动社会的全面发展，以达到现代性的最终目标。社会学家涂尔干认为传统型社会的凝聚依赖于以同质性个体为基础的机械团结，个体秉承着较严格的传统价值观与行为规范。相反，现代型社会通过发展专业化的功能及制度以增强有机团结，社会呈现差异化、多元化特征。现代化是一个长期的、系统的演化过程。发展中国家的现代化进程以国内经济增长推动相应的社会、政治变革。但是，文化的多元性要防止对传统中的合理的、优秀文化的全盘否定，而单纯以西方发达国家经济、政治、文化模式为评价标准。

现代社会以工业为基础，传统社会与农业为基础，现代化过程，最为核心的是农民的现代化。美国传播学者罗杰斯在他的《农民的现代化：传播的影响》探讨了传播对于农民现代化的影响。罗杰斯认为，“创新精神”（Innovativeness）、“政治知识”（Political Knowledge）和“志向抱负”（Aspirations）是农民现代化观念的具体体现。“创新精神”指农民个体早于自身社会圈层采纳新思想的程度；“政治知识”指农民个体作为积极和高效率的公民对政治事实的理解程度；“志向抱负”指对未来存在状态的憧憬和努力程度。总体上，农民的现代化主要是一种心理态度、价值观、生活方式的改变过程，可以看作是代表历史时代的一种文明形式。李晓翼在《农民及其现代化》一书中认为：“农民思维方式与价值观念的现代化，主要是指由传统保守的思维方式转变为现代进取的思维方式，如乐于接受新事物、新观念，准备接受社会的改革和变化，受过良好的教育，相信科学和富有知识，思路开阔，尊重并愿意考虑各方面的不同意见，注重现在与未来，守时惜时，讲求效率，重视专门技术等”。陈春燕（2010）在《中国农民现代化问题研究》中认为，中国农民现代化本质上是人的发展问题，它的主要任务是改造农民传统性，提高农民的综合素质，这就需要通过农民现代化的教育，养成和全方位地重构农民现代化的物质文化、精神文化和制度文化，促进农民现代性的提升。高红波（2013）从功能主义角度出发，认为农民现代化观念包括“个人效能”“行为方式”和“信息获取”等。“个人效能”指个人适应社会转型和发展需要的心理因素，比如相信“一个人的成功依赖自己努力而不是命运”，认为“自己的勤奋和能力是取得成功的关键”，“人最重要的是努力创造未来，而不是回忆过去”等。“行为方式”指做事情有计划性、时间观念和讲究效率等行为因素。“信息获取”指对于信息的积极获取和掌握。

随着后现代主义的提出，对于传统、现代、现代化的认识有所深化，认为早期社会学家孔德、迪尔凯姆、滕尼斯、韦伯等的社会变迁理论对传统和现代关系理解过于简单。无论是已现代化的国家还是未现代化的国家，社会价值观是多元化和多层次的，笼统地将社会分为传统与现代弊多利少。“后现代理论”认为，自启蒙运动以来的现代化过程并不算成功。“现代化”用“现代”因素将“传统”因素完全取代，但在许多非西方国家的现代化过程中，传统与现代在很大程度上似乎不仅是相容的而且是相互支持的。古斯菲尔德、本迪克斯、艾森斯塔德、亨廷顿、蒂普斯等对早期现代化理论进行了反思。德国学者茨阿波夫在20世纪70年代出版的《社会变迁理论》推动了现代化理论的发展。20世纪八九十年代，茨阿波夫又陆续发表了《现代社会的现代化》《现代化、福利发展和社会转型》等作品，认为已有的现代化理论与全球社会发展的现实不相适应。无论是西方社会还是东方社会都有自己独特的发展路径，必须改变原有的趋同性发展的现代观，分析不同区域、不同层次和不同路径的现代化进程，才可能建构有效的现代化理论（谢立中，1998）。

首先，不再把传统与现代看作是两个内部始终如一的社会结构。无论传统还是现代内部都包含着性质不同的要素，传统和现代并不是互不相容的、对立的两极，这两者是可以相互共存、相互补充的；不能把传统笼统地视为是现代化的阻碍，有许多传统因素可以在现代化过程中发挥积极作用；现代化过程不是简单地用各种现代因素取代各种传统因素的过程，而是一个对传统因素加以改造使之在功能上不断适应现代化要求的过程。其次，西方国家已走过的现代化道路并不是其他国家将要走的道路，不能简单地套用从西方国家概括出来的理论模式来描述和说明非西方国家的发展过程。各国应存在多元化的发展模式。与此相联系，不能只满足于对现代化过程的抽象描述，而是更加注重具体的、历史的比较研究。再次，不能忽视社会外部环境的影响，虽然现代化的重点仍在社会的内部结构方面，但不能忽视社会外部环境在决定各个国家发展道路中的作用，必须从社会外部环境与内部结构的相互作用中来考察社会的现代化。最后，不再拘泥于进化论和功能主义范式，而要拓宽理论视野和重建分析框架，不能简单地把现代化过程描述成一个分化、整合、适应能力升级的进化过程，而是要把各种不平等和冲突等各种影响因素纳入现代化的分析范围内。

在后面对中国农民传统价值观的实证分析中，一定程度上验证了传统与现代不是简单二分法的观点，而是可以相互包容的新现代价值观。

三　马克思主义价值观

当前我国的基本国情决定了讨论传统中国农民传统观问题，必须仔细分析马克思主义价值观。

（一）马克思主义价值观的产生和发展

马克思主义价值观产生有其深刻的历史背景，19 世纪中期资本主义生产力水平的大发展，改变了人自身的生存方式，产业革命使阶级关系简单化，无产阶级作为独立的力量登上历史舞台，要求有能代表无产阶级利益的价值观。在马克思和恩格斯看来，资本主义制度下的异化劳动造成了价值观的扭曲，人与人之间，人与物之间的关系颠倒，人成为了物的奴隶。资本主义生产越发展，穷人的贫困、奴役和折磨就越严重。资产阶级宣扬的超阶级、永恒的价值观如自由、平等、博爱等，是苍白和虚伪的。

资本主义社会的自由变成了资本的自由，而不是人自身的自由。封建制度下的人身依附关系，变成了资本主义制度下人对资本的依附关系。同样，平等也不是抽象的，而是同一定的物质生产关系联系在一起的。在生产资料私有、劳动力和资本对立为特征的资本主义制度，不但不可能有真正的平等，反而造成了人与人之间尖锐的对立。“劳动为富人生产了奇迹般的东西，但是为工人生产了赤贫。劳动生产了宫殿，但是给工人生产了棚舍。劳动生产了美，但是使工人变成了畸形。劳动用机器代替了手工劳动，但是使一部分工人回到野蛮的劳动，并使一部分工人变成机器。劳动生产了智慧，但是给工人生产了愚钝和痴呆。”① 只有资产阶级同无产阶级有同样利益诉求，还和无产阶级利益结合在一起的时候博爱才会存在。“这时，一切保皇党人都变成了共和党人，巴黎所有百万富翁都变成了工人。与这种在想象中消灭阶级相适应的词句，就是博爱——人人都骨肉相连、情同手足。这样和气地抛开阶级矛盾，这样温柔地调和对立的阶级利益，这样想入非非地超越阶级斗争，一句

① 《马克思恩格斯文集》第 1 卷，人民出版社 2009 年版，第 158 页。

话，博爱——这就是二月革命的真正口号。”① 博爱论以为，他们是在严肃地反对资产者的实践，其实，他们自己比任何人都更像资产者。如果一味地宣传这种观点，社会主义的空谈家只能成为资本家的帮凶，让无产阶级麻木地接受资产阶级的压榨和剥削。马克思在批判资产阶级价值观基础上，提出了与无产阶级斗争相联系的价值观。《英国工人阶级状况》指出在资本主义社会中工人阶级，不可能获得人的尊严和价值。满足人的需要才是价值，这种需要的满足，只有在共产主义社会才能实现。共产主义以人的全面自由发展为最高的价值。

马克思主义价值观作为一个开放发展的理论体系，经过列宁以及中国共产党人的创新性发展，变得日益丰富。列宁指出了科学认识与价值评价的统一及其对检验真理的意义，提出实践是事物的价值。中国共产党人将马列主义的基本原理同中国革命和建设的具体实践相结合，产生了毛泽东思想、邓小平理论、“三个代表”重要思想、科学发展观等系列重大理论成果。从人民群众改造客观世界的主观世界的实践原则出发，毛泽东价值观思想中倡导集体主义、大公无私等人生价值观。邓小平价值目标分为以实现共产主义社会为最高价值目标、“三步走”的战略目标以及行业目标相结合的价值目标体系。随着经济社会发展，江泽民在继承马克思主义价值观基本立场基础上，论证了只有人民才是价值主体和评价主体，并提出了“三个代表”重要思想。胡锦涛为总书记的共产党中央提出了“科学发展观”“社会主义和谐社会”概念，提出了建立一个民主法治、公平公正、诚信友爱、充满活力、安定有序、人与自然和谐相处的社会，体现了马克思主义的政治价值观、经济价值观、文化价值观和生态价值观。

伴随着中国改革开放和市场经济在资源配置中决定性作用的推进，人们的权责利不断明晰，自主意识不断增强，社会日益呈现出主体多元化格局；与此同时，社会价值重心由政治向经济转移，各阶层主体的利益和需要更加凸显，价值取向日益多样化。在这一社会转型过程中新生的价值观念，必须与中国社会主义现代化建设的客观进程相适应的。培育和践行中国特色社会主义为核心的价值观尤为重要。当前要通过社会主义核心价值的学习，用社会主义核心价值观引领社会思潮、凝聚社会

① 《马克思恩格斯文集》第1卷，人民出版社2009年版，第90页。

共识。倡导富强、民主、文明、和谐，倡导自由、平等、公正、法治，倡导爱国、敬业、诚信、友善的社会主义核心价值观的表述中可以看到，作为现代西方文明中的一些基本价值观，已经被吸纳到中国特色社会主义核心价值观中，民主、自由、法治、平等、诚信等价值观，是人类社会共同的价值追求。①

（二）马克思主义价值观的理论内涵

作为马克思主义科学理论体系的一部分，马克思主义价值观有其独特性，是马克思主义历史观、认识论相统一的思想。（1）马克思主义价值观是以无产阶级的根本利益和全人类的解放为出发点。作为一个处于社会最底层、遭受着最深重压迫的阶级，无产阶级只有先解放全人类，才能最后解放自己。这是马克思主义价值观的出发点和落脚点。（2）马克思主义价值观以追求和实现共产主义为最高价值理想。是否坚持和追求共产主义理想，是判断是否坚持马克思主义价值观的标志，因为实现这一目标是不以个人主观意志为转移的客观规律。（3）马克思主义价值观评价标准是以坚定地站在人民的立场上，推动社会进步发展和维护人民根本利益为准绳。马克思主义价值观与利益观统一于马克思主义哲学，即辩证唯物主义和历史唯物主义的世界观，注重实践中将个人利益与阶级利益、集体利益、社会利益和整个人类的根本利益统一起来。强调个人经济利益，但反对狭隘的功利主义。重视理性和精神的价值，主张为人类正义和进步事业，可以放弃个人的、眼前的利益，直至牺牲生命。坚持社会主义的集体主义，倡导全心全意为人民服务的精神。坚持社会主义一元化的价值导向和多元化的价值取向，培养和践行社会主义核心价值观。

（三）马克思主义价值观的内容

马克思主义价值观结构中，始终贯穿着集体主义、全心全意为人民服务等核心内容。根据价值主体不同，分为社会价值观和个体价值观。马克思主义的社会价值观包括政治、经济和文化三个基本领域。人如何认识自然、改造自然是社会价值观的重要内容，也包括在马克思主义社会价值

---

① 有学者指出，同样是“民主、自由、公平、正义”概念，由于中国特色社会主义制度与西方资本主义制度的根本不同，这些范畴具有不同的意义。普世价值的提法，是马克思主义学者要强烈批评的。因为，普世价值中的普世，其实是一套说辞。支持者的目的是他们期望的观念被目标群体接受，成为社会主导的价值观，从而影响公众的政治观念，以达到变革社会政治制度的目的。西方那套自由、平等、宪政、人权的所谓普世价值观，并非贯穿人类社会历史的始终。

观中。

马克思主义政治价值观是在马克思主义指导下，人们对政治生活、政治事件、政治体制等问题的认识。实现共产主义是马克思主义价值观的最终理想，这是《共产党宣言》揭示的资本主义必然灭亡、社会主义必然胜利的客观规律决定的。马克思主义政治价值观的理想目标是实现社会公平正义、自由平等，克服劳动异化。现代科学技术发展提高了生产效率，社会财富大大增加，但与此同时两极分化更加严重。发达国家与发展中国家、发达地区与经济落后地区、城市与农村、体力劳动与脑力劳动、行业之间差别反而扩大了。坚持人的全面发展是共产主义的本质特征，也是共产主义社会的终极价值理想。社会主义的经济基础决定了政治价值观上的人民民主专政的价值追求。实行人民民主专政和人民代表大会制度的政体是社会主义的本质要求，也是实现社会主义现代化和进行改革开放的重要保证。坚持四项基本原则，依法治国，坚决反对新自由主义的“民主宪政”的资产阶级政治观。

马克思主义经济价值观是在经济运行过程中，有关公平、效率、诚信等市场交易行为的看法，其基本内容就是坚持具有中国特色的社会主义基本经济制度。邓小平把发展生产力纳入社会主义的本质认识，是对马克思主义科学社会主义理论的创新和发展。“社会主义的本质，是解放生产力、发展生产力、消灭剥削，消除两极分化，最终达到共同富裕。”① 社会主义优于资本主义，本质表现在制度上更有利于生产力发展，并在这一过程中实现共同富裕。承认公有制实现形式多样化，多种所有制形式并存，发挥市场在资源配置中的决定性作用，追求资源配置效率。但是经济领域内的公平价值观是指国民财富分配和社会给予的机会公平，不是要追求绝对平均主义。对于经济竞争中的弱势群体、阶层、个人的基本需要和缩小贫富差距，需要通过宏观调控政策实现道义上的公平，提供基本公共服务。

马克思主义文化价值观与政治、经济价值观并列，指的是包括电影、戏剧、音乐、美术等在内的文学艺术以及广播、电视、网络在内的大众传媒。其基本内容包括为人民服务的文化方向和发展民族的、科学的、大众的社会主义先进文化。马克思主义文化价值观强调文化为人民服务的基本

---

① 《邓小平文选》第三卷，人民出版社 1993 年版，第 373 页。

立场，这是人民当家做主的社会主义性质所决定的。每一个民族的文化都要体现自己的民族特点，在中国社会主义先进文化建设中，要弘扬民族精神，体现民族特色。文化要符合社会发展规律，解放思想，实事求是，体现科学发展观要求。充分利用各种传媒，扎根于人民大众，讲好中国故事，传播中国声音，使先进文化理念得到社会大众的认同，与西方文化齐头并进，为世界文明做出贡献。开放发展理念彰显了中国对外开放的自信和自觉。

马克思主义生态价值观是对自然环境、人与自然关系等的认识和看法。尊重自然、顺应自然、保护自然的生态文明观念，坚持人与自然和谐，走协调绿色发展之路，推动美丽中国、美丽世界建设，以人为本，实现人类的可持续发展目标。工业革命以来，人类在改造自然、征服自然，推动技术革命方面取得了重大进步，但是也付出了巨大代价。生态环境遭到破坏，污染严重，生物多样性受到严重威胁，人对资源环境过度开发利用引发了严重的人与自然的矛盾。金山银山，不如绿水青山，可持续发展是马克思生态价值观在当代条件下的新形态。创新发展体现了当今世界潮流和当代中国发展的新要求。协调发展理念着眼于全面，强调的是发展的平衡性、协调性和可持续性，旨在正确处理发展中的重大关系，不断增强发展整体性，力求通过补齐短板化解突出矛盾，在攻坚克难中增强经济社会发展的协同性、平衡性，确保如期全面建成小康社会。

（四）马克思主义人生观

人生观在思想上影响、制约和指导人的行为，不仅事关个人，还直接关系一个国家、民族兴衰和社会理想的实现。人生价值包含两个方面的内容：一是人的社会价值，作为价值关系中满足社会需要，为社会做出贡献；二是人生的个人价值，作为价值关系的主体，得到个人效用和社会尊重。马克思主义人生价值理论立足于人的本质的科学解释。因为人的自然属性不足以将人与动物区别开来，只有从劳动、语言、思维等社会属性，即人是一切社会关系的总和角度才能定义现实的人的本质。个人只能存在于社会中，人的价值只能从个人与社会的关系中实现。人生价值实现过程，也是人认识世界、改造世界的过程。人必须要从社会整体利益出发，坚持为人民服务和集体主义，把全人类的解放和社会进步看作人生的最高目标，核心是要树立共产主义理想、坚定共产主义信念。

在奴隶社会和封建社会，等级作为人生价值评价标准，人在社会阶层中的地位、权力、财富作为人生价值的尺度。在资本主义社会，资产阶级唯利是图的本性决定了金钱成为人生价值的衡量标准。与奴隶社会、封建社会、资本主义社会的人生价值不同，马克思主义人生价值观评价标准取决于人对社会的贡献。在政治领域，人民利益是评价政党、阶级、国家和个人价值的根本标准。进行马克思主义价值观建设，要保持马克思主义价值观在意识形态的主导地位，反对西方资产阶级价值观的渗透。当前市场经济发展对社会主义和共产主义理想形成了强大冲击，多元化的利益主体形成多元化的价值观，但是最为核心的是这种观念要得到大多数的认同，体现广泛的社会基础，保障国家、社会的根本利益，要实现公平正义和共同富裕。在价值观教育上，不能采取强迫的方式，而是结合人们的生产生活实践达到最大公约数的认同。

四 传统农民价值观意蕴与变化

如果农民只是一个职业的概念，讨论农民价值观的意义便值得思考。正是农民是一种身份和一种特有文化表征，讨论农民价值观的意义才凸显出来。农民的意识和行为变化正处于传统向现代的转变之中，旧的价值观念和规范体系正在消失，而新的还没建立起来，分析传统农民价值观的意蕴和变化特点，有利于指导新型农民价值观的培育，促进农业、农村和农民现代化进程

（一）农民价值观的特点

传统农民价值观，是指以农业谋生方式的人们在历史传承下来的具有农耕文化特点的思维方式、经世观念和道德规范等的总和。既是农民外在的“群体表象”，又是农民群体内化的“文化内核”（康来云，2008[①]）。传统的自然经济下，传统农民价值观主要表现为：（1）安土重迁的土地依赖意识；（2）重视地缘和血缘关系的乡情亲情观念；（3）重男轻女、多子多福、传宗接代的生育观念和宗族意识；（4）推崇经验、墨守成规、求同排异、求稳怕变的保守意识；（5）“不患寡而患不均”的平均主义观念，勤俭持家、顽强劳作的生存意识，安贫乐道、知足常乐的人生态度，

① 康来云：《中国农民价值观变迁》，河南人民出版社2008年版。

尊老敬贤、艰苦朴素、自强不息的优良品格等（江畅等，2004）。从工业文明的视角看待传统农民，传统农民具有一些基本特征（王宽让、贾生华，1994；李秋洪，1992[①]）。农业生产特性决定了农民在农村生产、生活、居住的分散性；传统生产力水平低下，农业生产自给程度高，农民家庭作为基本的生产、消费单位，不利于专业化、市场化和科学化；传统农民的社会活动局限在一个相对封闭的乡村范围内，社会化、组织化程度低，农民的流动性弱，血缘、宗族、地缘是社会关系的主要渠道；传统农民在政治上具有顺从性，难以形成正式的政治目标、政治纲领和政治组织，凝聚力差；传统农民在文化上具有保守性，小富即安，不思进取，抵制革新，缺乏创新能力。

孟德拉斯[②]在《农民的终结》一书中，分析了法国传统农民工业化、现代化转型过程中表现出来的特点。在工厂里，劳动时间与机械使用相关，工人的劳动时间在每天可以相对固定，每一时间段的工作量也易于考核。而农业劳动时间、劳动强度和进程，需要根据作物的生长情况、天气变化、劳动者的劳动能力情况适时发生变化。农业劳动与工业劳动的差别，决定了农业的生产组织形式与工业组织形式不同，农业更需要劳动者自主安排，经营趋向于多元化。20 世纪 50 年代法国关于农民的研究强调家庭境况和价值体系的重要性。在分析法国南部农民杂交玉米新技术的采用过程中，孟德拉斯发现，耕种着祖传的土地和从没离开过农场的农业劳动者，不像变换耕作土地的佃农或在某个时候获得了土地的所有者那么容易接受革新。一个人获得家庭经营指挥权的时候越是年轻，他越是倾向于进行变革。几代人或几个结婚兄弟姊妹住在一起的主干家庭或联合家庭不利于制度变化，特别是在父权依然不容置疑和由祖父母负责教育孩子的情况下更是如此。妇女能否成为变革的因素，要视情况而定。最进步的农业劳动者把经营的良好状况更多地归因于智力方面的因素，组织能力、理论知识，其他一些农民则更强调情感方面的因素。变革是一个集体的过程来实现的，这个过程更像是赶时髦和模仿，而不是单个农业劳动者的推理计算。

在所有的现代化国家，农民都经历了一个城镇化、工业化过程。大多

---

① 李秋洪：《中国农民的心理世界》，中原农民出版社 1992 年版。

② ［法］H. 孟德拉斯：《农民的终结》，李培林译，中国社会科学出版社 1991 年版。

数研究发现，现代性农业劳动者接受了好的职业培训和一般培训，他们更加年轻，耕种的面积在数量上明显地高于当地的平均水平。他们从中获得的收益也更高，能阅读更多的农业报纸杂志，更经常性地到城市积极地参加各种团体协会和组织活动，不管是职业性的还是非职业性的。社会参与与进步思想存在紧密的关系，那些最有才干的农业劳动者经常在联合会、合作社和其他农业组织中担任领导职务。

在中国，主流的马克思主义学者习惯于用小农意识或农民意识来描述农民的价值观。在一些从事经典马克思主义理论学者看来，小农意识仍自觉、不自觉地对中国人的思想和行为发生着影响，它极大地阻碍着社会主义市场经济的纵深发展和中国现代化的历史进程。要破除小农意识，实现农民意识的现代化转型，必须消除小农意识赖以生存和发展的社会土壤。那么，到底什么是农民意识？或是小农意识，这在很大程度上来自经典理论对农民阶级属性的判读。

阶级有自在阶级与自为阶级之分。自在阶级指阶级觉悟不高，还未建立起自己的政党组织，对资本主义社会的认识尚处于感性认识阶段时的无产阶级。在资本主义社会初期，无产阶级认为资本家对工人的残酷剥削，是由于采用了机器的缘故，因此发生捣毁机器的情况，对资本家的斗争限于个别的、局部的、自发状态。斗争的目标仅限于经济方面，没有认识到把资本家当作一个阶级来反对，意识不到自己是一个阶级和独立的政治力量，不了解自己的历史使命，这个发展阶段的无产阶级称为“自在的阶级”。自为阶级指工人阶级建立了自己的政党组织，有革命理论的指导，对资本主义社会的发展规律达到理性认识阶段。资本主义本身的发展和两个阶级的对立斗争使无产阶级的阶级觉悟提高。无产阶级政党建立后，用马克思主义教育工人，使工人理解资本主义社会的本质，资产阶级对无产阶级的剥削关系；使工人认识到自己阶级的根本利益，意识到自己的历史使命；从反对个别资本家的斗争转到反对整个资产阶级和资本主义国家的斗争；从对资产阶级的自发斗争进入有组织的经济斗争和政治斗争。无产阶级就成为“自为的阶级”。在资本主义社会的资产阶级与工人阶级的斗争中，工人阶级是先进生产力和革命的主体力量，农民阶级由于其保守性，不能成为革命的领导力量。

阶级意识是反映一定阶级的特殊地位和利益的社会群体意识。在阶级社会中，各阶级的经济地位和生活条件不同，由此产生的物质利益对立和政治权利冲突，必然在意识形态领域中反映出来，形成各自的阶级意识。阶级意识包括阶级的欲望、情感、习惯等社会心理和意识形态。意识形态是阶级意识的主体部分，它高于并影响着阶级的心理。一定阶级的意识形态，是一定阶级的政治和经济的反映，归根结底是由一定阶级的经济地位决定的。进步阶级的阶级意识，对社会发展起着积极的促进作用；反动阶级的阶级意识，对社会发展起着阻碍作用。如果处于同一阶级的人有一种共同的认同感和归属感，并且愿意为这个阶级的共同利益而自觉行动，那么，这个阶层就有了一个共同的意识。在任何时代，占统治地位的阶级意识，总是该社会经济上占统治地位的阶级的意识，其他阶级则受到统治阶级意识的影响。

在很长的历史时期内，奴隶阶级和农民阶级由于其阶级地位的局限性，都未能把本阶级的意识同剥削阶级的意识完全区别开来，未能摆脱剥削阶级的意识形态的束缚而形成本阶级的独立的意识形态。无产阶级的阶级意识是在社会化大生产的基础上和同资产阶级的斗争过程中形成的。无产阶级的阶级意识需要从外面灌输，无产阶级群众只有在自己的革命政党领导下，经过马克思主义的教育，才能彻底摆脱资产阶级意识形态的影响，真正意识到自己的阶级地位和阶级的根本利益，意识到自己的崇高的历史使命。随着阶级和阶级差别的消灭，阶级意识的界限亦将逐渐消失，最终形成全体社会成员的共同意识（卢卡奇，1999）。①

农民阶级意识没有一个明确的定义，但在经典理论看来，农民由于其自给自足的小农生产方式，决定了农民安土重迁、安全第一、死守小块土地的特性。马克思和恩格斯在总结 1848 年欧洲革命经验时认为，在革命中，工人阶级只有依靠农民的支持才能取得胜利，农民也只有得到工人阶级的领导才能得到解放。对农民的阶级性分析，马克思和恩格斯有大量的经典论述，集中体现在《共产党宣言》《路易·波拿巴的雾月十八日》《资本论》《哥达纲领批判》《德国农民战争》《法德农民问题》等经典文献中。② 农民阶级由于自身劳动的孤立性、土地的分散性和地域的隔绝性而难以作为一个独立的阶级从事争取和维护自身利益的运动，他们往往通

① 卢卡奇：《历史与阶级意识》，商务印书馆 1999 年版。

② 张晓山等编：《马克思、恩格斯、列宁、斯大林论农业、农村和农民》，中国社会科学出版社 2013 年版。

过追随其他阶级来实现自己的利益。在农民依然是人口、生产和政治力量的非常重要因素而工人阶级还远远没有构成人民的多数的那些国家，工人阶级及其政党争取到农民阶级这个同盟军的支持是无产阶级社会主义革命取得成功的关键。

经典马克思主义理论视野下的农民，更多指的是小农或是雇农、佃农。而雇农或佃农已是农村中的无产阶级的一部分，因此这一社会阶层具有无产阶级的阶级意识特征。但是，小农则不同。因为大工业的发展，必然压碎小农的自由之路，他们在资本主义生产方式的竞争中走向灭亡。对于没有经过资本主义历史阶段进入社会主义的国家，要通过合作化逐步引导小农走社会主义道路。经典作家对英法德早期农业生产和农民生活观察的判断，影响了后来的共产党执政国家如苏联对农民阶级的总体判读。经典理论对小农意识形态的很多认识，深深影响到了广大农民的命运。在中国，大量文献追随经典作家对农民阶级特性的判读，认为中国历史上小农生产方式既培养了国民的勤劳、自强不息、坚韧的品格，也决定了他们保守、封闭、消极、麻木、迷信、拖沓等不良习性；封建宗族组织使中国人行为方式具有传统的依附性以及敬祖、畏官、势利、自卑等奴性特征；传统文化的纲常礼教形成了国民的虚伪性，在很多人看来，似乎中国落后的一切根源都在于传统的自给自足的小农经济。近代以来，由于中国的积贫积弱，西方工业列强的坚船利炮对以农为本的中国社会带来了前所未有的冲击，一些理论将其归结为自给自足的小农经济形成了一系列价值观念的落后。在一小块地上自耕自作，无约束、无协作、无交换而长期形成的一种思想观念和行为习惯，简称小农意识。心理素质上表现为求稳、怕变、盲目和狂热，从而形成很大的保守性，本能的排斥变革，缺乏主动进取精神；在价值观念上，自然经济使得人们形成以自足、患得患失、平均主义为特点的观念体系；在思维方式上自然经济的规模狭小导致人们的活动范围狭窄和认识水平低下，从而决定了农民思维方式的经验性、直观性和不系统性。

在袁银传（2000）、江畅（2004）、刘永洁（2006）、张琳（2012）等学者看来，小农生产方式是中国传统封建文化的经济基础，造成传统中国落后、保守的国民性格。他们认为，小农经济基础上产生的小农意识的本质是平均主义，而平均主义是从农业文明中产生出的国民精神。在平均主义和中庸观念的文化氛围下，理想的人格不求强烈地自我表现，而是追求执两用中、均平田产、顺应自然、温顺谦和的君子风度。小农经济的脆弱性，使中华子民在种种天灾人祸面前无能为力，习惯于把自己的利益和幸福寄托在真龙天子、青天老爷身上，因此，社会需要使中国产生了强大统一的中央集权制国家。这种社会需要又成为强化大一统专制主义中央集权制的催化剂。在极权主义盛行的地方，民主政治就没有市场。与从事商业、游牧业的人们的动态生活方式及在此基础上形成的开放、外向型意识相对照，农民祖祖辈辈居住在同一个地方，用不着山南海北奔波，这种静态、封闭的生活方式以及小农经济的脆弱性，使农民形成了封闭意识和内向心态。封闭、内向心态与自给自足、个体、分散的经营方式相结合，造成了农民散漫、自私等群体意识和团结精神的淡漠。农民的平均思想往往表现为狭隘性和绝对化。生活的极度贫困和一年到头循环无期、单调枯燥地劳作，加之社会的紊乱和不公，长期的心理压抑，使农民承受的重负叠加在一起，一旦超过他们心理极限，农民行为就走向保守的对立面，转变成为对主导的统治思想的扭曲和背离，往往以极其简单的思维逻辑采取行动，表现为畸形、非理性的躁动，无组织的发泄不满情绪，一定程度上反映了农民文化性格的矛盾性。权威崇拜、安分守己的臣民意识，循环、经验、静态的经世观念，封闭、内向的文化心态，富贵利禄的价值目标，平均共有的社会理想，背离传统的畸形发泄，是农民传统意识和价值选择的核心内容。以丧失主体意识为代价，依赖客体的主宰来实现自己和谐、安宁的价值目标，决定了农民自我价值评判中的臣民意识。农民不可能产生自觉变革社会制度的责任感和主动意识，更提不出科学的、系统的革命思想。

即使是那些走南闯北的农民工，在传统中国分散化、家庭式的自然经济基础上，也形成了农民工的小农意识：保守、缺乏竞争意识、严重依赖于血缘关系、人情重于契约，等等（黄进，2010）。市民化的价值观根本上说是发达商品经济即市场经济的产物，新生代农民工价值观意欲实现市民化，但无法抛弃乡村传统文化价值观的影响。“城市已形成自身特有的城市心理，与乡村心理迥然不同。城市人的思维方式是因果论的，理性方式的；而农村人的思想方法则是自然主义的，幻想式的。城市与乡村在当代文明中代表着对立的两极，城与乡各有其特有的利益、兴趣、特有的社会组织和特有的人性”（见表2－5）。①

---

① ［美］帕克等：《城市社会学》，宋俊岭等译，华夏出版社1987年版，第269页。

表 2－5　　城乡文化差异的比较分析

农民传统文化价值观	市民文化价值观
陈旧的思维方式：小农经济观念，小富即安，因循守旧，安于现状，不求发展，不求进步	干大事业、求大发展的创业精神；竞争意识；富于挑战和永不自满的奋斗精神
“善分不善合”，以血亲、姻缘为基础的人际交往观念；农民工的交往范围限于老乡、亲戚等地缘、业缘关系网络	开放、和谐、平等、博爱、宽容、尊重的人际交往观念
淡薄的法制观念，落后的政治意识：随心所欲、自由散漫思想；人治观念浓厚，权力崇拜根深蒂固，官本位意识严重	遵纪守法、依法办事的法制观念和诚实精神；现代契约精神：组织意识

资料来源：黄进：《价值冲突与精神皈依——社会转型期新生代农民工价值观研究》，南京师范大学出版社 2010 年版，第 20 页。

（二）对中国传统农民性质的争论

对中国农民、农户主要是自耕农的看法，涉及对传统中国社会性质的评判。在主流的马克思主义观点看来，传统中国社会经历了原始社会、奴隶社会、封建社会、殖民半殖民地封建社会、社会主义社会到共产主义社会五阶段。封建社会的斗争主要是地主阶级和农民阶级之间进行的。（胡如雷，1979）。① 在梁漱溟等新儒家看来，传统中国乡村社会是一个和谐的综合体，传统中国社会并没有五个线性发展关系。秦晖和苏文（1996）认为比较世界各国看，农民并不是保守落后的代表。在美国历史的发展过程中，农民是进步的力量。美国的民主制度是在农民占 80% 以上的基础上建立起来的。在美国民主化进程中，农民并没有表现出小私有者、小生产者或小资产阶级的保守性或是反动性，相反，正因为他们是独立的小私有者而不是宗法共同体成员，是小商品生产者而不是宗法式的生产者，是自由的家庭农场主而不是依附农民，是真正的小资产阶级而不是宗法农民，他们才能起到进步作用。齐涛（2009）认为，中国农民的历史特性表现为平民性、分散性、半自足性和半世俗性。所谓平民性，指农民的法律地位与社会身份在多数情况下具有公民性。政治上是自由人，有一定的政治权

① 胡如雷：《中国封建社会形态研究》，生活·读书·新知三联书店 1979 年版。

利，经济上有小块土地，对王朝承担赋役义务。这与中世纪西欧封建小农大不相同。分散性主要表现在小土地占有和小农经营。中国土地私有化形成早，土地兼并与集中各朝各代都在发生，但土地占有多元化的趋势没变。秦汉以来，传统中国农民处在宗法血缘关系中，族权在组织农民中发挥了重要作用。与完全自给自足的小农不同，传统中国小农除了以家庭为单位的综合经营，家庭粮食生产不能完全满足农民生活，农民兼业并非自给，而是用于交易，弥补家用不足。日常钱币使用平凡，政府税收也用钱币，表明商品经济较为发达。传统农民大多不信宗教，信仰也是功利性的。

近年来，对中国传统农户的功能又有一些新认识，如徐勇（2012）认为，中国有家户传统正是东方自由的微观基础，有利于调动农民生产的积极性。独特的地理位置使西方有着悠久的商业文明，而东方则以农耕文明为主。但是，东方农业文明传统也有不同的表现和类型，不了解它们之间的差别，哪怕是细微的差异，都无法充分准确把握东方农业文明传统对后来农村发展道路的影响。自由、独立的小农家庭构成中国村落社会的内核，是村落社会存在的根基。以强大的习俗为支撑的完整的家庭制度和以强大的国家行政为支撑的完整的户籍制度共同构成的家户制，是中国农村社会的基础性制度或本源型传统。中国的家户经营有利于调动农业生产积极性。主要原因在于，土地为家户所有或者家户经营，这就使家户有可能自由支配自己的产品。地主可以通过土地获得地租，佃农在合理的地租水平下可以获得尽可能多的农产品，自耕农可以通过自己努力获得更多的收益。在生产和报酬激励兼容条件下，家户有可能改善自己的生存状况。尽管只有少数人才能成为“地主”，但获得土地从而“发家致富”始终是推动中国农业生产的基本动力，而这只有在家户制的基础上才有可能。由此，也锤炼出中国农民特有的“勤劳”品质。董正华（2014）、文礼朋（2015）对世界多国农业发展历程研究显示，即使是在工业革命发源地的英国，农业资本主义也没有按照经典作家所预见的发展方向行进，以家庭经营为基础的农业在市场经济高度发达国家也有强大的生命力。社会并没有完全分化成相互对立的资产阶级和工人阶级，社会阶层呈现出多元化特征。

（三）农民价值观变化

中国城乡人口的变化，得自新中国成立后特别是20世纪80年代改革开放以来中国工业化、城镇化、市场化以及农业现代化的不断推进。当下中国经济社会结构，与中国共产党成立后的民主革命时期以及与新中国成立后百业凋敝、百废待兴的社会经济结构性已根本不同。2014 年年初全国人口 13.6 亿人，其中乡村常住人口 6.3 亿人，城镇常住人口 7.3 亿人，是自 2010 年以来中国城镇人口超过乡村人口的第四个年头，城镇人口比乡村人口多了 1 亿人。而在中华人民共和国成立初的 1950 年，全国总人口 5.4 亿人，其中乡村常住人口 4.8 亿人，城镇常住人口 0.6 亿人，全国 90% 的人口居住在乡村。在过去的 64 年里，全国人口增加了 8.2 亿人，而城镇常住人口增加了 6.7 亿人，平均每年以 1000 万人的规模在增加。中国阶层分化，农民阶层也在分化，这是当代中国客观存在的事实，对当代中国各阶层利益整合和分化产生了重大影响。农民阶层分化实质是农民群体内部利益的再分化。分化后的农民各阶层虽还统称为“农民”，具有“农”的身份，具有一些共同的价值观、政治意识和社会心理，但各阶层农民的经济地位也出现较大差异，各阶层的价值观又有所不同。我国农村经济社会现实与传统乡村社会已有根本性的不同，因而农民价值观与传统农民价值观也会产生很大的变化，但从目前对农民价值观的研究看，总体表现为方法简单，结论可疑，极度缺乏实证支撑，更缺乏系统的理论分析，很多研究只是从经典文本中摘引章句，概念界定混乱。

1. 对农民群体价值观变化总体判读

贺雪峰（2009）将农民价值观分为本体性价值观、社会性价值观和基础性价值观，认为当前农村出现伦理性危机。在传统社会中，构成中国农民安身立命基础的是传宗接代，农民通过繁衍子孙来延续个体有限生命的意义。有些时候相信灵魂不死，来生转世的佛教说辞。传统中国农民大体有三类本体性价值。一是宗教尤其是佛教转世说；二是传宗接代；三是“人活一口气”的气。社会性价值观体现在追求社会地位，受人尊敬，希望个人生活得体面，希望获得其他人的好评，希望有面子和尊严，希望“办得成事，说得上话”等。基础性价值则追求更舒适的经济条件，更安全的环境，更良好的生活。管爱华（2010）认为社会变革带来的小农经济的边缘化以及劳动力从农业向工业的转移为新乡村价值观生长奠定了现实基础，并提供了价值资源。代际差距缩小、代际冲突减少，为乡村新的本体性价值观生长提供了可能。延续生命的“传宗接代”，也就失去了存在的价值和依据。建立在理解、尊重、宽容基础上，以自由、独立特征的代际和谐与幸福，农民价值观的变化近年来呈现普遍趋势。辛志勇（2008）的实证研究结果显示，当代农民更追求发展，而不是维持现状。“当代中国民众价值取向和精神信仰问题研究”中，以品格境界、工作学习、家庭人伦、金钱权力、从众认同、法律规范、名望追求、公共利益等方面，从低到高按5分值对农民的价值取向进行调查评估，结果见表2－6所示。高尚的品格是农民最为看重的价值；其次是维护公共利益、加强工作学习、遵守法律规范、注重家庭伦理等，这个调查结果显示农民并不具有保守、自私的“小农意识”。

表2－6　农民价值取向的总体特点（最高值为5）

价值观 / 取向值	金钱权力	从众认同	名望追求	家庭人伦	法律规范	工作学习	公共利益	品格境界
均值	3.18	3.27	3.98	4.13	4.48	4.55	4.72	5.00
标准差	1.05	1.01	0.88	0.68	0.95	0.80	0.79	0.74

注：$n=1157$，问卷调查选取1157名山西农民有效样本。

2. 农民工的价值观

一些研究关注农民工群体价值观变化。随着市场经济和大众传媒的渗透，外出务工人员的大规模增加，包括婚姻伦理、财富伦理、孝道伦理、政治伦理在内的乡村社会伦理，发生了很大变化。陈昌兴（2014）认为农民工价值观指的是农民工这一群体在实践活动中，对各类价值观经过反复的比较与选择，所共同接受并遵循的价值观，集中体现了农民工这一群体的精神面貌，并与其他群体相区别。新生代农民工日渐增强的现代元素包括自信心、时间感、重视技术技能、渴望进入城市成为市民等现代性观念，农民工正在走向现代化。

3. 农民价值观教育

在农村现代化加速进行和改革进一步深化的今天，剖析传统农民价值观的核心内容，把握小农文化心理的运行轨迹，制定合理、科学的政策和法律去引导、规范农民，让农民自觉摒弃、清除传统农民意识中的负面因素，重新铸就一种新的文化性格，实现农民价值观的现代化超越，是农村深化改革的当务之急。对传统农民意识进行净化、改造，加快农民价值观重构，引导（教育）农民树立正确价值观，是增强农村社会凝聚力、向心力和整合力的需要，也是引导农民走向更高层次文明的过程。个体价值观统一在其所属社会的主流价值体系之下，建构符合当今农村发展要求的社会价值观体系并使之成为全体农民的共同追求，农村文化建设起到引导社会进步和发展的作用（康来云，2008）。

农民价值观教育问题可分为三个层次：（1）基本层次是解决信仰危机、价值混乱、观念冲突问题。（2）上升层次是保障农民价值观与道德实践能在其生活的社会系统得以运转、价值观的发展秩序得以维护。（3）理想层次是确立起与当代社会相适应的价值观体系，完善农民自身道德修养。因此，以社会主义核心价值观体系为内核的新生代农民价值观教育是根本，寻找可以承载农民心灵情感和精神归宿的理想信仰和价值信念，是消解和转化农民价值观冲突，实现农民与社会主流意识形态接轨的关键。改革开放以前，农民的生产、生活方式相同，阶层分化不大，改革开放后，农民的个体意识、主体意识增强，通过党和政府的主导性工作，建立有效的制度，建立多元、包容、开放的价值体系，适时、合理，尊重农民主体价值需求，保障农民基本权益，完善社会主义价值体系，实现农民的“中国梦”、幸福梦。

在农民工价值观教育这个层面上，陈昌兴（2014）认为，要充分发挥理论引导作用，强化新生代农民工的理性内化机制。因为工人群众不会自发地产生出科学社会主义思想体系，至多也只能形成工联主义意识。任何社会为了生存必须成功地向社会成员灌输适合于维持其制度的思想，不断通过政治社会化使自己的意识形态渗透到社会公众之中，使其普遍接受，并证明自己存在的合理性。统治阶级的思想在每一时代都是占统治地位的思想。只有处于支配地位的社会意识形态才能构成一定的思想上层建筑。属于政党和国家意识形态的价值观教育，着重强调对新生代农民工一般性地、长效的价值观教育，即自上而下的科学灌输。要消除农民与其他阶层和城市市民的价值隔阂，将社会主义核心价值体系融入新生代农民的价值观教育，引领他们的意识形态向主导价值观回归，必须要建立利益协调机制、诉求表达机制、矛盾调处机制和权益保障机制。没有这些机制，会严重影响到核心价值体系的传播与认同。

第三章　农民基本价值观的实证分析

经典的马克思主义理论认为，分散的农民具有保守落后的阶级意识，如何认识当前农民的群体意识特征事关社会主义的基本制度和发展方向。改革开放以来，我国经济社会发生了巨大变化，农民这个群体的收入和消费水平在经济发达区域和经济落后区域存在较大差异，为了更好地观测农民的“传统性”，我们选择了中国经济发展水平最低的贵州省作为样本区域。遵义为中国革命老区，是1982年国务院公布的首批24个历史文化名城之一，也是中国共产党和工农红军命运的转折之城，当地居民应是受马克思主义理论影响最深的地方之一，作为“马工程”项目的调研点，了解红色老区农民价值观现状和价值取向，具有重要的理论和现实意义。

第一节　样本概况

一　样本点分布

根据研究目的，2013年11月22—24日项目组在遵义县[①]调查了3个镇6个村，每个村选10户，并在遵义县城（镇）调查农民工30位；同年11月25—28日，在习水县调查2个镇6个村，每个村也选10户。2014年8月29日—9月10日在湄潭县和赤水市（县级市）开展调查，每县选择2镇，每镇3个村，每村8户。样本村包括了红军曾经经过或是发生过重大历史事件如遵义会议、苟坝会议、四渡赤水、青杠坡战役、红军渡等的红色村庄。在市、县、镇这个层面，主要通过查阅统计资料、政府工作报告和已有的调查报告、与当地领导座谈交流等方式了解总体情况。在村级层面，通过查阅资料，与村干部座谈和开展村级问卷调查等方式开展工作。而在农户和农民个体层面，主要通过问卷调查和深度访谈获取所需的数据

①　2016年遵义县已更名为播州区。

资料（见表3－1）。

表3－1　　　　　　　　　　样本分布情况

县	镇	村
遵义县	鸭溪镇	金刀村、金钟村
	枫香镇	土坝村、花茂村、苟坝村
	石板镇	乐意村
习水县	土城镇	黄金湾村、华润社区、青杠坡村
	东皇镇	羊九村、白坭村、图书村
湄潭县	湄江镇	金花村、核桃坝村、新街村
	永兴镇	分水村、马义村、德隆村
赤水市	元厚镇	高新村、米粮村、桂圆林村
	大同镇	华平村、大同村、民族村

遵义市处于云贵高原向湖南丘陵和四川盆地过渡的斜坡地带，在云贵高原的东北部，地形起伏大，地貌类型复杂。海拔高度一般在1000—1600米，在全国地势第二级阶梯上。全市山间平坝面积占7.4%；丘陵占30.7%；山地占61.9%。大娄山山脉自西南向东北横亘其间，成为天然屏障，是市内南北水系的分水岭，在地貌上把遵义市划分为两大片，南片占全市总面积的37.6%，北片占62.4%。山南是贵州高原的主体之一，以低中山丘陵和宽谷盆地为主，一般耕地比较集中连片，土地利用率较高，是粮食、油料作物的主要产地。作为贵州省第二大城市、新兴工业城市和重要农产品生产基地，黔北政治经济文化中心，截至2013年年底，遵义市下辖2个区、8个县、2个民族自治县、2个市及新蒲新区。全市共辖164个镇、55个乡、8个民族乡、17个街道办事处。2013年遵义市国土面积30762平方千米，占贵州省总面积的17.5%。2013年遵义市国民生产总值1584.67亿元，比上年增长14%。其中，第一产业增加值207.88亿元，增长6.3%；第二产业增加值744.14亿元，增长15.6%；第三产业增加值632.65亿元，增长14.5%，人均GDP 25852元。2013年粮食种植面积768.99千公顷，全年粮食产量259.8万吨。2013年年末常住人口为614.25万人，年末户籍总人口为778.46万人，出生率为10.37‰；死亡率为5.38‰；自然增长率为4.99‰。全年农村居民人均纯收入6849元；

城镇居民人均可支配收入20504元。农村居民家庭恩格尔系数（即食品消费支出占消费总支出的比重）为43.1%，城镇居民家庭恩格尔系数为38.6%。

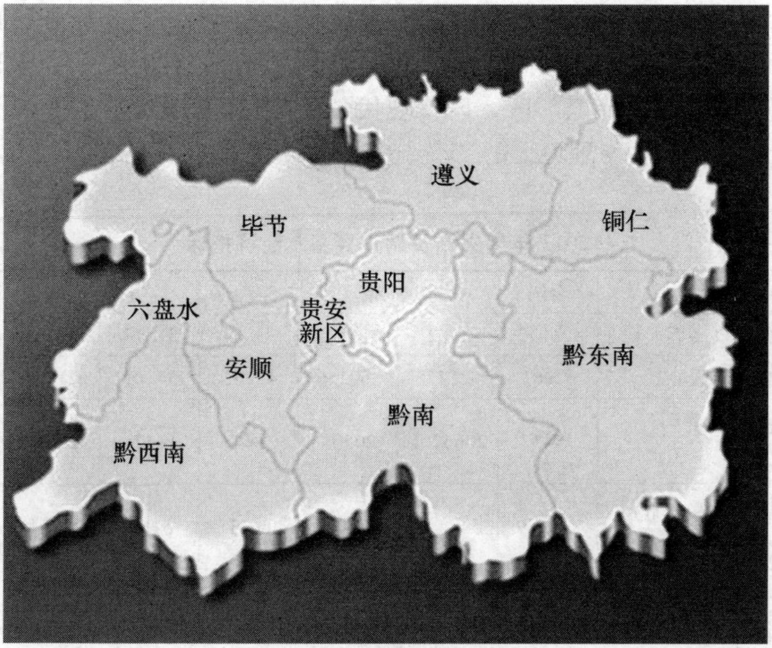

图3-1 遵义市地理位置

分县看，2013年年末遵义县有户籍人口122.78万人；习水县72.26万人；湄潭县49.36万人；赤水市31.03万人。2013年遵义县、习水县、湄潭县和赤水市农村贫困人口分别还有13.71万、15.00万、4.36万和2.8万人，农村贫困发生率分别为11.6%、9.8%、22.8%和11.8%。从经济发展、财政收入方面看，遵义县和赤水市属于贵州省的经济强县，习水县是贵州省2013年扶贫开发重点县。2013年全国人均GDP为41908元，而贵州省人均GDP只有22922元，排全国各省份倒数第一位，只占全国人均GDP的54.7%。即使是在贵州省经济水平较为发达的遵义市，2013年人均GDP也只有25852元，只占全国人均GDP的61.7%。样本点所在的遵义县、习水县、湄潭县和赤水市，除遵义县和赤水市人均GDP略高于贵州省外，其余两县人均GDP不到全国的50%。2013年全国城镇化率53.7%（城镇常住人口占总人口的比例），贵州省城镇化率只有37.8%，遵义市为41.3%，而城镇化率最低的习水县只有33.0%，大大低于全国平均水平。从城乡居民收入水平看，2013年全国农民家庭人均纯收入8895.9元，而贵州省农民家庭人均纯收入只有5434元，遵义市和样本所在的四县市农民人均纯收入都低于全国农民家庭人均纯收入，样本所在区的城镇居民人均可支配收入也远低于全国平均水平。因此，样本点所在地区是一个典型理论上的“传统”区，离“现代”还有较远的距离。这些地区农民的价值观，可能会与理论上的“传统农民”更为接近（见表3－2）。

表3－2　　2013年遵义市及调查县基本经济指标

指标	全国	贵州	遵义市	遵义县	习水县	湄潭县	赤水市
年末常住人口（万人）	136072	3502	614.25	93.64	51.77	37.64	24.04
乡村人口（万人）	62961	2177	360.56	49.63	34.69	21.34	13.8
城镇居民人均可支配收入（元）	29547.1	20667.1	20504	21441	18324	20450	19213
农民家庭人均纯收入（元）	8895.9	5434.0	6849	8611	5162	7654	7381
人均耕地面积（亩）	1.34	1.95	2.06	1.53	1.79	1.31	0.84
人均粮食产量（公斤）	442.4	294.1	422.9	448	356	420	497
人均GDP（元）	41908	22922	25852	24517	17580	14391	24880

资料来源：2014年中国统计年鉴、2014年贵州省统计年鉴、2014年遵义市统计年鉴。遵义市统计年鉴中没有公布四个县的乡村常住人口数，作者根据政府报告提供的城镇化率进行了初步估计，与实际数略有出入。由于乡村大量流动人口的存在，每年的常住人口总数变化不大，这种估计对于使用目的来说，是可行的。

二　样本特征

（一）样本镇

样本镇共有9个，分布在4个县（市）内，9个样本镇经济社会基本情况见表3－3。每一个县的样本镇都包含有一个红军经过当地时发生了重大历史事件的镇，比如红军“四渡赤水”所在镇；也有经济发展有特色的镇，如湄潭县的湄江镇，通过茶业产业与休闲观光农业相结合，发展当地经济，改善民生等。农民家庭人均纯收入最高的镇是遵义县的鸭溪镇，2013年全镇农民家庭人均纯收入超过万元，达到了10248元，高于全国农民家庭人均纯收入水平。农民家庭人均纯收入最低的是习水县的土城镇，2013 年全镇农民家庭人均纯收入只有 6232 元。从农村人口占比看，遵义县石板镇农村人口占比达 96.5%；而湄潭县永兴镇的农村人口占比最低，2013 年只有 29.0%。人均耕地面积最低的是湄潭县的湄江镇，这个镇的主导产业是茶业，人均耕地面积只有 0.33 亩；最高的是遵义县的枫香镇，人均耕地面积 1.69 亩。总体上，调查区域地处高原山区，人均耕地面积少，人们生活水平还不高（见表 3－3）。

表 3－3　　2013 年样本镇经济社会基本情况

镇名	人口（人）	农村人口占比（%）	农民家庭人均纯收入（元）	耕地面积（亩）	人均耕地面积（亩）
鸭溪镇	66633	60.2	10248	44510	0.67
枫香镇	38913	90.7	9171	65632	1.69
石板镇	35057	96.5	8618	26310	0.75
土城镇	46075	89.1	6232	28562	0.62
东皇镇	82876	62.0	6940	40675	0.49
湄江镇	102794	34.0	10037	34395	0.33
永兴镇	62000	29.0	10151	61000	0.98
元厚镇	16403	86.4	7774	15016	0.92
大同镇	20040	92.9	7790	18783	0.94

资料来源：根据各镇政府工作报告、记者采访的公开报告整理而成。

样本镇中的鸭溪镇是红军长征途中的重要驿站。1935 年 3 月 4 日，中央军委在遵义县鸭溪镇汪家屋召开军事会议，在会上成立了“前敌司令部”，经张闻天提议，委托朱德为前敌司令员，毛泽东为前敌政治委员。这是毛泽东自 1932 年 10 月被推行“左”倾路线领导者免除红一方面军总政委职务之后，重新担任红军领导职务。红军在鸭溪成立了鸭溪区临时苏维埃政府、土地革命委员会、武装游击队，并召开了声势浩大的遵义大捷庆祝会。土城镇分布有苗、彝等少数民族，是第二批公布的全国历史文化名镇，有如毛泽东、周恩来、朱德等的住居，土城会议旧址、总司令部、中央纵队、女红军驻地旧址、开仓分盐盐号旧址等重要文化遗址。元厚镇位于赤水市东南部，距赤水市 58 公里，境内属河谷山地，谷深坡陡，最高海拔1730米，最低海拔251米。中国工农红军一渡赤水的元厚红军渡口纪念碑是赤水河上第一座红军渡口纪念碑，为全国重点文物单位。元厚镇境内气候温和，无霜期长，适合多种经济作物生长。木、竹、药材、水果等作物十分丰富。湄江镇是“中国茶海，休闲湄潭”的中心重镇，区位条件优越，基础设施完善，是湄潭县茶产业、旅游业、农业发达的乡镇，素有“高原明珠”“云贵小江南”的美誉。湄江镇是湄潭县的政治、经济、文化中心、县人民政府所在地。

（二）样本村

样本村24个，除遵义县外，按在镇中经济发展水平好、中、差标准选择3个村，特别关注如苟坝村、青杠坡村这类红色村，因为作为马克思主义的出发点和落脚点，共产党人革命的最终目标是要实现人的高度自由发展，关注这些地区农民的所思所想和生产生活现状，是马克思主义理论研究与实际相结合的需要。24个村中，村级资料不完整的有高新村、大同村以及白垢村、新街村、羊九村。人口规模最大的是金刀村，2013年全村1910户，人口9273人，户均人口4.85人；人口规模最小的是桂圆林村，2014年全村515户，人口1788人，户均人口3.47人。人均耕地面积最多的是乐意村，2014年全村人均耕地面积达到了3.42亩；人均耕地面积最少的是华润社区，只有0.41亩。由于人均耕地少，各个村都有大量外出经商、务工或是就近务工的农民。正是这些外出人员在外的工资性收入，支撑着当地经济社会发展（见表3－4）。

表3－4　　2013年样本村经济基本情况

编号	村名	耕地面积（亩）	户数（户）	人口（人）	劳动力（人）	男（人）	女（人）	经商人口（人）	一年中在外6个月以上的人口（人）	短期在外不足3个月的人口（人）
111	乐意村	8364	952	2445	2579	1295	1284	1274	986	288
121	金刀村	5300	1910	9273	3890	2100	1790	1560	1500	200

续表

编号	村名	耕地面积（亩）	户数（户）	人口（人）	劳动力（人）	男（人）	女（人）	经商人口（人）	一年中在外6个月以上的人口（人）	短期在外不足3个月的人口（人）
122	金钟村	4439	1215	6458	2600	1380	1220	658	436	164
131	土坝村	4569	768	3194	1874	1062	812	1256	1256	136
132	花茂村	2531	938	4149	1865	1300	565	2042	1318	711
133	苟坝村	6744	876	3569	1487	793	693	495	413	8
221	黄金湾村	1509	605	2544	1250	595	655	475	520	65
222	华润社区	755	440	1826	1095	550	545	328	624	160
223	青杠坡村	1909	759	3205	2123	1102	1021	571	106	2
211	羊九村	4750	814	4050	2714	1510	NA	864	864	230
212	白垢村	2750	468	2449	800	NA	NA	360	NA	NA
213	图书村	2504	786	3236	1456	801	656	101	216	64
311	华平村	NA	NA	NA	NA	NA	NA	NA	NA	NA
312	大同村	4368	NA	NA	NA	NA	NA	NA	NA	NA
313	民族村	3066	867	3318	1493	890	603	897	1135	351
321	桂圆林村	2438	515	1788	880	447	433	40	390	30
322	米粮村	1400	630	2263	1700	1000	700	900	700	200
323	高新村	1952	NA	NA	NA	NA	NA	NA	NA	NA
411	金花村	2000	560	2569	1200	1800	769	10	10	0
412	核桃坝村	4700	868	3468	1721	890	811	130	60	12
413	新街村	4900	694	2789	1200	610	590	NA	NA	NA
421	分水村	5514	1002	3987	1756	926	830	1640	1320	320
422	马义村	4200	910	3605	1650	830	820	580	510	70
423	德隆村	6379	1096	4376	1800	930	870	30	600	100

资料来源：2013—2014 年项目村级调查及相关资料整理。

每一个样本村都有其独特资源，都有其独特的传奇故事，但其中与中国社会主义革命联系较深的有苟坝村和青杠坡村。

苟坝村位于遵义县枫香镇东部，距镇政府所在地6公里，距遵义县城南白镇46公里。全村总面积16.7平方公里，辖18个村民小组，2013年共有876户3569人。森林面积11360余亩，覆盖率达63%；有杜仲1600余亩，素有“杜仲之乡”之称。常年气温16℃，全村以种植烤烟、辣椒、油菜等农作物为主，是典型的农业型村庄。苟坝是一块高山环绕的田坝，东有海拔1357米的石牛山，西有海拔1330米的崖头山和银屏山，北有海拔1425米的马鬃岭。坝子南北长约3公里，东西宽1公里，其坝子间有起伏状像睡葫芦的小田坝，由马鬃岭脚渗出的两股地下水，汇成一道溪流自北向南流，称为白腊坎河。村口有一水口寺，其意在“锁水而润田畴”。1935年1月，中国共产党领导的中国工农红军第一、第三、第五、第九军团和中央（军委）纵队突围转移到遵义创建川黔边新苏维埃区域根据地。在遵义地区行动长达三个月，建立起中国共产党遵义县委员会、遵义县革命委员会（苏维埃政权）、赤色工会、农会和工农武装游击队。中共中央在遵义县境内，几乎天天都在召开会议，决定中央红军行动方针。尤以政治局遵义扩大会议、泗渡会议、扎西（云南威信县境）会议、苟坝会议等系列会议最为重要，苟坝会议成立了周恩来、毛泽东、王稼祥三人团，完成了遵义会议改变党中央最高军事领导机构的任务，进一步确立和巩固了毛泽东在党中央和红军中的领导地位。

在苟坝会议期间，有一个故事传为佳话。一次毛泽东在离开会议期间，张闻天搞了个举手表决，把毛泽东的前敌司令部政治委员职务表决掉了。深夜，毛泽东独自一人提着马灯到周恩来住处，要周恩来晚一点下发进攻打鼓新场的作战命令。毛泽东在说服周恩来后，又与周恩来一起去说服朱德。1935年1月11日一早，周恩来提议继续召开20多人的中央会议，讨论决定撤销进攻打鼓新场计划。一番激励争论之后，毛泽东、周恩来、朱德终于说服参会的中央政治局委员、候补委员和中革军委委员。毛泽东坚决反对进攻打鼓新场，使中共中央、中央红军再一次避免全军覆没的危险。“如果没有毛泽东当夜此行，历史的结局会改写成另外的样子。”①实事求是，灵活机变，才是真正的马克思主义作风。

青杠坡村，在土城镇东北约3公里，总占地面积约4000平方米，全村

① 石仲泉：《从转折走向辉煌——苟坝会议研究文集》，中央党校出版社2007年版，第4页。

图3－2　苟坝会议地址

总人口3205人，森林覆盖率为68%，属亚热带长江河谷，温热气候、冬无严寒，是社会各界人士来此开展爱国主义传统教育和休闲避寒的好地方。这里蕴藏有丰富的中国工农红军长征历史文化资源，具有闻名中外的“四渡赤水”主战场青杠坡——革命烈士纪念园。现存有永安寺古庙中民族宗教长老为张震将军及其红军战士疗伤的寺庙，临时战地医院，桐梓窝朱德总司令前线指挥所等多处战斗遗址，被誉为红色革命老区。

青杠坡战斗是四渡赤水战役第一战。此后的两个多月，红军四次飞渡赤水河，穿插于敌重兵之间，驰骋于川滇黔边地区，跳出了四十万敌军的围追堵截，留下了毛泽东军事指挥艺术出奇制胜的得意之笔。在青杠坡战斗中，党的两代领导核心，共和国三任国家主席，一任国务院总理，五任国防部长，七大元帅，二百余位将军参加了战斗。红五军团政委赵云龙等一千多红军将士牺牲，张宗逊、杨成武、杨勇、张震等指挥员负伤，红军歼敌三千多人，自己伤亡三千多人。“打得赢就打，打不赢就走”，这是毛泽东战略战术思想的高明之处。发现问题后适时改变作战计划，化被动为主动，从不利的战局中摆脱出来。红军指战员从遵义会议前“处处受制于敌”“走也走不动，打也打不好”的局面到遵义会议后“走得利索，打得痛快”的变化，表明了毛主席军事路线的正确性。

当前，青杠坡村在上级党、政、军各级领导的关怀支持下，村“两

图3－3 青杠坡战役纪念碑

委”正大力挖掘红色历史文化资源优势，带领具有勤劳朴实优秀传统的革命老区群众，以求真务实的工作作风，探索全村可持续发展之路。通过村农业与红色文化旅游相结合，发展休闲农庄，增加农民收入。

（三）样本户

2013年，在遵义县调查访问48户，样本个体涉及户籍人口258人，家庭常住人口204人，农民家庭人均纯收入9221元，其中来自工资性收入的占67%；来自家庭经营性收入的占23%；来自财产性收入的占3%；来自转移性收入的占7%。同年在习水县调查访问61户，样本个体涉及户籍人口272人，家庭常住人口248人，农民家庭人均纯收入15375元，其中来自工资性收入的占71%；来自家庭经营性收入的占26%；来自财产性收入的占1%；来自转移性收入的占2%。2013年在遵义县县城区内的餐饮企业、建筑工地、宾馆和街道边从事各种工作的农民工34人，涉及他们家庭户籍人口124人，家庭常住人口120人。34位农民工家庭人均纯收入14799元。2014年，在湄潭县调查访问36户，样本个体涉及户籍人口154人，家庭常住人口139人，农民家庭人均纯收入14960元，其中来自工资性收入的占43%，来自家庭经营性收入的占40%，来自财产性收入的占14%，来自转移性收入的占3%。同年在赤水市调查访问36户，样本个体涉及户籍人口165人，家庭常住人口134人，农民家庭人均纯收入14637元，其中来自工资性收入的占35%；来自家庭经营性收入的占60%；来自财产性收入的占2%；来自转移性收入的占3%（见表3-5）。

表3-5　　样本个体家庭人口和家庭人均纯收入情况

调查年份	样本县	家庭户籍人口（人）	家庭常住人口（人）	农民家庭人均纯收入（元）
2013	遵义县	258	204	9221
2013	习水县	272	248	15375
2013	农民工	124	120	14799
2014	湄潭县	154	139	14960
2014	赤水市	165	134	14637

资料来源：笔者根据调查资料整理。

从农民收入来源结构看，当前我国农民阶层与经典理论下的农民阶级已发生了根本性变化。即使是在遵义这样近似传统农业的经济不发达区，农业经营性收入已不是农民家庭收入的主体，工业化、城镇化、市场化为农民提供了大量的非农就业机会，工资性收入是大多数农民家庭收入的主要来源。如果从收入来源和就业角度看，即使是有耕地的外出务工农户家庭，他们也更倾向于经典理论中的“工人阶级”，只不过他们家里还有老人在从事少量的农业劳动。我们得有毛泽东等老一辈革命家在遵义期间实事求是的精神，充分认识和理解宪法意义上工农联盟的现实基础已经发生了变化，不能再用简单的意识形态教条阐释工农关系。工农联盟向工农平等、人人平等的现代社会主义转变，是中国特色社会主义建设的客观需要，也是当代中国共产党执政固本的需要（见表3-6）。

表3-6　　样本个体家庭收入来源结构　　单位：%

年份	样本县	工资性收入	经营性收入	财产性收入	转移性收入
2013	遵义县	67	23	3	7
	习水县	71	26	1	2
	农民工	89	9	0	1
2014	湄潭县	43	40	14	3
	赤水市	35	60	2	3

资料来源：笔者根据调查资料整理。

按国家统计的农村常住人口标准，样本个体中有常住人口 186 人。但就从事农业劳动的时间看（以月为工作时间单位，见表 3－7），样本个体中农业劳动时间低于 1 个月的有 92 人，占了样本人数的 40.4%，其中基本不从事农业劳动的人数达到了 20%，而常年从事农业劳动的样本个体只占到了 10.5%，即使是农村常住人口，单纯从事农业生产的传统“农民”已占很小的比例了，这是工业化、城镇化、市场化后农民分化的结果。大多数农民在市场经济发展过程中通过兼业以增加收入是农村经济发展的新常态。政治身份方面，样本个体中有中国共产党党员 37 人，其余为普通群众。年龄分布方面，低于 20 岁的占 2.6%；样本中 30—50 岁年龄段的人，占了 57.1%。文化程度方面，文盲及少量识字的人占 10.1%，大中专文化程度的占 4.8%，初中文化人数的比例最大，占了 45.2%，小学和高中文化程度的各占了 22.8%、17.1%。性别方面，男性 151 人，女性 77 人。

表 3－7　样本个体在家居住和从事农业劳动的时间占比情况　单位：%

样本个体	低于 1 个月	1—2 个月	3—4 个月	5—6 个月	7—8 个月	9—10 个月	10—12 个月
在家居住时间	7.0	5.3	3.1	3.1	0.9	1.3	79.4
从事农业劳动时间	40.4	13.2	11.8	9.6	7.9	6.6	10.5

资料来源：笔者根据调查资料整理。

在革命战争年代，根据土地和农业生产工具占有情况将农民划分为地主、富农、中农、贫农和雇农多个阶级成分。新中国成立后通过土地改革，农民阶级划分的经济基础发生了变化，但农民在新中国成立以前的阶级成分作为一种政治身份却固定了下来。改革开放后，包括农民在内的阶级成分意识逐步淡化，但干部、工人、农民这种身份制一直延续到现在还没有根本性改变。由于农民收入来源、就业方式发生了巨大变化，农民群体自身也进一步分化。目前，农民阶层分化主要有农业小规模经营的“传统”农民、兼业农民、农民工、包括村“两委”成员、生产小组组长、农村党员、农村小学老师、医生、文化艺术工作者以及主持各类宗教活动的农村新精英；乡村企业主及管理人员、个体工商户、各类新型农业经营主体以及国有农场职工。除了国有农场职工外，样本个体涵盖了其他类型的农民群体。

第二节　农民基本价值观测度

在借鉴施瓦茨价值观研究理论和方法基础上，利用2013年和2014年在革命老区遵义市4县8镇24村228位农民的价值观数据和多维度（MDS）方法，分析转型期我国农民的基本价值观。研究发现，不管是经典的马克思主义理论，还是当前西方的价值观理论或现代化理论，都不足以刻画我国农民的群体观念。当前农民的文化程度和收入水平低，对现代科学技术的研究、创新能力受到极大限制，但这并不妨碍农民的现代性追求。中国农民正在抛弃传统文化中的糟粕，在市场经济的洗礼中，走向现代文明。

一　测度理论与方法

在经典马克思主义理论中常用农民意识、小农意识来描述农民价值观。但是，大量关于农民意识的分析都带有很强的抽象性和随意性。因此在农民基本价值观测度方面，还需要更多地借鉴当代价值观研究的理论和方法。

（一）测度理论

价值观不同于具体的行为和情景，是一种信念、值得拥有的目标、行为准则，具有多维性和优先序，个体会根据价值观的优先性选择不同的行为方式（Kluckhohn，1951；Morris，1956；Rokeach，1973；Inglehart，1997）。价值观优先序产生于人的多元化需要、遗传性性格以及社会经历。社会地位相同的人群常会有一些共同的体验，形成群体意识和社会阶级意识。教育程度、年龄、性别、职业会影响到人们价值观优先序和结构。反过来，对个人和群体价值观优先序的比较可以揭示社会变化对某一群体价值观和行为的影响。Rokeach（1973）让回答者评估终极和工具性价值观的重要程度以测量价值观结构和优先序。Hofstede（1991）用价值观的四个维度比较IBM公司56个国家和地区员工工作价值观差异。Inglehart（1997）设计了4—12个项目来测量一个国家从物质主义和后物质主义之间过渡的价值观演化程度。施瓦茨（1992、2003）从人类作为生物体、社会互动、群体生存和福利需要几个方面调查价值观结构。人的基本价值观包括权力（power）、成就（achievement）、享乐（hedonism）、刺激（stimulation）、自主性（self-direction）、普济主义（Universalism）、仁爱（Benevolence)、传统（Tradition）、遵从（Conformity）、安全（Security）10个维度。由于人们多元化的需求和动机有时是相互矛盾的，所以价值观的各维度之间既有一致性，也会存在冲突。施瓦茨假定10类基本价值观可以用相互垂直的两维度刻画，在空间上呈连续的圆形结构。在圆形结构中相邻近的两类价值观，其相似性越强。在图形的水平方向上表示自我强化（Self-enhancement）至自我超越（Self-transcendence）价值观变化。权力、成就与普济主义、仁爱处于对自我强化与自我超越价值观的两极。权力和成就两个观念表示自爱而后两个观念表示爱他。在图形的垂直方向是从开放变革至保守主义（Openness to change vs. Conservatism）价值观的变化。自主性、刺激表明个体行为更趋向于独立性、喜欢新思想、新体验，而安全性、遵从和传统性表示个体更趋向于自我约束、遵从既定秩序和不喜欢变化，但享乐概念蕴含有变革和自我强化两种价值要素（如图3－4）。

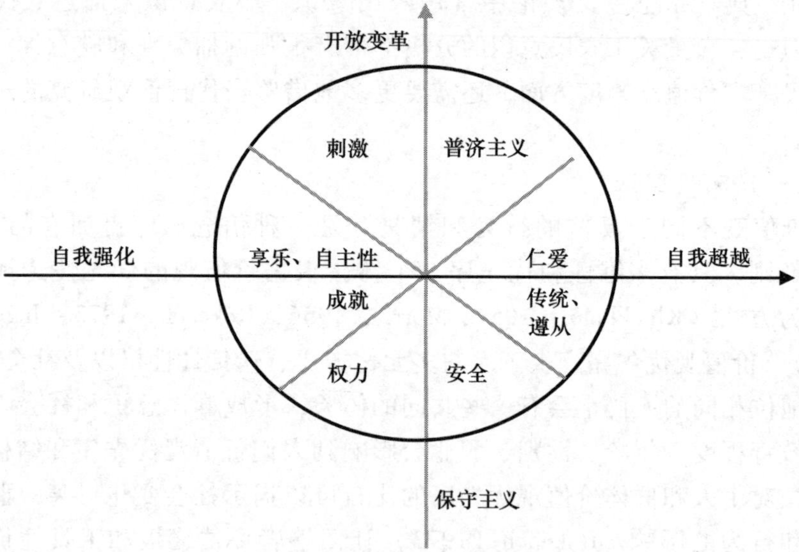

图3－4　施瓦茨动机类型价值观的结构和关系的理论模型

实证研究中，界定个体价值观区域分布一个可能的方法是在两个价值维度之间画上一条直线，并且不与另一价值观区域重叠交叉。如果测定价值观维度的各项目能够构成一个独立区域，表示测定一个价值观维度的项目之间相互关联，结构相似。如果有表示其他价值观维度的项目出现在某一价值维度区域附近，需要验证这些价值观测定项目是否与理论上假定的价值观维度具有相同结构，并且尽可能将这些项目合并到更具包容性的价值观范畴。

施瓦茨（2003）在研究跨文化群体基本价值观时，设计了肖像价值观问卷（Portrait Values Questionnaire，PVQ），每一问卷项目用于描写一个人的目标、抱负、希望等价值追求，间接指向个体对某一价值观重要性的主观评估值。PVQ 以个人心理测量学为基础，不需要抽象的认知和评估所有的价值观项目，可在较短的时间内得到访谈对象的价值观优先序。价值观测量的核心在于问卷项目设计，目前还有较大的争论。在一些学者看来，价值观项目会与个体体验到的具体生产生活情景联系在一起，使得测定的结果可能不是与具体情景不相关联的基本价值观，价值观测定的有效性难以得到保证。此外，可否用对某一具体事件的态度和观点来推导出支撑这些态度和观点的基本价值观也不能得到科学地说明。尽管如此，有 21 个和 40 个价值观项目的 PVQ 问卷在实证研究中得到了广泛应用。国内目前按施瓦茨基本价值观定义、开展问卷调查的有如王小明（2009）对中学生这类目标人群的价值观测试。王小明将施瓦茨的 40 个价值观调查项目翻译成中文，然后又将中文翻译成英文，并让施瓦茨本人评估问题是否表达了他自己的原意，经过几次反复最终确定测量基本价值观的中文调查问卷。

项目开始时，我们最初期望将施瓦茨设计的 40 个价值观调查项目直接用于农民价值观调查，以便于与已有价值观理论和实证研究结果进行比较，同时分析当代农民基本价值观结构和优先序，可能通过开放变革到保守程度这个价值观维度的评估，以此回答农民价值取向是否具有“保守性”这个阶级意识问题。在开展问卷预调查时，发现照搬原有的问卷设计存在较多障碍，主要表现在：（1）原问卷的内容太抽象，文化程度总体不高的农民群体不易理解调查项目的具体含义；（2）原问卷用了“非常像”“像”“有些像”“仅一点像”“不像”“完全不像”6 级评估值，农民不易区别“像”“有些像”“仅一点像”三级之间的差异；（3）原问卷是填写卷，这不太适合农民这个群体。在经过实地调查并多次修改后，问卷采用填写和问答相结合的方式。在正式面对面访谈之前，先将调查问卷发放给农民，让他们填写。如果农民存在疑问，则由调查员进行解释说明，并将 6 级评估调整为“非常”“比较”“一般”“不”“非常不”5 级评估。在借鉴施瓦茨 10 类价值观定义、理论假定、21 项和 40 项调查问题的基础上，结合我们对农民价值观问题的理解设计了自己的调查项目（见附录调查表)。这种方式的缺点是与施瓦茨本源上的价值观研究可能会存在非一致性，优点是可能更符合中国农民的实际情况，更能真实地描绘出农民的群体意识和价值观。

（二）测度方法

1958 年 Torgerson 提出的多维度分析（Multi-dimensional Scaling，MDS）是价值观结构和优先序分析中的常用技术，分为计量型和非计量型两类（赵守盈、吕红云，2010）。在分析价值观结构和优先序时，常用的是非计量 MDS 分析技术。MDS 用尽可能小的维数将多个变量的数据矩阵拟合成空间分布图，空间分布图中点与点之间的距离越近，表明价值属性更具有相似性。

假定有 n 个研究对象，每个研究对象可以表示为欧氏空间中的一个点。设已知研究对象两两间的相异性度量（也可以是相似性度量），则求出研究对象在该空间的分布图，使图中点间的欧氏距离与已知的相异性度量吻合得尽可能的好，数学模型表达为：

给定 n、p，$r_{ij}(i=1,2\cdots n; j=1,2\cdots k)$，设应力函数为：

$$S(X,a,b)=\sqrt{\sum_{i,j}[d_{ij}-(a+b\gamma_{ij})]^2}\Big/\sqrt{\sum_{i,j}d_{ij}^2}$$

求解

$$\min_{X,a,b} S(X,a,b)$$

式中：$d_{ij}=\|x_i-x_j\|(i,j=1,\cdots,n)$；$X=(x_1,\cdots,x_n)'$，$x_i(i=1,\cdots,n)$ 为 p 维向量；a，b 为实数；$\|x\|$ 为 x 的欧氏模。

Kruskal（1964）用压力系数 Stress 及可信度（Stress and squared correlation，RSQ）进行信度检验。压力系数小于 0.1 表示结果具有较高的信度，而大于 0.2 表示结果信度低，不可接受。通常 RSQ 值在 0.60 以上表示可以接受。ALSCAL（Alternating Least Squares Scaling）用于探讨刺激点与属性之间的关系，提供了很多选项，目前作为 SPSS 和 Stata 等统计软件内置部分，很易操作。

二 测度结果分析

（一）传统性维度与测度

传统，按施瓦茨的定义，表示对传统文化、宗教所展现的独特的思想观念、风俗习惯的一种尊重、义务和接受，比如谦卑、接受自己所拥有的、虔诚、中庸等。问卷从四个维度来刻画：（1）懂得知足，人们应该为自己所拥有的感到满足；（2）宗教信仰很重要，努力地按照自己的教规教义来为人处世；（3）为人处世的最好方式就是尊重传统，继承和发扬传统的风俗习惯；（4）保持中庸，尽量避免引起别人的注意。由于各个国家、地区宗教和传统文化的表现形式不同，样本地处汉族区域，儒、释、道思想体现在百姓的日常生活中，但他们却不像基督教、伊斯兰教或是藏区佛教信徒定期到宗教场所参加宗教活动。实证测试结果显示，施瓦茨意义上传统性价值观维度的评估值为3.5分（5分为最高分），接近价值观结构的传统性区域。宗教、遵从和安全性三个维度分别为2.2分、3.9分和4.5分，农民群体对安全性价值观重视程度最高，而对宗教信仰重要性的评估值最低，如果用施瓦茨的传统性概念评估农民群体的价值取向，三者之间存在较大的不兼容性。

在知足方面，我们用农民的生活满意度指标来表示。样本个体中，有70%的人表示对生活非常满意或是比较满意，[①] 即使是在城乡差异较大的社会背景下，农民对自己所拥有的感到满足。在宗教方面，只有20%的人表示喜欢或是非常喜欢参加诸如烧香拜佛等宗教活动［表3-8（5）+（4）］，12%的人喜欢或非常喜欢算命，包括喜欢参加拜佛的人在内，有82%的人不相信有来生［表3-8（2）+（1）］。贺雪峰（2009）认为在传统社会中，构成中国农民安身立命的基础是传宗接代，也就是通过繁衍子孙来延续个体有限生命的意义，“养儿防老”常被视为一种落后的传统观念。从儿女平等性看，样本个体中有65%的人认为养儿养女一个样，甚至有8%的人认为养女儿比儿子还好。农村经济社会的发展变化，农民男女平等性观念已经形成，农民安身立命的基础是个人和家庭的幸福。

遵从指约束有可能违背社会的期待和规范而使他人感到沮丧、伤害的行为、喜好和冲动，比如要有礼貌、顺从、自律、尊敬父母和长辈等，包含四个维度：（1）人们应该懂得安分守己，即使一个人独处时也要中规中矩；（2）保持个人的行为举止得体合时宜，不希望做出任何会引起别人非

---

① 根据我们近几年在山东、河南、陕西、四川、重庆、贵州等省份的调查结果，农民的生活满意度或是幸福指数都是很高的。如何理解农民的自我知足感，廖永松（2014，2016）有较全面的讨论。

议的事情；（3）懂得听话和顺从，自己始终都要尊敬父母和长辈；（4）礼貌待人很重要，尽可能地做到不去打扰或伤害别人。我们用孝顺、是否经常发脾气、别人与你意见不同时你是否愿意倾听和愿意理解别人、是否举行葬礼四个维度来反映。样本个体中只有4人认为孝顺的重要性一般或是不重要，而99%的人认为孝顺非常重要或是比较重要。对于农民群体来说，孝顺是最为重要的价值观。此外，63%的样本个体表示很少或从不发脾气，只有10%的人表示经常发脾气；47%的人认为举行厚重的葬礼非常重要或是比较重要；有70%的人表示非常愿意或是比较愿意倾听和愿意理解别人。从遵从这个维度看，农民价值观具有很强的施瓦茨定义上的传统性特征（见表3－8）。

表3－8　传统性维度与测度

价值观类型	项目	空间图中变量名	平均值	变差	按重要性评估的样本比例（%）				
					（5）	（4）	（3）	（2）	（1）
1. 传统	生活满意度	Tr_ 1	3.9	0.84	22	48	25	3	1
	宗教活动	Tr_ 2	2.5	1.1	6	14	25	38	17
	算命	Tr_ 3	2.1	1.0	4	8	10	51	28
	来生	Tr_ 4	1.7	1.2	6	7	5	14	68
	儿女区别	Tr_ 5	2.3	0.8	2	6	19	65	8
2. 遵从	倾听理解	Co_ 1	3.8	1.1	23	47	15	10	4
	发脾气	Co_ 2	2.6	0.8	10	27	55	8	0
	孝顺	Co_ 3	4.9	0.5	88	11	1	0	0
	举行葬礼	Co_ 4	3.4	1.2	25	22	27	22	3
3. 安全	自身健康	Se_ 1	4.5	0.7	62	31	6	1	0
	家庭安全	Se_ 2	4.7	0.5	75	23	1	0	0
	国家安全	Se_ 3	4.2	1.0	50	31	11	5	2
	社会稳定	Se_ 4	4.4	0.7	52	39	7	1	1

安全性维度（Security）指平安（Safety），社会和谐稳定，社会关系和自身健康等含义，包含5个维度：（1）安全的生活环境，要避免任何危及自身安全的事情（safety）；（2）国家安危非常重要，政府必须警惕各种内

忧外患；（3）把东西整理干净整齐，非常不喜欢将东西胡乱放在一起；（4）想方设法避免生病，以保持身体健康；（5）政府稳定很重要，很关心社会秩序是否得到保护。安全性维度，我们取消了将东西整理干净整齐这一项，而是从是否关注自身身体健康、家庭安全、国家会不会发生战争以及社会是否稳定这四项来表示。调查显示，农民高度关注安全性，对这四项表示非常关注和比较关注的分别达到了93%、98%、81%和91%。

（二）变革性维度与测度

施瓦茨意义上的变革性包括自主性、享乐和刺激性三个价值观维度，我们将享乐和刺激性合并为一个维度。样本个体变革性价值观评估均值为3.6分，其中自主性、享乐和刺激性分别为4.0和3.2分（总分5分）。总体上，农民群体处于略具变革性状态。他们具有很强的自主性，非常愿意采用农业新技术，但是提高自己能力的学习意愿不强，收入水平低，约束了他们对享乐和刺激性生活的追求。

自主性指个体喜欢独立思考和行动，愿意创造，开展独立探索等，包括：（1）灵活的头脑和丰富的想象力，喜欢有自己独特的做事方式；（2）喜欢自主决定、筹划安排自己的活动；（3）对周围的事物充满好奇心，注意观察生活中的细节；（4）做事依靠自己，保持独立自主。独立思考和行动方面，有67%的样本个体表示非常有或是比较有主见，而82%的人表示自己非常喜欢或是比较喜欢自由自在的生活方式。调查问卷用“你是否好学，在空闲时间看书、读报或提高手艺”以及“是否喜欢采用农业新技术、新品种”两个方面表示农民对事物的好奇心和灵活性，有52%的人表示自己好学或比较好学；有82%的人表示自己非常或是比较喜欢采用农业新技术、新品种。刺激性包括喜爱兴奋的事，在生活中充满挑战，丰富多彩的人生经历；热衷于尝试新鲜事物；富有冒险精神，热衷于参与各种冒险活动；喜欢生活中惊喜不断。享乐指肉体上的享乐和满足，如总想办法自己找乐子，所做的事情能给自己带来乐趣和享受，享受生活中的一切，想尽办法让自己开心；对自己非常放任自流等。在这个价值观维度调查中，有三个项目借鉴了施瓦茨的价值概念，但这些定义带有明显的城市精英（或是西方价值判断倾向）。就冒险性而言，有26%的样本个体非常不喜欢或是不喜欢在工作或生活中参与冒险性活动；但有45%的人表示非常喜欢想尽办法让自己过得舒服和开心；有59%的人认为自己是非常勇敢或比较勇敢的人。农民的收入水平、工作环境和社会地位限制了他们在生活中追求个人物质上的“享乐主义”。从收入、工作和社会地位的满意程度看，样本个体期待有更高的收入、更多更好的就业机会以及更高的社会地位，对收入、工作和社会地位非常满意的样本个体分别只有5%、8%和14%（见表3-9）。

表3-9　农民变革性维度与测度

价值观类型	项目	空间图中变量名	平均值	变差	按重要性评估的样本比例（%）				
					（5）	（4）	（3）	（2）	（1）
自主性	好学性	Sd_ 1	3.5	1.2	25	27	25	14	8
	主见性	Sd_ 2	3.8	1.1	29	38	18	13	2
	自由生活	Sd_ 3	4.2	0.9	46	36	11	7	1
	采用新技术、新品种	Sd_ 4	4.3	0.9	52	30	14	3	0
享乐和刺激	冒险性	He_ 1	2.7	1.2	10	16	27	34	14
	想尽办法开心	He_ 2	3.4	1.2	23	22	25	26	3
	勇敢	He_ 3	3.7	1.0	21	38	29	11	1
	收入满意度	He_ 4	3.0	1.0	5	30	33	26	6
	工作满意度	He_ 5	3.3	1.0	8	41	29	17	5
	社会地位满意度	He_ 6	3.5	0.9	14	39	32	11	3

（三）自我强化维度与测度

自我强化包括权力、成就两个维度。样本个体自我强化价值观维度的评估分值为3.9，其中权力和成就重要性分别为3.8和4.0，表明农民群体渴望美好生活、社会地位和社会声誉的价值取向以及对于个人成功的强烈追求。

权力价值观维度指一个人对社会地位、声誉及对其他人和资源的掌控能力，包括社会地位、权威、财富、公众形象等重视程度。施瓦茨在界定这个维度时，设计了三个项目：（1）富裕非常重要，希望自己有很多钱并拥有许多贵重物品；（2）领导和指挥别人对他来说很重要，他想让别人围着自己转；（3）总希望凡事可以自己来决策，很乐意担任领导角色。我们的调查调整为：（1）金钱对你来说，有多重要。样本个体中，有72%的人表示非常重要或是比较重要；只有5%的人表示不重要；没有人表示一点都不重要。人们常说，“有钱不是万能的，但没有钱是万万不能”，这是农民（应该说中国人）当下的金钱观。在领导、指挥、决策需求方面，设计的问题为：（2）你是否喜欢当村民小组长或村干部，组织成立如老人协会、合作社等社会组织；样本个体中，有46%的人表示喜欢或是非常喜欢，而有41%的人表示不喜欢或是非常不喜欢；（3）你是否喜欢过年过节组织亲朋好友吃饭或开展活动；（4）家里有红白喜事时，是否喜欢邀请亲朋、邻居、村组干部等很多客人参加以及（5）是否注意公共场合的穿着、行为举止以保持良好的公共形象。样本个体主观评价结果具有较好的一致性，对这三项表示非常喜欢和比较喜欢的分别达到了79%、64%和72%，只有10%的样本个体不太喜欢类似的社会交往活动。除了对政治权力的追求外，财富、社会地位和社会声誉的获得是农民共有的价值追求。成就维度指的是按照社会标准来证明个人的成功，包括把自己的能力表现出来，希望以此得到人们的欣赏和钦佩；做一名成功者，喜欢让别人佩服自己；胸怀理想和抱负，希望自己的能力得到充分展示；生活中保持积极向上态度，努力拼搏，力争比别人做得更好。调查结果显示，觉得自己非常有责任感或是比较有责任感的占了样本个体的93%，而觉得自己特别有或是非常有事业心，干活很拼命的人占了78%；有81%的人表示特别渴望或是比较渴望成功，希望得到别人的认可和关注；有48%的人喜欢表现自己。（见表3-10）。

表3-10　　强化自我维度与测度

价值观类型	项目	空间图中变量名	平均值	变差	按重要性评估的样本比例（%）				
					（5）	（4）	（3）	（2）	（1）
权力	钱的重要性	Po_1	4.1	1.0	43	29	23	5	0
	村组干部	Po_2	3.2	1.4	25	21	13	33	8
	节日组织活动	Po_3	4.1	1.0	47	32	12	9	1
	红白喜事邀请很多客人	Po_4	3.9	1.0	38	26	25	11	0
	穿着	Po_5	4.0	0.9	32	40	19	7	1

续表

价值观类型	项目	空间图中变量名	平均值	变差	按重要性评估的样本比例（%）				
					（5）	（4）	（3）	（2）	（1）
成就	责任感	Ac_ 1	4.4	0.7	53	40	6	1	0
	事业心	Ac_ 2	4.2	0.9	46	32	17	3	1
	渴望成功	Ac_ 3	4.2	0.9	48	33	15	3	1
	表现自己	Ac_ 4	3.4	1.2	23	25	24	25	4

（四）自我超越维度与测度

自我超越包括仁爱和普济主义两个价值观维度。样本个体自我超越维度的主观评估分值为3.9分，其中仁爱和普济主义分别为4.3分和3.5分，正如社会学家费孝通所言，中国传统社会人与人之间存在“差序格局”和“团体格局”差异，农民以自我家庭、家族、社区扩展自己的仁爱程度，而对更为广泛意义的普济主义价值观评估值处于一般重要性区域。

仁爱指保护和增强与他本人经常联系的人的福利，如愿意提供帮助、诚实、谅解、忠诚、负责任等，包括（1）帮助自己周围邻里的人，希望让他们过上幸福的生活；（2）保持对朋友忠心耿耿，真心希望能够为亲人和朋友们付出一切；（3）体贴关心别人的需要和困难，尽量地支持帮助那些认识的人；（4）原谅伤害过自己的人，尽量去发现他们好的方面而不对他们怀恨在心。我们的调查项目有所调整，见附样本个体中有75%的人表示能够较好地照顾好自己的家人，94%的人表示非常或比较愿意为村里修建公路等公共设施出钱或出力，有71%的人表示关注城乡差别问题，有84%的人表示非常愿意或比较愿意帮助别人。从这些角度看，农民与其他公民一样，具有很强的集体主义和仁爱精神，并不因居住分散就落后、保守。普济主义指的是超越个人和小团体更大程度的大爱精神，如理解、欣赏、保护人类和大自然的福利（胸怀宽广、智慧、社会正义、平等、世界和平、美丽世界、自然的完整性以及保护环境等）。认为普天下人人平等；相信生活中应该人人机会均等；广泛地听取他人的意见和想法，即使和别人意见不合，仍然想理解他们；坚信人们应该关爱大自然，爱护环境；相信世界上所有的人都应该和睦相处，促进世界各族人民之间和平相处，渴望正义在每个人（即使是不认识的人）面前都能得到伸张，保护社会中的弱者；主动地适应自然并融于自然等。调查结果显示，认为人生下来就应平等，每个人都应有相同的发展机会的样本个体占78%；非常相信或是比较相信国家干部、党员主要是为了给群众服务，而不是为了自己升官发财的占58%；有57%的人担心好心没有好报；听到其他国家的人吃不饱或打仗的消息，有51%的人表示会伤心或是特别伤心（见表3－11）。

表3－11　　自我超越维度与测度

价值观类型	项目	空间图中变量名	平均值	变差	按重要性评估的样本比例（%）				
					（5）	（4）	（3）	（2）	（1）
仁爱	照顾家庭	Be_ 1	4.1	0.9	40	35	20	4	0
	是否修路	Be_ 2	4.7	0.6	72	22	5	1	0
	城乡差别	Be_ 3	3.8	1.1	28	43	15	10	4
	帮助别人	Be_ 4	4.3	0.8	43	41	14	2	0
普济主义	人生平等	Hu_ 1	4.1	1.1	47	31	10	7	5
	党员为别人服务	Hu_ 2	3.5	1.2	22	36	23	12	7
	好心没好报	Hu_ 3	3.3	1.4	21	36	10	16	16
	别的国家吃不饱	Hu_ 4	3.0	1.5	19	32	9	16	25

（五）优先序与结构

从价值观的单一维度看，农民最为珍惜的价值观是孝顺，重要性的自我评估值达到了4.9分；然后是家庭安全，自我评估值4.7分；而愿意为村里修路等公共设施的程度超过了对自身健康的关注，达到4.7分。表示重要或非常重要（评估值超过4分的）依次有孝顺（Co－3）、家庭安全（Se－2）、修路等公共设施（Be－2）、自身健康（Se－1）、社会稳定（Se－4）、责任感（Ac－1）、采用农业新技术（Sd－4）、帮助别人（Be－4）、国家安全（Se－3）、自由生活（Sd－3）、事业心（Ac－2）、成功（Ac－3）、金钱（Po－1）、节假日组织活动（Po－4）、照顾好家庭（Be－1）、人生平等（Hu－1）和穿着（Po－5）等价值取向。而最不重视的价值观依次是来生、算命、儿女差别、参加各种宗教活动、冒险、对别的国家的人吃不饱或战争的关注以及是否能当村组干部。农民价值观总体表现出传统性，但这种传统性的价值观与经典的马克思主义理论所描述的农民阶级价值特征

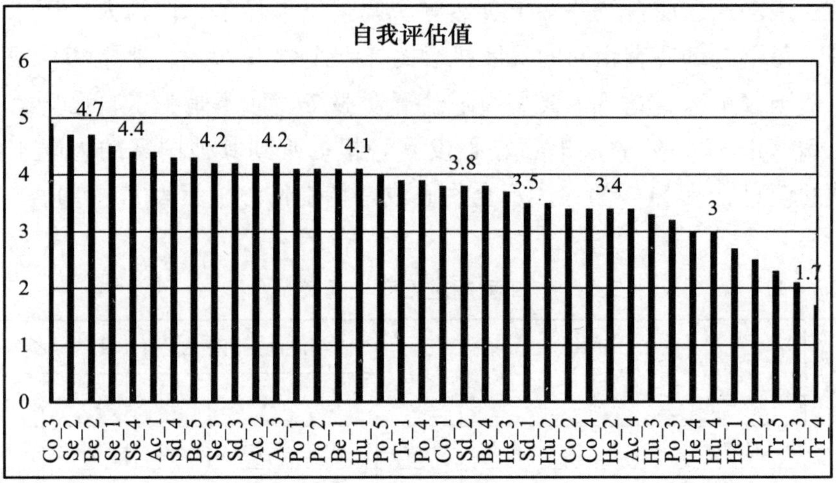

图3－5　农民价值观优先序

以及施瓦茨意义上的传统性意义不同。

按10个维度的价值观优先序或是4个维度的价值观结构观察农民的价值取向，表现出既有中国传统文化中优秀的孝顺、家庭伦理本位的现实主义价值观，又表现出了重视集体利益、关注现代农业技术采用以及社会稳定的现代性价值观。受文化程度、收入水平的制约，农民虽有成功和享乐的渴望，但还不具备实现的能力，生活表现出普遍的自我满足。用MDS方法的ALSCAL技术检验农民价值观结构，用欧氏距离法将每一价值观投影到两维度的空间分布图上，如图3－6所示，其中观测值228，压力指示数Stres＝0.11662，可信度RSQ＝0.95780。

从多维度方法分析农民基本价值观的结果看，传统性、安全性、成就在图3－6上相对集中。传统性分布在右下限，安全性分布在左上限，成就取向分布在左下限。价值观的各项集中在水平维度的左部，其空间分布区域与施瓦茨的价值观结构假定大相径庭。用标准化（z-值）和Euclidean距离方法检验价值观结构是否能与理论假定的价值空间结构更吻合。图3－7为使用Euclidean距离标准化后的空间分布图，压力指数Stress＝0.29289，可信度下降到RSQ＝0.55871。对比没有标准化的多维度空间图，农民价值观结构有5个相对聚集和独立的区域：在左下限的传统性、左上限的遵从，右下限的仁爱，右上限的成就和自我导向等价值观维度，

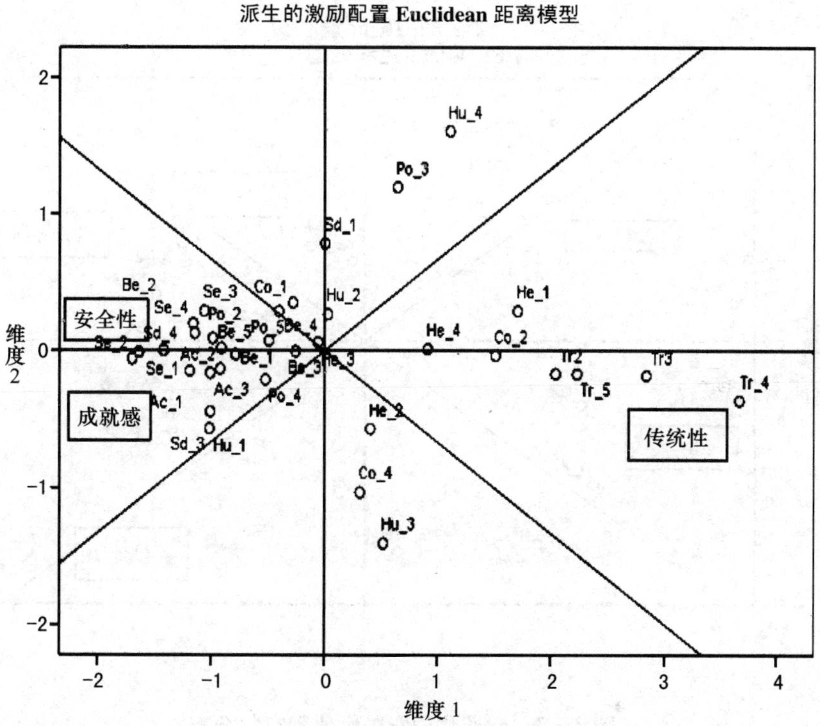

图 3－6　农民价值观结构空间分布

但压力指数超过了 0.2，而且 RSQ 值低于 0.6，模型的可信度还有待提高，实证结果不能验证施瓦茨假定的基本价值观结构和优先序。从已有的文献看，除了施瓦茨本人用国家尺度上的跨文化研究数据能验证他们提出的基本价值观结构外，很少见到对一国之内的某一群体的基本价值观结构研究文献能很好地验证其理论假设，用 PVQ 法来讨论一个国家某一群体的价值观结构和优先序时，还需从理论和实证两个方面进行改进。

三　初步结论与讨论

（一）初步结论

从小规模经营的小农生产模式与工业化大生产相对照的角度出发，马克思主义经典理论认为农民不仅生产方式落后，而且导致农民阶级与工人阶级相比也是保守和落后的。在借鉴施瓦茨 10 类价值观分类的基础上，利用调查数据评估农民价值观优先序和结构的结果显示，在传统与开放变

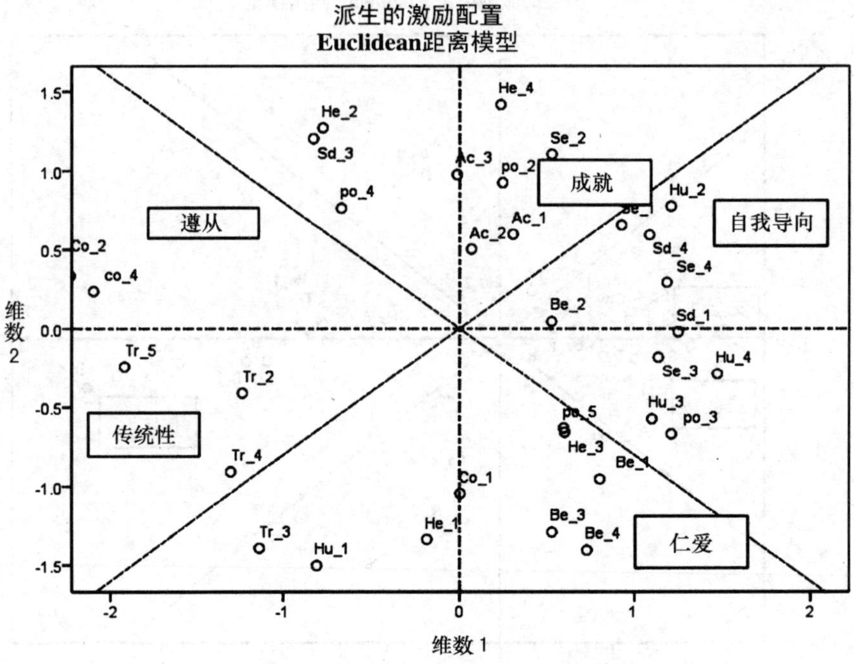

图 3-7 标准化后农民价值观空间分布

革这个价值观维度上，农民在保有中国传统价值观的同时，也对新的思想观念特别是新技术采用保有很高的积极性。施瓦茨假定的基本价值观结构得不到实证研究的支持，用传统和变革这一对立价值观来描述中国农民的价值取向存在不兼容问题。相对于城市居民而言，农民文化素质低，对现代科技的应用、创新能力受到极大的限制，用工业技术创新的眼光看待农民，农民无疑是传统的、保守的。但是，从价值观的角度看，如坚持传统文化中的孝顺观念、重视家庭伦理、生活易自我满足，农民是中国传统文化的最好守护者，但这并不排斥农民的现代性观念。目前大多数农民不再具有传统的女不如儿的价值观，男女平等；有追求成功的强烈欲望，有较强的自主性和集体意识，具有强烈的责任感和事业心，愿意接受新技术。在追求美好生活、社会声誉和地位的同时，表现出一定的乐于助人，追求普济仁义的大爱精神。应该说，中国农民正在抛弃传统文化中的糟粕，在市场经济的洗礼中，走向具有中国特色的现代文明。

（二）讨论

根据对不确定性收益的态度，投资有风险中性或风险规避两种类型，财富水平越高的人，承担风险的能力越强。在“理性人”假定下，农民与其他市场主体平等地参与市场生产和交换活动，不存在“保守落后”的意识形态判断。但是，自工业革命以来，工业化与现代化、农业文明与传统对应起来，传统农民成为保守、落后的代名词（秦永州，2002）。英格尔斯（1985）认为现代化观念指人在从传统社会向工业社会、信息社会转型的过程中，适应社会环境变化的态度、观念和行为方式。典型的韦伯问题“为什么工业化兴起于西方”引发了对一个国家现代化过程的比较和解释（丁学良，1988）。工业革命给中国这个具有悠久历史的农业古国带来了前所未有的冲击和挑战，先行工业化的西方列强将近代中国变成了一个半封建半殖民地国家，变革传统社会结构以实现中国的现代化是以中国共产党为代表的一代代先进知识分子的梦想（薛暮桥，1980）。在革命和建设中国的历史进程中，中国人民最终选择了马克思主义作为中国伟大复兴的指导思想，并根据中国国情用于中国现代化实践，而如何发挥农民阶级的作用是实现现代化中国的关键。

改革开放以来，中国经济的快速增长引发了整个社会阶层的巨大变化，正如陆学艺（2002）等学者指出，再用农民阶级、工人阶级和资产阶级三分的方式进行社会分层已过于简单。在意识形态领域，农民往往被粗暴地看作是封建时代落后文化的象征而被概念化为“农民意识”“小农意识”。阶级认同反映的是人们对社会不平等的主观认识和评价，从这些主观认识和评价中，可以分析出人们对社会不平等的观念和意识与社会现实存在何种联系。按照马克思主义的经典理论，阶级意识是伴随阶级行动而发展的（卢卡奇，1992）。李培林（2005）认为，没有某种形式的阶级结构，就绝对不会产生与该结构所代表的那群人相关的阶级意识。也就是说，农民的阶级意识是他们的客观经济地位和社会关系的反映。陆益龙（2010）假定农民作为乡村社会的主体，在结构上具有一个阶级的特征，但农民的阶级意识水平存在差异，农村居民具有“中层以下”的阶层认同特征。对于农民在一个整体上是否还存在阶级意识以及如何通过实际调查数据来刻画当前农民意识形态特征还极为缺乏。意识形态在其现实性上是一定社会阶级或集团为凝聚和团结社会成员，以价值观念为核心内容而构建的思想理论体系（冯刚、郭鹏飞，2013），价值观研究包括个体、群体、社会和跨文化几个层面（陈章龙、周莉，2004）。西方发达国家也有大量关于农民价值观的研究，如早期的 Gasson（1973）发现农民赋予他们职业独特的生活价值、独立性以及偏好农业工作的倾向，而且经营规模大小与农民个人价值观差异没有什么必然的联系，但近期的如 Martin（2011）研究瑞士农民的基本价值观时发现农民和城市人群及工商管理者相比倾向于保守和不易变革。

无论如何，不管是从已经实现工业化、城镇化和农业现代化的欧美国家，还是中国自身农业、农村发展进程看，中国农业生产经营形式与传统意义上的“小农”已全然不同。从土地占有形式看，我国目前实行的是农村土地集体所有，家庭承包经营的集体经济组织形式，在满足相关法律法规的条件下，农民可以将土地承包经营权流转给其他市场经营主体；从农产品市场化程度看，我国农产品市场化程度已相当高，自给自足的“小农”已只占极少部分；从收入来源看，除各种具有一定经营规模的新型农业经营主体外，农业经营收入占农户家庭收入比重已低于农民的工资性收入，大多是农业兼业经营；从农业生产技术条件看，我国农业生产条件与传统“小农”也大不相同，农业现代化水平正稳步推进，很多地区的现代农业园区、智慧农业、农业综合体都运用现代科学技术，农村电商正高速发展；从农村基础设施条件看，我国农村交通、电、水、气、网络、物流建设取得重大进展，农民与城镇信息交流频繁，农村已不是一个封闭环境，随之而来的是农民价值观、乡村文化的变化，不能再用过时了的阶级理论、小农理论、农民意识等强行地套在农民头上。

受多种因素限制，项目调查样本偏小，设计的价值观项目是否真正揭示出了当前农民价值观结构还需要更充分的论证。研究价值观的整体结构与关系，可以更好地观测个体或群体的总体观念特征以及与其他结构性变量如收入、年龄、教育程度、性别的整体性联系。对于价值观优先序，可以进一步分析性别差异、收入差异、年龄差异和其他分类方式的价值观差异，这还需要扩大样本容量后进一步分析。

第四章　农民婚姻、家庭和养老观

婚姻和家庭是人们群居的基本生活单元和基本的社会关系，主要包括夫妻之间的人身和财产关系以及围绕家庭所产生的人身和财产关系。广义上的家庭关系还包括父母与子女，祖父母、外祖父母与孙子女等主体之间的关系，即亲属关系。婚姻观是人们的价值观在婚姻关系上的体现。家庭是指在婚姻关系、血缘关系或收养关系基础上产生的，亲属之间所构成的社会生活单位。婚姻家庭制度包含法律规定和生活事实两个层面的内容。法律规定层面受社会意识形态影响较大；生活事实层面是作为人本身对生活的遵从和自由选择，不同时代的婚姻家庭价值观不同。养老观与婚姻家庭观具有很强的从属性，随着经济社会的发展而变化。

第一节　婚姻观

婚姻是男女两性间的合法结合，是最基本社会关系之一。一些经济学者从成本和收益角度分析婚姻家庭制度，如诺贝尔经济学奖得主贝克尔。他的《家庭论》以家庭问题为基础，提出了一种家庭制度经济分析范式。社会学者（费孝通，1998）注重强调制度、伦理、风俗对婚姻家庭的规范作用，认为人类之所以要有婚姻，除了满足人的两性生活的需要，更是要确立一个基本社会单元来完成人类生儿育女、传宗接代的功能，以使人类社会延续发展，延伸出一套制度需求，用于规范婚姻生活，保障社会秩序。

一　基本内容

婚姻观指习俗或法律承认的男与女相结合的关系，包括在婚配期间相互具有的及对所生子女的权利和义务。婚姻观反映的是个体对婚姻的基本看法和观点，表现出人们对待婚姻关系的价值取向。婚姻观作为价值观的组成部分，对人的行为、态度及认知产生重要影响。美国学者 Craddock (1977) 认为婚姻观是已经进入婚姻过程中的人们的终极与工具价值观，强调婚姻观的现实作用。黄希庭 (2005)[①] 认为婚姻观是人们的价值观在婚姻方面的具体体现，是用于回答为什么结婚，选择什么样的结婚对象以及追求怎样的婚姻生活的观念系统。在社会学家涂尔干看来，婚姻家庭关系的纽带是婚姻家庭内的分工与合作，家庭内的分工与合作会促进社会团结。婚姻观凝聚于社会文化心理结构之中，反映出社会婚姻文化的特点。每个历史时期由于政治经济文化差异，人们的婚姻观念也会表现出历史独特性。对出身、门第、社会地位、经济等问题的看法往往会随着社会的发展而变化，越到社会发展的后期，各种因素交织在一起，越会形成一种复杂的社会观念。农民婚姻观是农民对恋爱婚姻等问题的总体看法与评价，是农民价值观的重要组成部分，涉及择偶标准、婚姻目的、夫妻关系等内容。传统农业社会与现代工业社会由于家庭所面临的技术和环境条件不同，因而人们产生了对婚姻、生育、抚育、养老等的观念和行为差异。

经济和社会地位在很大程度上影响到婚姻观和婚姻生活。与婚姻有关的法律，社会风俗，宗教信仰等，它们的功能相似，都是在维持人类社会生活中必需的抚育作用（费孝通，1998）。[②] 20 世纪 30 年代的江村，经济萧条会促使“小媳妇”（童养媳）增加，平均每 2.7 户人家就有一个“小媳妇”。这种状况与经济发展水平有关。欧洲工业革命前的人口死亡率并不比中国低，但人们的婚姻年龄却比同时期的中国要大很多。张翼 (2003) 用“阶层内婚制”理论解释同类联姻现象，以职业、教育和收入水平差异表示多元化的阶层等级，但多元化阶层并没有增加阶层之间的婚姻关系，阶层内婚姻事实增加。“通婚圈”理论关注婚姻匹配对象之间的地理和社会意义。王跃生 (2006)[③] 发现宗族力量影响的削弱使农村通婚圈在不断缩小，自由恋爱观念、家庭间差别缩小增加了冀南农村的村内婚数量。

经济结构变迁影响着婚姻观和家庭结构。“门当户对”主要用来指婚

---

① 黄希庭、郑涌：《当代中国青年价值观研究》，人民教育出版社 2005 年版。

② 费孝通：《乡土中国：生育制度》，北京大学出版社 1998 年版，第 134 页。

③ 王跃生：《社会变迁与婚姻家庭变动——20 世纪 30—90 年代的冀南农村》，生活·读书·新知三联书店 2006 年版。

姻的相近性匹配模式，其中包括个人和家庭社会经济因素两个方面，而非仅指夫妇家庭背景的相当配对。新中国成立后的集体经济时代，国家提倡婚姻自主，社员（农民）把对家庭事务的关注和对家长的忠诚转向对集体的忠诚。这种社会制度减少了家长对子女行为的束缚，彻底否定了中国传统中由家长决定子女婚姻关系的观念。但是，农民的婚姻很难脱离他们的社会关系，中国传统社会重出身、重钱财以及婚姻中遵守父母之命的特点依旧对当代社会产生着重要影响。当前中国社会的婚姻匹配结构呈现出较高的相似性，即具有较强的同类联姻倾向，也就是“门当户对”的婚姻，或类似于“阶层内婚制”（张冀，2003），其中，同类户口联姻现象明显。婚姻是否同类匹配并不重要，重要的是婚姻匹配能否促进家庭内的分工与合作，能够促进合作的匹配结构可能会提高婚姻稳定性（陆益龙，2003）。[①] 农民所面向的社会结构、技术要求和环境特征与城市居民不同，他们自己会形成相对于工业文明的婚姻观。如果用工业眼光看待他们婚姻观，自会有很多的不适应性，但不能说他们的婚姻观相对城里人来说更保守、落后。反映婚姻观的重要方面有择偶标准、婚姻目的、子女抚育等内容。

二　择偶标准

择偶观是个体判断配偶是否适合自己、符合自己意愿的观念系统，是人们选择配偶的根据。主要的理论有：“同类匹配”理论、“资源交换”理论、“择偶梯度”理论、“进化社会心理学”的择偶理论等。择偶不单单是一种心理的、文化的现象，而且反映了人们的社会价值取向。择偶标准即男女选择婚配对象时的条件和要求，它被视为时代变迁的晴雨表和价值观转变的风向标。择偶标准的分类，有志同道合、对方的忠贞、经济条件、一见钟情、身高和相貌、个人能力、性格特征、父母的地位、身体健康、人品等类型。

传统中国社会的男女择偶标准为“门当户对，地配天成”，“郎才女貌，才子佳人”。新中国成立后，早期大规模的政治运动中，工人、干部、贫下中农等政治身份会极大影响到人们的择偶观；改革开放后，人们对社

---

① 陆益龙：《“门当户对”的婚姻会更稳吗？——匹配结构与离婚风险的实证分析》，《人口研究》2009 年第 2 期。

会身份认识的弱化，择偶标准发生了较大变化。表现为新中国成立初期强调政治面貌和家庭出身，改革开放初对知识青年的推崇，到目前对物质财富占有量的择偶标准的变化。研究表明，女性的择偶行为比较务实，冲动性情感因素较少，女性比男性更看重婚配对象的个人能力及经济条件、家庭背景，择偶不以家长的要求为标准。而男性更关注女方的外貌、性格、忠贞等因素。为了了解农民的婚姻观，农户调查表中设计了体现婚姻观的相关问题。样本个体男性151名，女性77名。年龄方面，男性平均年龄47岁，最小的17岁，最老的80岁；女性平均年龄39岁，最小的20岁，最老的63岁。在家居住时间，男性平均9.8个月，女性平均10.8个月；而参加农活的时间，男性3.44个月，女性4.08个月。农业劳动以外的工作收入，男性平均月工资2700元；女性1100元。

（一）最看重爱人的两个方面

择偶时，最看重爱人的两个方面有外貌、性格、家庭条件、收入、工作能力、学历和其他7个选项。从调查结果看，农民在择偶时最看重对方的性格是否与自己相符合，选择这项的样本个体占了总人数的55.8%；第二看重的是对方的工作能力，占了总人数的39.8%。性格是否符合双方的要求及双方工作能力是当前农民择偶最为看重的条件，此外相貌也是一个重要的衡量标准，其他如家庭条件、收入水平以及学历都不是他们择偶考察的第一因素。在性别差异上，男方更看重女方的相貌，而女方更看重男方的工作能力（见表4-1）。

表4-1　最看重爱人的两个方面

	第一方面		第二方面	
选项	人数（人）	百分比（%）	人数（人）	百分比（%）
外貌	23	10.2	15	6.6
性格	126	55.8	47	20.8
家庭条件	2	0.9	9	4.0
收入	0	0.0	5	2.2
学历	3	1.3	5	2.2
工作能力	53	23.5	90	39.8
其他	21	9.3	57	25.2
合计	228	100	228	100

（二）结婚年龄

《中华人民共和国婚姻法》第六条规定男方法定结婚年龄不得早于22周岁，女方不得早于20周岁。各国法定结婚年龄差距较大，如英国规定男女均16岁；法国规定男18岁，女15岁；日本规定男18岁，女16岁；意大利规定男14岁，女12岁；西班牙规定男12岁，女10岁；美国各州规定不相同，男为15—21岁，女为14—18岁；俄罗斯规定男女均为18岁。中国香港法定结婚年龄是16周岁；中国台湾法定结婚年龄为20周岁，父母同意下结婚年龄可以男18周岁，女16周岁。从中国实际看，城市居民的婚姻年龄平均要高于农村居民；学历高的人群结婚年龄要高于学历低的人群。调查显示，53.1%的样本个体觉得适合结婚年龄在23—25岁；25.4%的认为在20—22岁；17.5%的认为在26—29岁。在适合结婚年龄观念上，男女性别差异不大。认为男性在23—25岁适合结婚的比例略高于女性；而认为20—22岁之间适合结婚的女性略高于男性。调查结果显示，大多数样本个体认为男性24岁，女性22岁是较为理想的结婚年龄。农民代际之间对结婚年龄的观念存在较为明显的差异。50岁以上的老一代农民，认为理想的结婚年龄显著低于30岁的理想结婚年龄。大多数新一代农民认为26岁以上结婚是可接受的，特别是那些外出务工的青年农民，他们认可的适合结婚年龄高于在农村从事农业的农民。在中国传统时代，男性中早婚和晚婚是两种并存的行为，即中上层家庭的普遍早婚与中下层家庭的相对晚婚。中国传统农耕社会父子职业相对固定，远距离迁移行为少，子代难摆脱父辈的影响。总体来看，初婚年龄与家庭经济状况有密切关系。在城市从事各种工作的青年农民，他们的择偶观、婚姻观与城市青年人的观念在趋同（见表4－2）。

表4－2　　认为适合结婚的年龄分布

	总体	男性	女性	总体	男性	女性
年龄段（岁）	（人数）			百分比（%）		
17—19	1	0	1	0.4	0.7	0.0
20—22	37	21	58	25.4	24.5	27.3
23—25	81	40	121	53.1	53.6	51.9

续表

年龄段（岁）	总体	男性	女性	总体	男性	女性
	（人数）			百分比（%）		
26—29	26	14	40	17.5	17.2	18.2
30 以上	5	1	6	2.6	3.3	1.3
其他	1	1	2	0.9	0.7	1.3
合计	151	77	228	100	100	100

（三）择偶方式

对于择偶方式，农民与城市居民的价值观没有根本性差别，他们的婚姻自主性强，表示愿意以自己相识的方式选择婚配对象的占了样本个体的87.7%；只有9.2%的样本个体认为通过别人介绍是很理想的方式；而希望父母包办婚姻的传统婚姻观只有极为个别的人能接受。代际上，不管是50岁以上的老一代农民还是新生代青年农民，都认可和接受自己认识婚姻对象这种自主择偶方式（见表4-3）。

表4-3　择偶方式

择偶方式	总体	男性	女性	总体	男性	女性
	（人数）			百分比（%）		
经人介绍	21	14	7	9.2	9.3	9.1
自己认识	200	132	68	87.7	87.4	88.3
父母安排	3	2	1	1.3	1.3	1.3
相亲组织	1	1	0	0.4	0.7	0.0
其他	3	2	1	1.3	1.3	1.3
合计	228	151	77	100	100	100

（四）婚姻仪式

婚姻仪式在婚姻过程中具有多重意义和作用。婚礼是一种宗教仪式或法律公证仪式，其意义在于获取社会的承认和祝福，防止重婚，帮助新婚夫妇适应新的社会角色和要求，准备承担社会责任。所有的民族和国家都有其传统的婚礼仪式，是其民俗文化的继承途径，也是本民族文化教育的仪式。婚礼也是一个人一生中重要的里程碑，属于生命礼仪的一种。在我国法律中，公民结婚并没有太多的程序，实际上只需到地方政府民政部门进行结婚登记即可生效。但传统婚制影响犹在，男女两家订婚、互送聘礼嫁妆、迎亲、宴请亲朋好友举行正式结婚仪式等仍有很大市场。样本个体认为婚姻除了完成法律规定的合法婚姻所需的手续外，还需要举办婚姻仪式，如宴请亲朋的占了64.6%；认为只需要在法律上得到认可的只占29.6%；认为只需办婚宴的占4.0%；认为同居不需要任何法定手续的有4名，只占样本个体的1.8%（见表4－4）。

表4－4　　婚姻认可仪式

选项	人数（人）	比例（%）
办理结婚证并举办婚宴	146	64.6
只需办理结婚证	67	29.6
只需举办婚宴	9	4.0
同居即可	4	1.8
其他	2	0.9
合计	228	100

目前农村中婚礼花费越来越多，是农民物质生活水平有所提高的表现，也是农民的一种社会心理需要。有些农民家庭为了举办一次体面的婚礼，往往会花费多年的积蓄，甚至负债累累。如果不这样做，就会被别人嘲笑。因为中国传统婚姻观念重视明媒正娶，通过举行盛大婚礼，让亲朋好友知道，才算取得了正式的婚姻关系。如果不举行婚礼，就觉得不放心，心理安全得不到保障。此外，农民的人际关系具有很强的血缘、地缘和情感色彩，婚姻这样的喜庆大事是农民社交活动的重要时机和场所。婚礼时邀请亲朋好友、远亲近邻一起庆祝，可以大大增进相互间的感情。盛大婚宴时助兴的客人越多，婚姻当事人可得到一种声望和尊重。婚礼的炫耀性消费行为可以在一定程度上提高家族的社会地位。婚礼时置办较大数目的衣着服饰、家具，可以满足一个新婚家庭的生活需要，客人送些礼金，还可减轻婚事费用。

对于农民的婚礼行为，在尊重农民自己意愿的基础上，需要合理引导。适宜的婚礼可以增进夫妻感情，有利于婚后生活幸福，但也要防止不切实际的挥霍浪费，把婚礼办得既有意义又不铺张浪费。要向青年农民广泛宣传，树立新的婚姻观念和婚俗，不应认为简单的婚礼是寒酸，盲目从众。通过婚礼来增进友谊和扩大社会交往，但如果过度通过送礼的方式，对大家都是很重的经济负担，也不一定能增加交往范围。特别是超过自己的经济能力，大肆挥霍，把爱情婚姻庸俗化、婚后就陷入偿还债务之中，影响生活质量。有的农民家庭举全家之力办一次高标准婚姻，而对于日常子女的教育、技能培训甚至日常生活所需都不愿意投入，在盲目跟风中失去消费理性。因此，在农村中要大力提倡新婚俗，鼓励婚事新办。可以通过制定新的村规民约，消除旧风俗习惯对简朴婚姻者的社会不安全感，树立榜样，把婚礼消费由物质享受型、攀比型引导到文化型。

三 婚姻目的和子女抚育

青年生理和心理成熟及社会阅历丰富，青年进入恋爱婚姻期。一般来说，恋爱婚姻的动机有四种：(1) 生理性动机。出于生理性需要、满足性欲与人谈情说爱。这种人恋爱和婚姻对于他们来说都是一场人生游戏。不管城市和农村，纯粹以生理性动机恋爱结婚的人极少。(2) 经济型动机。出于获得经济方面的好处。这种婚姻以金钱为纽带，夫妻之间缺乏共同兴趣点，感情相对淡漠。(3) 社会功能型动机。这种婚姻类型较复杂，比如为了提高社会地位而结婚，为了家族传宗接代，为了某种政治目的，为了得到一个更高学位等。社会功利型婚姻夫妻缺少情感基础，不易和谐。(4) 情感型动机。这种婚恋动机是出于爱情、尊重、好感和信任而建立的婚姻关系，是人们理想型的婚姻类型。夫妻关系融洽，家庭生活协调、和谐。客观地说，现实中的婚姻关系是以上四种类型的综合，很难出现单一的婚姻类型。随着社会经济发展，人们的婚姻观念日益多元化，情感、经济、社会以及生理需要的满足都是人们婚恋关注的内容。

(一) 结婚的原因

婚姻目的，即男女双方期望通过建立婚姻关系的方式以达到某种结果。比如通过婚姻关系实现两性情感交流、工作支持、生活上的互相照应、稳定的性生活、生育子女，等等。不同的年龄段，不同性别、不同教育程度、不同职业、不同的宗教信仰都会影响到婚姻目的。调查结果显示，样本个体中，认为到了婚龄就结婚的占了30%；受父母影响的占了12%，而认为是想组建一个自己家庭的占了样本个体的58%。男大当婚，女大当嫁，到了一定年龄后，结婚成家是人的一个自然选择。

（二）生育抚育子女

在婚姻目的中，生育和抚育是婚姻目的最重要的内容之一。生育和抚育是人类种族得以保障的基础。费孝通对抚育制度有较为系统的分析，他认为抚育孩子是一种生育制度的形式，而一切制度的形式是人在一定的环境内选择的，制度核心是人人用它来满足根本需要和满足时的效力。生育目的受经济、文化、个人因素的影响，有的人倾向于早生，有的喜欢晚生。有的喜欢多生，有的喜欢少生。有的喜欢生男孩，有的喜欢女孩。有的是为了延续家族和获得他人的尊重，有的是为了精神满足，享受天伦之乐。总体来说，农民的生育目的是多层次的、多样化的。传统社会中，传宗接代、养儿防老的功利性色彩重一些。今天农民的生育态度更趋向天伦之乐，更加强调经济实际，追求优生，更加强调个人生育行为与家庭、社会的责任。对抚育孩子的态度，婚后有计划生育小孩还是盲目的生育是一个重要指标。样本个体中，表示有计划安排生育小孩的占64.6%；而没有计划的占34.5%。在婚后是否有计划地准备生育小孩子方面，男女性别差异不大，但代际差异较明显。年轻一代农民一般都有计划地生育和抚育孩子，而老一代农民大多没有计划安排。结婚后，如果女方怀孕就开始生育子女，表明农民的代际婚姻目的有较大差异。随着社会经济的进一步发展，特别是农村计划生育政策的多年施行，农民的生育观念发生了较大变化，多生的观念转向为少生、优生的观念，农民对自己的婚姻更有计划性，生儿育女不只是为传宗接代，而承担有更多的抚育责任（见表4－5）。

表4－5　　婚后抚育子女的态度

选项	总体（人数）	比例（%）	男性（人数）	比例（%）
有计划安排	146	64.6	96	64.0
无计划安排	78	34.5	53	35.3
丁克家庭	2	0.9	1	0.7
其他	2	0.9	1	0.7
合计	228	100	151	100

（三）夫妻关系

中国家庭“男外女内”的家庭分工制度延续了上千年。男性在社会中的经济地位往往决定了一个家庭的收入水平，表现出男性在家庭中比女性更有决策权。在传统社会中，男子可以“三妻四妾”，与若干个配偶发生性关系，生育子女；作为女性，则必须严守一夫制，只能与一位丈夫生儿育女。传统社会鼓励贞洁烈女，并树碑立传，正是男尊女卑社会现实的反映。新中国成立后通过立法提倡男女平等，经济社会发展也为男女平等创造了客观条件。改革开放后，乡村社会与外界交流增加，男女收入差异缩小，夫妻在家庭中的地位也日益趋向平等。对于夫妻关系，样本个体中79.2%的人都认为夫妻双方在家庭生活中是平等的；只有16.8%的样本个体认为男方更占主导地位；有4%的人认为女方更占主导地位。这种价值观男女之间没有差异，各个年龄段的农民的认识基本相同，夫妻平等的价值观已深入人心（见表4-6）。

表4-6　夫妻双方在家庭中的主导性

选项	总数（人）	男性（人）	女性（人）	总数（%）	男性（%）	女性（%）
双方平等	179	117	62	79.2	78.0	81.6
男方占主导	38	29	9	16.8	19.3	11.8
女方占主导	9	4	5	4.0	2.7	6.6
其他	2	1	1	0.9	0.7	1.3
合计	226	151	75	100.0	100.0	100.0

对于婚前财产公证的态度较为复杂，其中有27.4%的样本个体没有听说过这项制度，表示反对或非常反对的样本个体分别占了12.8%和8.0%；而支持的人数高于反对这项制度的人数。性别上基本没有差异，没听说过婚前财产公证的女性比例高于男性，表示支持这种制度的比例都较低，占3成多。对这项制度的差别主要体现在年龄上，新一代农民更能接受财产公证；而老一代农民要么没有听说过，要么不赞成（见表4-7）。

表4-7　婚前财产公证

选项	总体（人）	比例（%）	男性（人）	比例（%）	女性（人）	比例（%）
非常支持	40	17.7	27	18.0	13	17.11
比较支持	39	17.3	26	17.3	13	17.11
一般	38	16.8	25	16.7	13	17.11
反对	29	12.8	21	14.0	8	10.53

续表

选项	总体（人）	比例（%）	男性（人）	比例（%）	女性（人）	比例（%）
非常反对	18	8.0	15	10.0	3	3.95
没听说过	62	27.4	36	24.0	26	34.21
其他	2	0.9	1	0.7	1	1.32
合计	226	100.0	151	100	77	100

夫妻婚后是否介意与大家庭一起生活？表示不介意或是非常不介意的分别占样本个体的40.3%和27.4%；只有20%的人表示介意与大家庭一起生活。这似乎与农民家庭生活更趋自主性认识有所不同，主要的原因在于，当前农民的家庭规模普遍较小，有兄弟姊妹几个的，结婚后大家财产独立；他们很多人不再以种地为生，在一个大家庭共同工作和生活的时间少，反而能享受在过年过节团聚时的天伦之乐。

夫妻间出现严重冲突时男女双方的态度是夫妻关系的重要环节。夫妻之间即使出现如婚外情这样严重的婚姻冲突时，样本个体中选择离婚的比例也只有8.8%；选择通过亲友调解矛盾的占10.6%；而通过夫妻双方协商解决矛盾的占74%；选择不理不问，凑合着过的占6.6%。男女性别价值观在这方面差异不明显，离婚对于大多数夫妻来说都是万不得已的选择(见表4－8)。

表4－8　　夫妻间出现严重矛盾时的选择

选项	总体（人）	男（人）	女（人）	总体（%）	男（%）	女（%）
考虑离婚	20	11	9	8.8	7.3	11.8
通过亲友调解矛盾	24	17	7	10.6	11.3	9.2
夫妻双方协商解决矛盾	167	114	53	74.0	76.0	69.7
凑合着过	15	8	7	6.6	5.3	9.2
其他	2	1	1	1.0	0.7	1.3
合计	228	151	77	100	100	100

第二节　家庭观

家庭是由婚姻、血缘或收养关系所组成的社会生活的基本单位。在家庭里，家庭成员共同生活、共同经济核算、相互支持。家庭观是人们价值观在家庭关系上的体现。大部分人一生中从属两种家庭关系：一是其出生的家庭，主要由父母抚育成人；二是其成人后，通过结婚、生育子女建立的生育家庭。家庭关系的扩展是亲属或者家族，就是具有共同祖先、血缘、亲缘关系、养育关系的人群组成的社会网络。家庭关系受社会经济、政治、文化制度的影响，农村家庭更多地保留传统中国社会的文化特征。

一 家庭结构变化

中国传统社会由父系家族组成，以父宗为重。其亲属范围包括自高祖以下的男系后裔及其配偶，即自高祖至玄孙的九个世代，通常称为本宗九族。在此范围内的亲属，包括直系亲属和旁系亲属，为有服亲属，死为服丧。亲者服重，疏者服轻，依次递减，《礼记·丧服小记》所谓“上杀、下杀、旁杀”即此意。由自己开始，上一辈为父亲，父之父为祖，祖之父为曾祖，曾祖之父为高祖，高祖之父为天祖，天祖之父为烈祖，烈祖之父为太祖，太祖之父为远祖，远祖之父为鼻祖。由自己往下为子，子之子为孙，孙之子为曾孙，曾孙之子为玄孙，玄孙之子为来孙，来孙之子为晜（kun）孙，晜孙之子为云孙，云孙之子为仍孙，仍孙之子为耳孙。这是传统中国的宗族关系，现代社会家庭规模变小，宗族关系与传统社会相比简单很多。

（一）家庭分类

按照家庭成员特点划分的家庭结构有核心家庭、扩展家庭、主干家庭、扩大联合家庭和其他家庭类型。

核心家庭指由父母和未婚子女组成的家庭，即已婚夫妇和未婚子女或收养子女两代组成的家庭，仅由夫妻双方组成的家庭也属于核心家庭。核心家庭的特点是人数少、结构简单，家庭内只有一个权力和活动中心，家庭成员间容易沟通、相处。核心家庭已成为我国主要的家庭类型。

主干家庭，由父母和一对已婚子女组成的家庭，又称直系家庭。家庭成员包括两代或两代以上的夫妻，每代最多不超过一对夫妻，中间无断代的家庭。在我国，主干家庭曾为主要家庭类型，但随着社会的发展，此类家庭已不再占主体。主干家庭特点是家庭内不仅有一个主要的权力和活动中心，还有一个权力和活动的次中心存在。

联合家庭，由父母和多对已婚子女组成的家庭。如果已婚子女在父母过世后仍不分家，也叫联合家庭。家庭成员包括父母、多对已婚子女、未婚子女、孙子女、曾孙子女等多代人员。联合家庭的特点是人数多、结构复杂，家庭内存在一个主要的权力和活动中心，几个权力和活动的次中心。

其他家庭类型包括重组、单亲、残缺和断代跨代家庭。重组家庭指夫妇双方至少有一人已经历过一次婚姻，并可有一个或多个前次婚姻的子女及夫妇重组的共同子女。重组家庭的特点是人数相对较多、结构复杂。单亲家庭指离婚、丧偶或未婚者与子女组成的家庭。单亲家庭的特点是人数少、结构简单，家庭内只有一个权力和活动中心，但可能会受其他关系的影响。残缺家庭指由未婚子女组成的残缺父母或者残缺一方的家庭。断代跨代家庭指无父母的未婚子女共同居住的家庭以及由实体婚姻产生的其他多人共居组合家庭。

（二）家庭结构的变动趋势

全球的家庭结构正逐渐朝核心家庭结构变化，这种趋势，与城市化、工业化以及现代化相关联。现代社会中出现了一定比例的非传统家庭结构，如单亲家庭、独身家庭、丁克家庭和空巢家庭。大家庭曾经是中国人的梦想，人们常常用“子孙满堂”来表述长辈的成功与幸福。但有学者研究发现，中国传统社会以大家庭为主的观点其实是一种误解。人们以大家庭为理想家庭，但并未普遍存在过。真正的大家庭主要存在于世族门阀之中，而且这样的大家庭占比少，绝大多数庶民是以核心家庭或者主干家庭为主的小家庭，几代同堂的大家庭并不占多数。

家庭结构的变化与家庭功能的变化紧密联系在一起，不同的历史时期决定家庭功能的社会需求和家庭特性的因素不同，家庭结构和功能发展的每一个阶段，总是与社会变化相关联。家庭的功能主要有：（1）经济功能。家庭中产品生产、分配、交换、消费等，这是家庭其他功能的物质基础。（2）生育功能。从人类进入个体婚制以来，家庭一直是一个生育单位，是种族延续的保障，生育是家庭的基本功能。（3）性生活功能。性生活是家庭中婚姻关系的生物学基础。性生活和生育等行为密切相关，社会通过法律和伦理使之规范化，使家庭成为满足两性生活需求的基本单位。（4）教育功能。包括父母教育子女和家庭成员之间相互教育两个方面，其中父母教育子女在家庭教育中占有重要地位。在传统社会中，年纪较大的人总是会受到大家的尊敬，因为他们拥有长年累月积累起来的知识，而这些知识对于那些静态环境中的年轻人来说具有特殊的价值（Bronfen Brenner，1970）。在传统社会中对于年轻一代的知识传授，主要通对其子女、侄子、侄女和下一代亲属的家庭文化遗传来实现，年长者所拥有的与其职业相联系的知识和特殊技艺等，传授给那些与其家庭背景相似的年轻人。(5) 抚养与赡养功能。这是家庭代际关系中双向的义务与责任。抚养是上一代对下一代的抚育培养；赡养是下一代对上一代的供养帮助。家庭的这种功能是实现社会发展必不可少的保障。(6) 感情交流功能。它是家庭精神生活的组成部分，是家庭生活幸福的基础，感情交流的密切程度是家庭成员亲密程度和生活幸福与否的重要标志。(7) 休息与娱乐功能。休息与娱乐是家庭成员利用闲暇时间开展各种单个和集体活动。随着人们生活条件的改善，人们的休息和娱乐逐渐从单一型向多元型发展，家庭休息和娱乐活动对于家庭成员生活质量具有重要作用。

单纯从事农业生产的农民家庭与城镇居民家庭最大的不同在于，农民家庭成员不仅居住在一起，是一个共同的消费单位，同时共同参加生产活动，还是一个生产单位。城镇家庭成员大多数不在一个工作单位，家庭只是一个消费单位。改革开放后，大量农民工外出，农民家庭结构和功能发生了很大变化，这些都是外在社会环境变化引发的家庭结构功能变化。

二 样本家庭概况

中国实行城乡分割的二元制度，农民家庭与城镇居民家庭存在身份上的差异，户口管理制度与中国的土地、行政、教育、医疗、就业、财产等联系在一起，正如居民身份证中的“身份”两字一样，是一个人在社会中身份的体现。所以农业户籍与非农业户籍的差异，不仅体现城乡差异，更是体现了干部与群众、官与民的身份差异。根据相关规定，居民因婚姻、居住等原因分开生活居住的，家庭需分户、单独立户的，申请人持相关材料到常住户口所在地公安派出所办理：(1) 申请人书面申请；(2) 原《户口簿》；(3) 新家庭成员名单及工作单位证明或房产证明；(4) 属结婚或离婚分户、立户的，还须提供《结婚证》或《离婚证》。在开展农户家计调查时，一般都要调查家庭户籍人口、家庭常住人口这两项。这与农民家庭耕地承包权、宅基地使用权、教育、医疗、社保、集体成员财产权、建档立卡贫困户识别等权益紧密相关。

(一) 家庭人口统计

1. 户籍人口

户籍，又称户口，是指由国家主管户政的行政机关制作，用以记载和保存住户人口基本信息的法律文书，也是居民的身份证明。户籍记载的事项有自然人的姓名、出生日期、亲属、结婚、离婚、收养、死亡等信息。我国户籍制度建立于商朝，古时也称户版、丁籍、黄籍、籍账，作为征税和服劳役的依据。新中国的户籍记录各户成员的姓名、年龄、籍贯、职业、婚姻、文化程度等项，户口簿对以户为单位的成员加以说明，记录家庭成员姓名、年龄及户主等内容。

2. 常住人口

经济社会发展后，人口流动性增强，人户分离现象比较普遍。如果在其他地方长期居住满一年以上的，居住地则作为住所地。户口登记地就是居民的常住户口所在地（也就是户籍地），如果居民人户分离，在涉及身份证明、户籍迁移、就业等与户口相关的问题时以户籍所在地为准。国家统计局家庭常住人口指的是全年经常在家或在家居住6个月以上，而且经济和生活与本户连成一体的人口。外出从业人员在外居住时间在6个月以上，如收入主要带回家中，经济与本户连为一体，则视为家庭常住人口；在家居住，生活和本户连成一体的国家职工、退休人员也为家庭常住人口。现役军人、中专及以上（走读生除外）在校学生以及常年在外（不包括探亲、看病等）且已有稳定的职业与居住场所的外出从业人员，不算家庭常住人口。①

（二）样本家庭类型

调查农民家庭共计195户：核心家庭91户；联合家庭20户；主干家庭71户；离异家庭4户；未婚者9人。从家庭人口规模看，农户家庭户籍人口平均4.32人，家庭常住人口3.7人。农村家庭规模下降，核心家庭占多数，人口超过5人和三代的家庭比例少。由于大量中青年农民外出务工经商，农村家庭常住人口老龄化、空心化严重。一个家庭中，只有老人在家务农，或是两老人在家务农兼照顾孙子辈的新型家庭类型占有较大比例。

① 一对老人在家带一外孙女和一孙子，女儿和儿子儿媳在外打工，春节和节假日回家，平时寄些学杂费和生活费给两老人，这个家庭常住人口是4人，但意味着儿子儿媳一家算2人，并且没有纳入农民家庭人口计，目前国家农村住户调查是抽样调查，理论上应是这样的。但儿子儿媳两人是否包含在现行的城镇居民统计抽样框中呢？这要看他们的工作地以及在工作地是否被确定为调查样本而定。这意味着近年来国家公布的城乡居民家庭收入中，这部分农民家庭已纳入城镇居民中，他们寄回农村老家的钱算转移性支付。问题在于，近年来农民收入增长中工资性比例增加较快，如这部分人算城镇居民，农村常住人口中的高收入群减少，农民收入实际增长率会比公布的数据低。

三 家庭观调查

（一）家庭的功能

传统农村家庭是生产与消费单位一体的，家庭功能更多元化。通过农业生产，满足家庭成员消费。家庭成员在一起工作，增强了成员之间的家庭认同感。家庭成员之间相互帮助，扩大的宗族成员，可以在分散的村居中增强成员的安全感，也可扩大社交范围。个人的婚姻、社会地位都与家庭背景，尤其是父亲在村社里的地位有很大关系。一个家庭成员的功成名就，会给家庭甚至家族、村社都带来无上的荣誉。农民在评价一个家庭时，常将家庭里有谁在外工作、读书、当官发财作为家庭社会尊严获得的重要标志。家庭的首要功能，在样本个体中，认为养育子女、赡养老人的占比最高，达到了38.1%；生活上家庭成员之间可以相互照顾的占34.5%；为了在一起共同生产生活的占18.1%；样本个体中只有8.8%的人认为家庭的首要功能是传宗接代。持这种观点的主要是男性，占男性样本个体的11.3%，而女性持这种观点的人数极少。在子女眼中他们父母的婚姻相当和谐，这是家庭功能实施的基础（见表4－9）。此外，调查结果显示，样本个体中70%的人认为自己父母的婚姻关系很好；一般的占20%；只有5%的人认为父母婚姻关系不好，说明农民家庭关系总体和谐稳定。

表4－9　家庭首要功能

选项	总数（人）	男性（人）	女性（人）	百分数（%）	男性（%）	女性（%）
传宗接代	20	17	3	8.8	11.3	3.9
共同生产生活	41	27	14	18.1	18.0	18.4
养育子女、赡养老人	86	60	26	38.1	40.0	34.2
相互照顾	78	46	32	34.5	30.7	42.1
其他	3	1	2	1.3	0.7	1.3

（二）子女数量与教育

传统社会多子多福的价值观发生了显著变化。一对夫妻最理想状况下的子女数量，86.7%的样本个体认为两个孩子是好的选择，特别是一儿一女为最理想状态；8.0%的样本个体认为有一个孩子就够了；2.7%的人认为一对夫妇有3个孩子最好；另有2.7%的人认为越多越好（见表4-10）。

表4-10　　　一对夫妻有几个孩子比较好

选择项	人数（人）	百分比（%）
1个	18	8.0
2个	196	86.7
3个	6	2.7
越多越好	6	2.7
其他	2	0.9

家庭的另一重要功能是子女的抚育。目前农民外出就业后，家庭对子女的教育功能没有很好地发挥。在家庭子女教育方面，样本个体中有7.6%的人靠祖父母；1.8%的人靠外祖父母；30.9%的人靠父亲；40.8%的人靠母亲（见表4-11）。

表4-11　　　家庭里小孩子的教育主要依靠谁

选择项	人数（人）	百分比（%）
祖父母	17	7.6
外祖父母	4	1.8
父亲	69	30.9
母亲	91	40.8
其他亲属	42	18.8
其他	5	2.2
合计	228	100

一些观点认为农民收入低，因此对子女的教育重视程度不高，但调查显示，如果孩子考上了大学，但没钱交学费，有86.7%的人会选择借钱也要支持子女上学；有11.9%的人会选择寻求国家和社会的帮助，而只有2人会选择终止子女上学，外出打工。这在一定程度上表明农民并非不重视子女教育，很多情况下是他们不知道怎么样才能给子女一个很好的教育条件。目前农民总体文化水平低，作为父母的农民群体，他们

自身的学习动力、环境限制了他们对子女优良教育的有效供给。农村人文环境缺失，学校教育质量差，极大地影响了农民文化素质的提高（见表4－12）。

表4－12　　对孩子上学的支持态度

选择项	人数（人）	百分比（%）
终止上学，外出打工	2	0.9
借钱供子女上学	196	86.7
寻求国家和社会帮助	27	11.9
其他	3	1.5
合计	228	100

（三）对父母威权的态度

中国传统家庭结构以纵向为主，父母与子女之间的关系是家庭伦理的核心准则。《尔雅》中说："善事父母者曰孝。"尽孝不仅仅是奉养父母，恭敬才是"孝"之本，在侍奉父母时应表现得恭顺、自愿；遵循父亲的诫训，顺从父亲的志向；"孝"还表现在不应让父母为子女担忧。因此，子女对于父母的态度，是传统中国文化最为关注的。传统中国家庭的等级制表现为家长制，常受批评。一些学者认为那是一种父权为中心的家庭制，是自然经济条件下的产物。在一个生产和生活为一体的农民家庭中，家长对家庭成员的生产、生活、婚姻、社会活动拥有决策权。家庭成员按长尊幼卑和男尊女卑，子女服从家长，妻子顺从丈夫，弟妹顺从兄姐的建立等级制。家长权威有利于家庭决策和稳定，但也容易使家长与成员之间的人际关系缺乏平等性、民主性。随着经济社会发展，农民对于家长的权威性也发生了一些变化。如果自己不赞成父母的观点，样本个体中，会指出父母的错误，说出自己观点的占44.7%；保留自己的看法，保持沉默的占16.8%；顺从父母意见的占15.0%，视情况而定的占23.5%。男女的回答结果没有差异。正如前面的调查，"孝"是样本个体最为看重的基本价值观，但是当代农民对"孝"的理解和践行与传统家庭伦理中的"孝"发生了很大变化，子女对父母不再是一味地顺从，而是在情感和经济上的支持（见表4－13）。

表 4－13　　在不赞成父母观点时的态度

选项	人数（人）	百分比（%）	其中：男性（人数）	百分比（%）
指出父母错误，表达自己观点	101	44.7	67	44.7
保留自己的看法，选择沉默	38	16.8	26	17.3
顺从父母意见	34	15.0	22	14.7
视情况而定	53	23.5	35	23.3
其他	2	0.9	1	0.7

在家庭收入支配方面，完全赞同将家里的收入交给当家人支配的样本个体占52.7%；比较赞同的占22.1%，一般的占15.0%，反对或是强烈反对的只占9.3%和0.9%。回答结果在男女之间没有差别。农民家庭经济趋向于有一个统一的计划安排，而不是随意地使用（见表4－14）。

表 4－14　　对家庭收入的支配

选项	人数（人）	百分比（%）	男性（人数）	百分比（%）
完全赞同	119	52.7	83	55.3
比较赞同	50	22.1	34	22.7
一般	34	15.0	20	13.3
反对	21	9.3	11	7.3
强烈反对	2	0.9	2	1.3
其他	2	0.9	1	0.7

受居住环境、社会地位限制，农民的社会交往范围主要在村社内的熟人社会里。与他们交往最频繁的人有邻居、宗族人员、同事、朋友等。因个体年龄、职业的不同，他们交往的社会圈层不同。邻居对于乡村社会关系来说，是最为重要的，这是因为农民家庭不仅仅是一个消费单位，还是一个生产单位，这与城市邻居关系大为不同。与宗族兄弟姻亲来往、交流的频率基本相同，经常来往的占60%；有时来往的占26%；极少来往的占11%；不来往的占3%左右。农民家庭观念较重，主要受农民生产生活的环境影响。在一个村庄内，当农民有困难需要帮助时，首先来自直系亲属和邻居（见表4－15）。

表 4-15 与宗族人员的交往

选项	宗族兄弟（人）	姻亲（人）	宗族兄弟（%）	姻亲（%）
经常	130	129	59.90	58.11
有时	56	59	25.81	26.58
极少	24	29	11.06	13.06
不来往	7	5	3.23	2.25

第三节　养老观

与发达国家相比，中国是在经济社会现代化未竟之时快速步入老龄社会的，属于典型的未富先老类型，尤其是中国的农村地区。2015 年，全国 60 岁以上老龄人口达 2.21 亿人，占总人口的 16%，预计到 2030 年，比例将达到 30%。据估计目前农村老龄人口超过 1.56 亿人，占农村常住人口比例高达 20%。如果考虑大量年轻农民外出务工经商，农村常住人口中老年人口的比例高达 40% 以上，农村养老问题相当突出。“积谷防饥，养儿防老”是传统中国的养老观，然而，随着经济社会发展，农民养老观也在发生变化。革命老区之一的遵义，曾养育了中国共产党及其领导的人民军队，关注这些地区农民的养老问题，有更特别的意义。

一　养老观现状

欧美国家养老观因其历史传统和文化背景不同而与中国等东方国家有较大差异。欧美国家家庭代际关系更显平等独立，家庭养老观念和功能大大弱于中国家庭，有距离的亲密感是家庭较为普遍的代际关系。由于工业化、城镇化、信息化和全球化，妇女工作机会增加、人口社会流动和社会迁徙规模加大，家庭结构逐渐朝核心家庭转变。发达国家年轻人离开农村到城市生活，降低了他们与留在农村的亲属相互协作的可能性。经济发展后，欧美国家独身主义思潮风行，生育率下降，家庭结构趋于简单化，养老更加社会化。老年人选择入住养老公寓，由社会专门养老机构来承担部分家庭养老功能。

在农耕社会，科技特别是医疗水平不高的情况下，子女对于养老具有不可替代的作用。以血缘为基础的家庭经济在先秦时期就已形成，家庭养老成为中国社会最主要的养老方式。中国的法律和伦理道德都规定，子女对父母有赡养的义务。经济社会发展对养老观念、养老方式发生了影响，人们的养老观念影响着老年的生活、影响着老年人的养老模式，还会影响人们的生育意愿和生育行为等其他家庭功能。刘向红（1997）基于“北京老年多维纵向研究”调查，分析了北京市3257例55岁以上老年人对“养儿防老”观念的态度，发现有34.8%的老年人不认可“养儿防老”观念，农村老年人认可此观念的比例也只有36%，农村老年人与城镇老年人并没有显著不同；崔丽娟等（2000）调查上海市老年人养老观念，发现教育程度、性别、年龄、婚姻状况和健康状况等个体特征对老年人“养儿防老”观念无显著影响。葛剑雄（2009）从上海市低生育率现状分析认为，中国城市“养儿防老”观念已基本不存在了。于长永（2011）发现赞同“养儿防老”观念的样本年龄偏大、身体较差、有儿子、务农和处于山区或丘陵地区；叶男（2012）对新疆少数民族地区的调查分析，发现这些地区农民持有“养儿防老”观念，家庭养老在经济不发达地区是农民普遍接受的模式。

二　实证调查

2013年和2014年在遵义市调查人数226人，男性156人，调查样本的平均年龄56岁，最年轻的42岁，最年长的80岁。70岁以上的有3人；60—69岁的有26人；50—59岁的30人；50岁以下的有16人。男性的平均年龄57.4岁；女性的平均年龄51岁。

（一）是否担心自己的养老问题

样本个体中，表示不担心自己养老问题的占37.2%；根本不担心的占10.6%；有19.9%的人表示非常担心；23.9%的人表示比较担心。如果将年轻人排除在外，样本个体中老年人中比较担心自己养老问题的比例还是很大的。在是否担心养老方面，男女之间没有显著差异，男性略比女性更担心养老问题（见表4-16）。

表4-16　是否担心自己的养老

选择项	人数（人）	男性（人）	人数（%）	男性（%）
非常担心	45	24	19.9	16.0
比较担心	54	40	23.9	26.7
一般	19	12	8.4	8.0

续表

选择项	人数（人）	男性（人）	人数（%）	男性（%）
不担心	84	56	37.2	37.3
根本不担心	24	18	10.6	12.0
合计	226	150	100	100

（二）老年人居住方式选择

从样本个体看，农民独立自主性意识明显增强，大多数农民选择老了之后不与子女共同居住。有61.2%的人选择与老伴单过；有32.1%的人选择与儿子儿媳共同居住；有1.3%的人选择与女儿女婿共同居住；有1.3%的选择入住养老院；没有人选择与孙辈或其他亲戚居住。选择入住养老院是极少数人在没有任何其他选择的情况下的行为。除了传统居家养老观念外，目前中国的养老院①是只让那些没儿没女的孤寡老人“福利”养老的地方。这种制度安排影响了农民的养老价值观（见表4－17）。

表4－17 老了如何居住

选项	人数（人）	百分比（%）
自己单过	9	4.0
与老伴单过	137	61.2
与儿子儿媳同住	72	32.1
与女儿女婿同住	3	1.3
入住养老院	3	1.3
其他	4	1.8
合计	228	100

① 中国的敬老院是在农村“五保户”的基础上发展起来的。1956年农业合作化时期，农业生产合作社对缺乏劳动能力、生活没有依靠的鳏、寡、孤、独者，实行保吃、保穿、保烧、保医、保葬（儿童则为保教），简称“五保”。1958年人民公社化时期，对五保户实行集中供养，在全国各地兴办了一批敬老院。1978年以来，随着农村实行联产承包责任制和集体经济的发展，敬老院功能发生了一些变化。目前《农村五保供养工作条例》中的五保供养对象，主要包括农村中无劳动能力、无生活来源、无法定赡养扶养义务人或虽有法定赡养扶养义务人，但无赡养扶养能力的老年人、残疾人和未成年人而设立的。西方国家的养老院通常由地方政府或慈善机构主办，接收靠福利救济或低收入的老人。中国农村乡镇普遍办了敬老院；城市街道也有兴办敬老院的。入院老人的生活费、医疗费、丧葬费等由乡村集体承担，统筹解决。贫困地区的敬老院，集体组织供养有困难的，由国家给予补助。有的乡镇把敬老院办成老年人的活动中心，为乡、镇社区的老人提供服务，收取少量费用，或财政补贴。

（三）老了的经济来源

由于年龄的原因，年轻人对养老问题没有太多关注，年龄大的农民，经济来源主要依靠农村社会养老保险，儿子儿媳给，银行存款，自己或老伴劳作收入，只有个别人购买了商业保险公司的商业保险，还有的为女儿女婿给。农村商业养老保险比例很低，主要原因是农民收入水平低，没有储蓄能力，除了一些外出打工人员所在企业帮他们上缴了商业养老保险之外，其他农民老了的经济来源主要依靠新型农村养老保险制度提供的养老金。农民对农村养老保险制度高度肯定，认为这项制度对于提高老年人生活质量发挥了重要作用。他们认为保险标准偏低，对保障老年人基本生活的功能还有限，大多数人希望国家能够提高养老保险的补助标准。

（四）家庭与社会养老

调查显示，样本个体中，非常赞同“家庭才是养老最理想的场所”的占19.3%；比较赞同的占25.5%；“说不清”的占30.3%；不太赞同的占19.5%；很不赞同的占5.4%。真正崇尚家庭养老的新生代农民已不足一半，甚至有四分之一的新生代农民工认为家庭并非理想的养老场所，这充分说明新生代农民家庭养老观念的多元化。生病时需要别人来看护，看护人的选择会影响到养老观。在生病时，主要依靠谁来照顾？样本个体中，依靠爱人的占66%；依靠子女的占3.5%；没有人管的占4.0%；其他包括兄弟、同事、邻居照顾的有7.1%。在农村，老人生病后，如果老伴能照料，一般都由老伴负责。对于那些失去伴侣的农村老人，生活能自理时，一般由他们自己管自己。在生活自理能力失去后，由子女轮流照顾。没有子女的，选择到敬老院。

在生活不能自理的情况下，样本个体中有25.7%的人愿意入住养老院；有53.5%的人不愿意；有20.8%的人没有想过这个问题。有儿有女的农民不可能入住养老院，也会伤害子女的面子，怕别人说闲话，养老院也不能提供高质量服务。不到万不得已，农民是不会轻易离开家庭到社会养老机构入住的（见表4-18）。

表 4－18　生活不能自理时是否愿意入住养老院

选项	人数（人）	百分比（%）
愿意	58	25.7
不愿意	121	53.5
没想过	47	20.8
其他	2	0.8

中国有句俗话，清官难断家务事。老人与儿子儿媳的关系，常会影响到老人的生活质量和养老观。样本个体中，有49%的人表示与儿子儿媳的关系非常好；28%表示比较好；一般的占20%；只有2人表示不好。样本个体60岁以上老人中，还在从事农业劳动的有26人，儿子儿媳结婚后外出务工经商，这些有劳动能力的农村老人在家承担农业劳动，经营家庭从村集体承包的耕地。他们的劳动收入没有一个严格的规定由老人或是子女所占有。遵义地区农民家庭人均耕地面积少，农村老人从事农业劳动的时间不长。但有7人有半年以上时间从事农业劳动，个别老人全年都在从事农业劳动。有个别家庭，父母在外经商打工，他们的收入水平比子女家庭还高，每年父母还会给儿子儿媳2万元到5万元的补贴（见表4－19）。

表 4－19　与儿子儿媳的关系

选择	人数（人）	百分比（%）
非常好	37	49.3
比较好	21	28
一般	15	20
不好	2	2.7
合计	75	100

在农村，老人替子女照顾孙辈是极为普遍的现象。75位老人中，有51位正在帮助照顾孙辈，有40人表示长年都在负责这项工作，而其他老人中大多数都曾照顾过孙辈。样本个体中有10位老人表示一年都没与儿子儿媳见面；有33位一年在一起低于2个月的时间；只有24位表示全年基本在一起生活。这是大量农民外出务工后对农村老人养老的负面影响。样本个体中有外嫁女儿的表示她们也常回娘家看看，一年回到娘家居住1

个月时间的占较大比例。从子女对父母的日常生活照料看，样本个体中有80位与父母不在一起共同生活的人，他们中有57位表示经常与父母谈心；有30位表示偶尔谈心；只有9位表示基本不与父母谈心。总体上，农民父母与子女关系和谐、大多数家庭和睦。子女帮助父母从事农活的时间较少，根据各家的经济条件，子女每年给父母1000元到2000元是普遍的现象，也有收入较高一点，或与父母共财的子女，将收入全部交给父母共同支配使用。除非遇到父母生病等特殊情况，子女每个月一般给父母100元生活费。因为农村老人的生活水平普遍较低，消费支出较少。

三　农村养老模式讨论

养老保障是社会保障制度体系中的重要内容，世界各个国家的养老保障制度差异大，总体上发达国家社会保障制度健全，而发展中国家贫困老年人比重大。就目前中国农村经济发展的现实和农民的养老观现状看，居家养老还是当前和今后很长时期中国农村养老的务实选择。

（一）以家庭养老为主的农村养老保障模式

在农民养老社会化手段缺失和制度化安排缺位的经济发展阶段，“养儿防老”是农民养老风险最小化的理性选择；尽管家庭养老面临着诸多挑战，从家庭养老向社会养老实现养老功能的转移、替代与扩展是发展总体趋势，但家庭养老这种方式将在中国长期存在；中国家庭养老是一种文化传统，不仅在过去，而且在今后仍具有强大的生命力，社会养老只能起辅助作用。

（二）以个人养老为主的农村养老保障模式

一些学者认为农村老人在经济和心理层面都需要冲破对子女的过分依赖，逐步扩大老人经济独立的途径，最大限度地提升农村老人的经济支持力，适当加强社区和社会的支持力度，逐步使城乡老人能有一个协同作用的养老保障体系；不管是城市还是农村，养老应该主要依靠老人自己，不管是经济供养和生活照料，还是精神慰藉，都需要充分发挥老年人本身的主体作用。

（三）以社会养老为主的农村养老保障模式

也有一些学者认为，随着人口老龄化、家庭规模的缩小、人口流动的加剧以及风险社会的到来，农村传统的家庭养老保障功能弱化，建立社会化养老模式，发展社会养老机构才是解决农村养老问题的根本出路。

（四）综合养老模式

综合养老模式是集家庭养老、社会养老、个人养老和商业化养老为一体的分层次、有差别、多元化的养老保障体系。一些学者认为中国农村养老应以家庭养老为基础和核心，大力发展农村社会养老保障体系，建立政府和村社对农村家庭养老的经济支持制度，充分发挥社区对家庭养老的辅助功能，关注农村“空巢家庭”养老问题。

应该说，面对庞大的农村老年人口，单纯地依靠哪一种养老方式都难以担此重任，只有充分发挥家庭养老、社会养老保险、社区养老三种主流养老保障方式的合力作用，才可能满足今后中国农村养老保障的现实需要。今后我国农村应建立“养老金 + 家庭供养（社区服务） + 国家最低保障”的农村社会养老保障体系，建构家庭居家养老、社区养老、商业化养老的多元化保障制度，这才是我国农村养老制度的现实选择。

第五章　农民的社会和政治观

个体从出生开始就有一个社会化过程。社会化就是通过学习知识技能、掌握社会行为规范和价值规范，发展自己的社会性，逐步成为一个社会环境认可和承认的成员（李秋洪，1992）。前一章从农民家庭组织关系的视角对农民婚姻、家庭和养老价值观进行了初步的调查分析。这一章扩展到组、村、镇等更为宽广的社会和政治范畴，调查农民的社会和政治观，同时初步调查分析了与此紧密相关的农民法律观。

第一节　农民社会观

社会常被定义为共同生活的个体通过社会关系联合起来的集合。社会观是人们对社会总的看法和根本观点。农民作为社会的底层，他们如何观察当今社会？农民对社会信任、平等、自由、社会组织和社会资本方面的看法，是农村社会稳定和政策制定的基点。经典马克思主义理论对社会及其发展变革有很多重要论述，对于从总体上认识农民价值观具有指导性意义。

一　基本概念

（一）社会和社会关系

马克思的社会概念体现在《关于费尔巴哈的提纲》和《德意志意识形态》两篇文献中。马克思认为人的本质是一切社会关系的总和，因此社会是一种关系性的存在。社会以人口、地理环境和其他自然资源为基础，但社会的实质内容不是自然物质，而是在人的生产和再生产实践活动中历史地发展起来的关系。人不能从自身的观念中加以说明，应该用他生活于其中的那个社会以及与这个社会的关系加以阐释。人的存在根本上是通过在人的生存实践活动中不断展开生成的，不由先验的本质所规定，只有观察、分析与反思人在生存实践活动中所展开的社会关系，才能理解人的生存状态。每一个现实的个体不能孤立地存在，只能生活在具体的社会关系中。人的生活质量、命运无不受社会关系的影响，不同性质的社会关系决定了人在社会生活中的地位。

自从有了人类社会，人与人之间就产生了各种关系，它们共同构成了社会关系。所谓社会关系，泛指人与人之间关系的总和，包括个体之间的关系、个体与集体的关系、个体与国家的关系。根据社会关系规范化程度的不同，分为正式社会关系与非正式社会关系两大类。所谓正式社会关系，指社会关系中受一定程序与原则制约、已经被制度化了的部分；而非正式社会关系则指社会关系中没有固定模式、不受原则制约且未被制度化的部分，例如亲戚关系、夫妻关系、朋友关系等。马克思说："实物是为人的存在，是人的实在存在，同时也就是人为他人的存在，是他对他人的人的关系，是人对人的社会关系。"① 人的生存以社会物质财富为基础，因此社会的每一个成员就以他所特有的劳动活动及其产品构成人生活的重要环节，进而构成他和社会成员之间的关系。人们正是通过各自不同的劳动活动和产品相互补充、相互依赖的关系建构成人们之间复杂的社会关系。

在马克思看来，社会关系有人的依赖关系，以物的依赖性为前提的人的独立性，自由个性三种形态。在前两种社会关系形态中，个人以不同方式不得不屈从于与个人相对立的社会关系，人的生存难以摆脱"抽象对人的统治"的命运。在共同体中所处的地位和身份，决定了每个人与他人的社会关系的性质。在资本主义社会以前的历史阶段中，人与人的社会关系实质是一些人对另一些人的人身依附关系，占据着绝对统治地位的共同体享有着共同体赋予的特权与荣耀，处于被支配的地位的人必然服从和依赖前者。人与人是不可能有真正的自由和平等的。资本主义高度发展了生产力，但并不意味着消除了人的"依赖关系"。相反，生产资料的私人占有导致资本与劳动的对立，以商品为中介，一部分人对另一部分人的依赖关系变得更为普遍。"自由"与"平等"的资本主义社会关系仅具有表面和形式的意义。

因此，一个人所能得到的自由、平等、公平和正义与其社会关系内在地关联在一起。对马克思来说，从一个社会时代到下一个社会时代的每一次革命性过渡，都涉及社会革命，这是由历史唯物主义的基本观点决定

---

① 《马克思恩格斯全集》第2卷，人民出版社1957年版，第52页。

的。实在的社会单位是人类，在历史成长过程的既定阶段的人类集体，任何国家和社会都具体表达了既定时代整体的人类社会状况。人类最终的解放，必然要改变与人的生存发展不相适应的社会关系。

（二）社会资本和社会地位

马克思在观察社会关系时，是从社会发展的整体角度来讨论的。从一个社会发展的某一阶段或观察某一更小范围的个体或群体时，需要更多的观测方法。社会资本[①]（Social Capital）概念是20世纪80年代由法国著名社会学家皮埃尔·布尔迪厄（Pierre Bourdieu）正式提出来后，得到詹姆斯·科尔曼（James Coleman）和罗伯特·普特南（Robert Putnem）等学者的发展。社会资本定义为："个体从社会网络和其身处的社会制度中所可能获得的资源。"这种资源可分为两个层面：一个层面是个体层面的社会关系网络（即关系型社会资本）；另一个层面是个体从制度中可以获得的资源（即契约型社会资本）。同样，农民社会资本分解为"社会网络关系"（关系型社会资本）和"制度资源"（契约型社会资本）两个层面。

社会地位。[②] 社会成员因其拥有资源的多少及其重要性的不同而被分为不同的等级和层次。在这种根据成员拥有资源而排列的结构中，位置越高，占据这些地位的人数越少；位置越高，可供支配的资源也越多。位高权重者所能够支配的资源不仅包括个人自身拥有的资源，也包括通过社会关系从他人那里获得（access）的资源。因此，根据社会资源理论，在个人的地位与其对其他较低位置者的影响力之间具有直接的关系。位置越高，对其他较低位置者的影响力也越大，越具有更多的渠道获得关于资源分布的信息，更有可能利用其他人的资源实现自己的工具性目标。

（三）社会信任

与社会资本和社会地位相关的是社会信任。信任是个体的一种心理活动，是个体对另一个人的言辞、承诺以及口头或书面陈述可靠性的期望。信任是现代社会有序运转不可缺少的要素，对信任的关注是社会学理论向文化主义转向的一个方面（谢治菊，2015[③]）。在理性主义看来，行动者给

---

① 刘传江、周玲：《社会资本与农民工的城市融合》，《人口研究》2004年第5期。

② 胡荣：《社会经济地位与网络资源》，《社会学研究》2003年第5期。

③ 谢治菊：《农民政府信任的实证调查与逻辑建构》，人民出版社2015年版。

予对方信任的基本原因是获得成功的概率、可能的损失以及可能的收获进行主观评估的结果。在功能主义看来，任何情况下信任都是一种社会关系，是将复杂性的社会关系简化的有效形式。汉语词语信任概念来自相信并任用，郑也夫（2001）[①]认为，“人格信任”是亲属和熟人之间的信任，而“系统信任”是陌生人之间的信任。信任圈子由亲属和熟人逐渐扩展至陌生人。社会信任是一种重要的社会资本，至关一国的经济繁荣（福山，1998[②]）。社会信任与其社会交往相似，按照“差序格局”由近而远地减弱。在越是亲近的小圈子里，交往频率越高，信任程度越高。随着交往范围的扩大，交往次数下降，社会信任程度也随之降低。[③]信任是与风险联系在一起的，因此信任者对于被信任者可能因失信所带来的风险的承受力至关重要。个人对于失信所造成损失的承受力越强，他越可能给予别人信任，同时信任的回报率也越高。经济学上有严格的理论说明，财富高的人，承担风险的能力越强。越是贫穷的人，对风险的承受力越低，经济社会生活中更小心谨慎。对他人的信任是自信的另一种表现，个人社会经济地位越高，承受失信风险的能力越强，在人际交往中能够更自信，也更能够给予别人信任，同时获得更多的社会资本。

二　社会信任与社会关系调查

调查样本的基本情况在前面章节中有较详细说明，调查问卷见书后附。

（一）社会信任度

道德挫折[④]——担心好心没好报，这是一个社会信任问题。人在生活中，经常会遇到各种形式的挫折，挫折作为人的一种基本生存体验，广泛存在于人类生活的各个领域和时期。在人的各种挫折当中，道德挫折是一种较为特殊的形式：它是因行为者的利他行为受到受助者的消极或恶意回应，从而使其对于利他行为的道德价值产生负面性认知，进而产生心理上的挫败情绪。个体在利他行为中所遭受到的阻挠及其负面情绪体验，这是道德挫折的个体实践层面；同时，个体因某个负面道德情境——某个利他行为受到挫败——的相互影响产生不平心理和对利他行为之道德价值的消

① 郑也夫：《信任论》，中国广播电视出版社 2001 年版。
② ［美］弗兰西斯·福山：《历史的终结》，黄胜强、许铭原译，远方出版社 1998 年版。
③ 胡荣：《中国农村居民的社会信任》，《中共天津市委党校学报》2005 年第 2 期。
④ 曹刚、任重远：《论道德挫折》，《道德与文明》2009 年第 2 期。

极评价，道德挫折会形成社会影响。因此，道德挫折不仅是一种个人挫折，更是一种社会挫折，其在不同程度上对人际的信任机制造成破坏，从而直接或间接地造成社会资本的损失。

从事实形态而言，道德挫折的发生一般有两种类型，即所谓“好心没好报”和“好人没好报”。“好心没好报”中的“好心”指个体行为所具有的道德动机，即某种利他意图或导向，而“没好报”指施助者遭受到受助者的消极或恶意回应。而“好人没好报”则是指行为者在某个具体的实践领域当中，遵守道德规则行事即作为“好人”，却无法获得或远少于那些不按道德规则行事的人所得到的应得利益，即“没好报”。对于“你是否担心好心没好报”这个有关社会信任的问题，样本个体中，非常担心和比较担心的分别占了 21.2% 和 36.7%，而不担心和根本不担心的都占 15.9%，说明农民对当前社会道德和社会信任还存有一定的疑问，社会总体信任度还有待提高（见表 5－1）。

表 5－1　　　　是否担心好心没好报

选项	人数（人）	比例（%）
非常担心	48	21.2
比较担心	83	36.7
一般	23	10.2
不担心	36	15.9
根本不担心	36	15.9
合计	226	100

（二）社会关系

对周围有钱人是如何发家致富的看法一定程度上反映了农民社会关系的融洽程度。中国人也有原罪观念，但不是宗教意义上的原罪，而是对获取财富所产生的负罪感：挣钱越多、积累财富越丰厚，就越觉得自己理亏，对积累财富有恐惧感。[①] 在中国自古至今的财富原罪观对社会有着深刻影响，对财富的追求（即使是正常的追求）常遭到社会的指

① 黄明东、朱九思：《财富原罪观对中国人精神结构的影响》，《华中科技大学学报》（人文社会科学版）2002 年第 4 期。

斥，一旦某人发家致富后，通常会引起周围人的嫉妒和鄙视。社会常有为富不仁的价值观，人们向往的是大同社会的绝对均等，所谓“不患寡而患不均”。在这样的文化传统影响下，社会会失去对财富追求的动机。英国学者斯迈尔斯作为一个社会改革家，以一种理性的、健康的态度面对金钱，他认为成功的愿望，即使是积累财富的愿望，并不是没有用处的。毫无疑问，人的内心深处总希望变好而不是变坏。事实上，积累财富的愿望构成了人类社会不断进步发展的最重要动力之一。它为个人的精力与活力提供了坚实的基础。它是海运和工商企业的开端。它是勤劳同时也是自立的基石。它鞭策人们努力工作、从事发明并去超越别人。转型期中国的很多制度不健全，一些先富者的致富方式可能会存在“原罪”，农民如何看这些先富群体，是社会信任的重要方面。在问到有钱人发家致富的方式时，有近70%的样本个体认为他们是通过勤劳致富；有12.2%的人认为富人有技术；有6.6%的人回答不知道；有3.5%的人认为富人是勤劳加技术；只有5.2%的人认为富人有社会关系和2.6%人认为富人是通过不正当的方式致富。勤劳致富观是农民的财富观和行动选择（见表5－2）。

表5－2　有钱人发家致富方式

致富方式	人数（人）	百分比（%）
勤劳	160	69.9
勤劳和技术	8	3.5
有社会关系	12	5.2
有技术	28	12.2
不正当方式	6	2.6
不知道	15	6.6
合计	229	100.0

让一部分人先富起来，然后让先富起来的人带动后富的人走共同富裕的社会主义道路，这是改革开放以来既有的方针。从调查结果看，只有32.7%的样本个体认为先富裕起来的村民愿意帮助村里的穷人走共同富裕的道路；而有38%的样本个体认为先富起来的不愿意帮助贫困农户。这需要村里的党员干部和国家制定相应的政策，解决先富与后富群

体之间的矛盾（见表5－3）。

表5－3　　村里的富人是否愿意帮助穷人

选项	人数（人）	百分比（%）
非常愿意	19	8.4
比较愿意	55	24.3
一般	66	29.2
不愿意	71	31.4
非常不愿意	15	6.6
合计	226	100.0

自农村实行家庭联产承包责任制后，生产大队和生产队解体，农民的集体劳动和集体生活时间大大减少。原来由生产队统一安排农民从事农业生产活动的计划方式向各家各户单干为主的市场方式转变，村民之间的社会交往方式也随之变化。村民之间关系是否和谐，直接影响农村社会稳定。从村民关系是否和谐的调查结果看，样本个体中认为非常和谐的占21.1%；比较和谐的占51.8%；一般的占25%；只有极个别的地方和个别村民认为村民之间关系紧张，不和谐。当前农村社会治安良好，村民关系和谐，粮食产量增加，农民勤劳致富，积极向上，对生活总体较满意（见表5－4）。

表5－4　　村民之间关系的和谐度

选项	人数（人）	百分比（%）
非常和谐	48	21.1
比较和谐	118	51.8
一般	57	25.0
不和谐	4	1.8
特别不和谐	1	0.4
合计	228	100.0

三　社会组织参与

组织可能是现代社会最突出的特征，从社会学的角度来说，社会组织是个人参与政治、融入社会的主要媒介。社会主体的着眼点是人与人之间的相互关系，其表现形式是组织的结合。社会组织的发展水平是衡量社会与文明发展的重要尺度，组织越复杂，社会动员资源的能力就越大，文明的程度越高。达伦多夫[①]认为，阶级结构的基础已不再是生产资料所有制，而是对掌控组织的权力职位的占据。农民正式社会组织与非正式社会组织参与情况是调查的重点。正式组织包括农民合作经济组织、老人协会、文艺队、宗教组织、红白喜事理事会以及其他组织；非正式组织网络分为血缘关系、亲缘关系、地缘关系和业缘关系建立起来社会网络，包括家里临时有急事、急需借钱、托人帮忙找工作、家里办红白喜事以及需要化解家庭纠纷等情景时样本个体能够动用的社会关系，可在一定程度上反映农民的社会资本状况。

（一）正式组织

当前农村较为常见的正式组织有农民合作经济组织、宗教组织、文艺组织等。我国农村实行党委领导下的村民自治制度，应该说，农村里村民的正式组织能发挥强有力作用的是党组织。

1. 农民合作经济组织

样本个体中有67人表示知道村里有各种类型的合作经济组织，占29.9%；而不知道的有157人，占了70.1%。在知道村里有合作经济组织的样本个体中，只有18人表示参加了合作经济组织；而有49人即使知道也没有参加。从合作经济组织开展活动情况看，只有3人表示每周要参加农民合作经济组织的各类活动；有2人表示每月参加一次活动；有11人表示每季度才参加一次活动；有4人表示每年只参加一次活动。在知道村里有合作组织的人群中，只有15人表示有家人参加村里的合作经济组织。可见农民合作经济组织在农村经济活动中的覆盖面小，在这些地区合作经济组织没有发挥出应有的作用。

2. 宗教组织

有14人表示村里有宗教组织（基督教），有7人表示参加了，但参加活动的周期较长，一个季度或一年才参加一次正式活动。同时这些人的家人也有时参加宗教活动，宗教传播表现出以家为单位的特点。

3. 各类文艺队或剧团

有55人表示村里有文艺队，其中有22人参加了活动。其中每周参加

---

① 达伦多夫（Ralf G. Dahrendorf，1929—2009），德国社会学家、思想家，政治家。

活动的有 8 人；每月参加活动的 4 人；其他几人每季度或每年才参加一次。有 16 人的家人参加类似活动，而其中只有 3 人经常参加，其他都是偶尔参加。

4. 各类兴趣组织

有 16 人表示村里有如钓鱼爱好者协会、棋牌协会、书法爱好者协会之类的兴趣组织，其中有 7 人表示参加了活动，但只有 1 人表示每周都参加活动，其他人活动次数很少。有 6 人的家人也参加了各种兴趣爱好组织，有 2 人经常参加活动。

5. 老人协会

有 46 人表示听说村里有老人协会，有 9 人加入了协会；每周都有活动的只有 2 人，其他都是每季度或一年才参加协会活动。家里有成员参加协会并经常参加活动的有 7 人，其他人员表示只是偶尔参加一下协会活动。

6. 红白喜事理事会

有 42 人表示村里有这样的组织，其中 21 人参加了理事会，会员家庭有喜事或者丧事时就组织相互支持的活动。这类组织在农民外出较多的村里较常见。

调查结果显示，农民对正式社会组织的认知程度和参与程度不高，农民的组织化程度很低。改革开放以来，农村社会与政府关系失衡的状态没有得到根本改观，村庄、单位功能遭到弱化和消解的同时，没有相应的社会自治组织发展，造成个体在面对政府和企业时利益受损。就农村、农民层面而言，虽然各项社会政策有长足进展，但是农民在获取福利或权利时，没有组织的凭借和支撑，个体在交易当中往往需要付出更多的成本。唯有农民组织、农村组织的健康发展，才能进一步落实政府和社会领域改革，推动社会共治格局的出现。农民正式社会组织的参与程度很低，从一个理性主义的角度分析，反映出农村正式社会组织对农民社会资本、人力资本和现实利益不能带来增加效应。可能的原因在于：一是正式社会组织的形成过程不是农民自发的需求，而是外在强加的组织形式，这种组织便成为半政府组织，为了实现某种行政意图而建构，不能满足农民的现实需求；二是农村社会组织不规范，往往为了一些个人的利益去组建，农民参与的积极性低；三是中国农村基层行政组织非常强大，使得社会性的非政府组织很难开展社会活动，限制了社会组织的活动空间。

（二）非正式的社会关系

农民其他非正式社会关系的现状用当家里临时有急事、急需借钱或家里办红白喜事时的求助方式来反映。60% 以上的受访者当急需借钱时，首先想到找与自己有血缘关系的人帮忙；当托人帮忙找工作或产生家庭纠纷需要化解时，首先想到找与自己有地缘关系的人帮忙，其次是想到找与自己有血缘关系的人帮忙；在家里办红白喜事时，想到找与自己有亲缘关系、血缘关系和地缘关系的人帮忙的比重差异不大。家庭有经济困难时，最能帮忙的首先是自己的兄弟姐妹，随后是亲戚，之后才是政府。排第四位的是朋友，然后是村组干部。邻居也可能提供经济资助，但可能性小。只有个别人提到了银行贷款的方式，金融支持的市场方式有限。调查发现，农民很少想到可以从与自己有业缘关系的人那里获得社会支持。可见，农民非正式社会关系仍然以血缘关系、亲缘关系和地缘关系为主。

第二节　政治价值观

政治价值观是关于政治问题的价值观念体系，它是人们对政治现实和政治理想的基本评价和价值取向，是人们关于政治制度、政治关系、政治生活好与坏、利与害等价值问题的判断标准与基本观点。在某种政治文化背景下，社会成员在总体上可能会存在一种基本一致的政治价值观，这会影响到政治行为主体的政治信念、信仰和态度。处于社会底层的农民，在马克思主义政治价值观的主导下，也会受到中国传统政治观的影响，分析农民的政治观对于融合主流与基层政治合力，增加执政党的政治信任和合法性具有重要意义。

一　政权合法性和政治信任

一个国家正式制度安排的载体是具体的组织，而组织是政治行动者或政治参与者的平台，制度是他们遵从的系列规则。中国政治制度是指 1949 年 10 月中华人民共和国成立以来，在中国内地实行的，规范中华人民共和国国家政权、政府制度、国家与社会关系等一系列根本问题的法律、体制、规则和惯例。宪法规定，中华人民共和国是由工人阶级领导的、以工农联盟为基础的人民民主专政的社会主义国家，社会主义制度是中华人民共和国的根本制度。我国现代政治制度主要包括社会主义制度，人民代表大会制度，民族区域自治制度，基层群众自治制度以及中国共产党领导的多党合作和政治协商制度。农民的政治价值观，必然会受到我国基本政治制度的影响。

（一）政治合法性

自人类进入政治社会以来，政治合法性成为政治统治最为重要的一个问题。在人类历史上出现的任何一种政治统治和大规模的社会管理形式中，统治阶层都在谋求其合法性。但对合法性问题研究加以理论化、系统化是近代工业革命以后的事情，把合法性作为一种社会学现象来加以研究的首推韦伯。韦伯划分了三种类型的政治合法性基础，即传统权威模式（Traditional authority）、个人魅力权威模式（Charismatic authority）和法理权威模式（Legal-rational authority）。他认为现代社会以法理权威模式为主，政治合法性基础来自人们对制度的尊重。每一个政治活动系统的存在都由一系列命令和服从构成，这取决于政治系统是否能建立和培养系统存在意义的普遍信念，也就是其存在的合法性。在政治合法性基础上，社会下层群体就会对上层的命令采取服从的态度，社会政治秩序得到维护。

政治合法性常指政府在被民众认可基础上实施统治的正统性或正当性，是统治者“政治统治”与民众“政治服从”之间的关系，是社会秩序和权威被自觉认可和服从的性质与状态，构成要素包含有意识形态，施政绩效，社会价值和民主法治。当大多数民众认为政府实施统治是正当的，具有合法性的时候，民众对政府的统治会自觉加以服从，即使有冲突，但不会危及统治基础。“凡是建立在价值基础之上并以此得到公共舆论承认的即为合法。”相反，当大多数民众认为某一政府实施统治是不正当的，比如，认为该政府建立在黑帮政治（包括篡权、政变、暗杀、强迫民意、武力修宪、贿选上台、家族操控、暴力执政等）的基础上，该政府就不具有合法性基础。在此情景下，民众在暴力压制下被迫服从，但是，一旦时机成熟，就易形成大规模的抗议运动，引起社会混乱，导致政府垮台和整个政治系统的危机（张润泽和张燮，2014）。

在工业社会以前，为政权提供合法性依据的意识形态主要是各种形式的“天命论”和“君权神授论”。随着现代人本主义观念的兴起，各种“天命论”和“君权神授论”理论受到挑战，因而逐渐失去了政治合法性的理论指导作用。在西方国家，取代“天命论”和“君权神授论”主要有社会契约论和民主宪政理论。这些理论认为政治权力应来自社会契约，政治统治的合法性基础应来自被统治者的认同。社会成员定期选举国家治理者，谁在选举中胜出，谁就合法地成为“统治者”。在中国的传统政治中，“天命论”理论既为王朝建立提供了合法性基础，也为推翻一个王朝提供了合法性依据。君主在“授命于天”的旗号下实施“正统”统治的时候，“乱党”和“暴民”也可以“替天行道”“受命改制”的名义推翻旧王朝的统治而建立新王朝。暴力革命成为王朝更新的常态，中国历史陷入了“五百年王者兴”的循环更替圈。

中国共产党在马列主义理论指引下，通过新民主主义革命，推翻了压在人民头上的三座大山，[①] 夺取了政权，建立了社会主义的新中国。要稳定国家政权，同样面临一个对新政权合法性解释的问题。这其中，就是如何看待农民阶级的历史地位和作用。在经典的马克思主义理论中，社会主义是建立在资本主义社会基础之上的，因为生产资料私人占有与社会化大生产不可调和的资本主义基本矛盾，使得资本主义社会分化为资产阶级与无产阶级简单对立的两个阶级，而农民阶级因为保守性，只能处于“同盟”的地位。但是，中国革命成功的主体力量是农民，在中国共产党成立的时候，正如毛泽东一再强调的，中国是一个农民占大多数的国家。如果简单地用马克思主义经典理论解释中国农民的阶级地位和政治制度，就会与中国的基本国情以及中国共产党领导的新民主主义革命历史事实相背离。因此，中国化马克思主义理论，特别是如何认识一个发展中国家的工农关系，事关中国特色社会主义的基本制度和改革方向。中国共产党的革命权是建立在广大贫下中农生存权受到威胁、外国势力大举侵略、民国政府无力整合社会力量实现“民主、民权、民生”的条件下产生的。新中国成立后，中国共产党执政的根基是广大农民对新政权的高度信任，通过牺牲农民利益启动了国家工业化、现代化进程。改革开放始于农村，也是农民的首创精神开启了中国改革开放的伟大历史。今天中国共产党执政的合法性在于能够始终“代表中国先进生产力的发展要求，始终代表中国先进文化的前进方向，始终代表中国最广大人民的根本利益”，带领中国人民实现民族伟大复兴的“中国梦”。在中国社会主义现代化进程中，最为核心的工作是中国共产党能否带领亿万农民实现现代化，缩小城乡差别，缩

---

① 我国新民主主义革命时期的三大敌人，即帝国主义、封建主义、官僚资本主义。这三大敌人，好比三座大山，沉重地压在旧中国人民的头上。

小工农差别，摆脱原有的“工人阶级领导的、工农联盟为基础”的旧理论的束缚，通过制度创新，逐步建立工农平等、城乡融合发展、人人平等的现代化中国，这才是中国共产党在新的历史时期执政合法性的奠基石，是广大民众政治信任的根本。

（二）政治信任

与政治合法性紧密相关的概念是政治信任。政治信任是政治支持最为根本的要素，构成了政治合法性的基础。相信政府的人更倾向于遵守法律，支持政府管理活动，自愿地追随政治领袖。对政府信任的长期缺失会导致公众对政治制度基本原则信任的崩溃（李艳霞，2014）。一个拥有高水平政治信任的政体对政治错误和行政管理失误的后果更具修复性。低信任度会引发暴动，以及其他系列旨在推翻现行政治制度的政治活动。孟子曰：“桀、纣之失天下也，失其民也，失其民者，失其心也。得天下有道，得其民，斯得天下矣。得其民有道，得其心，斯得民矣。得其心有道：所欲与之聚之，所恶勿施尔也。民之归仁也，犹水之就下，兽之走圹也。”儒家政治伦理的重点之一就是取信于民，所谓“民无信不立”“得民心者得天下”“水能载舟，亦能覆舟”，执政者应当获得民众的信任，如此保持天下太平，开万代之基业。民心向背的概念，用现代政治学概念表述就是政治信任。

政治信任常被定义为公民信任政府或是政治体系能够运转以产生出与他们期望相一致的结果。作为多维度的政治情感，政治信任可能来自公民责任、政权制度或政治体系的有效运转。诺里斯（Norris，1999）按照从具体到抽象、从特定到一般的标准，将人们的政治信任结构区分为权威当局（Political authority）、政治体制（Political regime）和政治共同体（Political community）三个层次。公众对政治体制、政治机构及其运行有一个基本的评价和情感取向，会产生某种程度的信任和信心。政治信任包括民众对于表征政权的政治组织（如政党）、政府机构（政府、国会）、军队等的政权形式的信任。在政治系统运行过程中，公众对政治体系的信任是公众遵从政策的心理基础，更是影响政治支持的重要因素，对于稳定政治秩序与政治体系的高效运转意义重大，构成政治制度合法性的基础。

虽然政治信任对一国政治体系的健康运行极为重要，但是公众对政治体系的各个组成部分的政治信任是不同的，也就是存在政治信任的层次问题。学者研究发现（胡莱，2007），在美国，公众更信任地方政府和州政府，而不是联邦政府。在中国则相反，公众更加信任中央政府，而对地方政府的信任度呈递减趋势。香港人对“中国”概念的历史性（historical）认同和文化性（cultural）有较高程度的认同，但政治性（political）认同和法律性（legal）认同程度较低（王衡，2015）。人们会通过对“他者”的想象来构建自己的身份认同。大多数社会公众政治观念的传播和变迁的主要影响因素既受外界的、全球范围政治观念的影响，同时也是社会内部政治动员和意识形态宣传的产物。制度和社会文化对政治信任产生影响，政府运行绩效会影响公众对政府的信任程度，公民所接收的各种信息以及公民自身所处的社会地位对政治信任度产生影响。肖唐镖、王欣（2010）发现农村居民比城市居民更信任政府，农民对各级政府的信息度呈现差异性。全球近年来政治信任度呈下降趋势，但应有一个综合的判断。健康的政治不信任可能是促进政府政治民主、效能提升的重要促进力量，虽然民众普遍性的政治不信任是危险的。适度的政治信任度是政治生活良性发展的有效动力。

二　农民对基本政治的看法

社会主义是我国的根本政治制度，农民作为这个政治共同体的重要参与者，他们大多文化程度低，对政治制度的理解与上层精英之间存在较大差异，了解他们对目前中国基本政治制度的评价是有意义的。

（一）社会主义的本质

党的十八大报告提出“倡导富强、民主、文明、和谐；倡导自由、平等、公正、法治；倡导爱国、敬业、诚信、友善”的社会主义核心价值观，体现了社会主义的本质特征。邓小平曾把社会主义本质概括为“解放生产力，发展生产力，消灭剥削，消除两极分化，最终达到共同富裕”。这是国家倡导的主导性的价值观，但农民是如何看待社会主义的？

1. 自己心目中的社会主义社会是什么样？

有效样本226人，其中17人没有什么想法。虽然不同年龄、性别、收入水平、文化程度的人有他们不同的理解，但综合来看，农民认为社会主义社会应具备的基本特征有：平等、富裕、民主、自由、无腐败、环境宜居、有安全感、国家强大等。农民认为社会主义社会本质体现在平等和富裕两个方面。

2. 社会主义与资本主义的差别

对于社会主义与资本主义基本制度的比较，样本个体认为完全不同的有 108 人，占 47. 8%；基本不同的占 12. 8%；有些不同的占 14. 2%；比较相同的占 5. 8%；完全相同的有 1. 3%；说不上来的占 18. 1%（见表 5 - 5）。

表 5 - 5　农民心目中社会主义与资本主义的差别

差异性	人数（人）	百分比（%）
完全不同	108	47. 8
基本不同	29	12. 8
有些不同	32	14. 2
比较相同	13	5. 8
完全相同	3	1. 3
说不上来	41	18. 1
合计	226	100. 0

不少样本个体认为，资本主义有剥削，而社会主义社会不应有剥削；社会主义社会的成员应有一个共同的理想，这个理想就是要让大家的生活过得好，社会和谐，贫富差距不大，而资本主义社会中往往是个别人过得好，有剥削；还有样本个体认为，在毛主席执政时代我们国家是社会主义，那时路不拾遗，而现在就是资本主义，贫富差距大，干部腐败。

（二）暴力革命权——对村里有些人因太穷而去偷去抢的态度

不同的团体或个人之间，如不能用和平方法协调彼此利益，而是通过强制手段以达到自己目的的称为暴力。假定村里有人贫困程度达到威胁他们生存权的时候，这些贫困人口是否具有暴力获得生存的权利？对村里有些人因太穷而去偷去抢的态度，反对的人占近 20%；坚决反对的占 60. 2%；同情但不支持的占 17. 3%。神圣的私有财产权具有不受任何条件限制保护的权利？什么情况下才会发生暴力？而且这种暴力具有正当性？这是一个值得探究的问题。假定一个国家是一个村，村里有部分富人，部分穷人。穷人吃不上饭，富人花天酒地，穷人“剥夺”富人的合法性基础是什么？革命权的讨论参看阿伦特（2007）（见表 5 - 6）。

表 5-6　对村里有些人因太穷而去偷去抢的态度

选项	人数（人）	百分比（%）
非常支持	1	0.4
比较支持	2	0.9
同情但不支持	39	17.3
反对	45	19.9
坚决反对	136	60.2
其他	3	1.3

（三）农民革命传统教育

虽然遵义会议在我党历史上具有重要意义，但在调查到的遵义市4县226名农民中，仍然有39人不知道遵义会议这件事，占了调查样本的17.3%，这个结果真是让人难以置信。从参观过遵义会议纪念馆的情况看，调查的226位样本个体，即使是在遵义市内，也有111人从没有去参观过遵义会议纪念馆，几乎占了样本个体的一半；去过1次的有34人，占15.0%；2次的占14.2%；3次以上的占21.7%。这说明了什么问题？对于农民来说，旅游观光是一种难得的奢侈行为。农民缺少了解中国共产党辉煌历史的机会，国家可以通过财政补贴的方式，让农民也如城市很多国有单位职工一样，多到红色老区去接受革命传统教育（见表5-7）。

表 5-7　参观过遵义会议纪念馆的次数

次数	人数（人）	百分比（%）
0	111	49.1
1	34	15.0
2	32	14.2
3	14	6.2
4	7	3.1
5次以上	28	12.4

三　政治参与

政治参与一般指的是普通公民通过某种方式，直接或间接地影响政府的决策和政府活动相关的公共政治生活的政治行为。政治参与方式有民主选举、民主决策、民主管理、民主监督四种形式。在农村，村民委员会选举是农村政治生活中最重要的事件，基层村民选举对中国农村经济社会发展产生重大影响，是目前农民参与政治生活的途径。村民参与村庄公共政治生活的广度、深度和自由表达程度，反映了村庄公共权力系统的开放程度和基层政治的发展水平。不仅如此，村民公共参与程度直接关系到村庄基层权力拥有者和权力相关者之间和谐政治关系的构建，对乡村政治信任的重建有着不可忽视的重要意义。研究表明，村民公共参与和乡村政治信任之间是一种互动关系。一方面，村民公共参与是乡村治理民主化的基础和体现，有利于加强乡村组织的群众基础，促进农村基层干部和群众之间的相互理解和支持，从而提升乡村政治信任。另一方面，政治信任增强反过来也有助于村民政治参与积极性（孙昕等，2007）。

（一）是否关注村委会选举

基层群众自治制度是我国基本政治制度之一。“村民自治”始于1982年我国修订颁布的《宪法》第111条，规定“村民委员会是基层群众自治性组织”。我国村民委员会组织法规定村民委员会是村民自我管理、自我教育、自我服务的基层群众性自治组织，实行民主选举、民主决策、民主管理、民主监督。“四个民主”的提法始见于1994年民政部下发的关于开展村民自治示范活动的通知。村民委员会选举是农民政治参与的最重要途径，是农民自治活动的基础。村民委员会作为农民自治性的法定组织，村民参与村民委员会选举是中国特色社会主义民主政治的重要表现形式。只有村委会选举健康有序依法进行，农民参与公共事务管理和政治意愿得到了充分满足，那些被村民认可的依法办事，热心为群众服务的人进入村民委员会，才能使村民委员会发挥其应有的功能，带动农业、农村和农民现代化。村民的主观意识如村民对自己参与政治的兴趣和能力，也就是村民的内在政治能力、村民对外在政治制度的认知，即大的政治环境是影响村民参与村委会选举的重要因素。目前，由于基层乡党委和村党支部对村委会成员产生有重要影响，农民之间的社会信任以及农民对基层乡党委、政府的政治信任度都会影响到农民对村委会选举的参与程度。

调查显示，农民参与政治生活的热情很高，意愿很强。样本个体226人中，有44.2%的人非常关注村委会选举，34.5%的人比较关注，两者占了样本个体的78.7%；而不关注或是根本不关注的只占10.2%。农民对于涉及各家各户的生产生活的政治热情并不比城市居民差。从实际参加最近一次村委会选举投票况看，样本个体中73.8%的人参加了投票。参加投票的原因，在他们看来，主要是对自己有好处，随大流，村里要求，不想得罪人等。农民认为村干部成员构成与农民的利益直接相关，他们希望能够选出工作能力强、作风正，能带领大家致富的好干部进入村委会。那些没有参加村委会选举的人员表示，主要的原因是选举期间他们在外地，只能委托村里人参加投票。也有极少数人表示对村委会选举不感兴趣，个别人对村委会候选人或是对选举程序不满（见表5－8）。

表5－8　是否关注村委会选举

程度	人数（人）	百分比（%）
非常关注	100	44.2
比较关注	78	34.5
一般	25	11.1
不关注	11	4.9
根本不关注	12	5.3
合计	226	100

（二）公共事务参与

所谓事务，即事情、任务，是管理的目标和过程的体系。在政治与行政学中，常把事务与政务相对应，事务主要指与政治、决策相对的行政、执行的领域。在西方资本主义国家，“事务官”是指负责执行政策、承担政府日常事务性工作、不随政府的更迭而改变的一般官员，他们在政治上保持中立。公共管理是政府或其他公共部门为保护社会和市场的正常秩序、维持公共环境的可持续能力而实施的组织、决策、协调、计划、控制、评估等活动。公共事务是指为了满足社会全体或大多数成员的需要，体现他们的共同利益，让他们共同受益的那类事务，包括制度安排、公共政策选择以及由此展开的国防、教育、科技、文化、医疗、环保、财税、社会保障等具体事务。一般意义上，可以把政府及公共部门所担负的解决公共事务的责任概括为生产公共产品和提供公共服务。农村的公共事务和公益事业，包括如修桥铺路、供水、供电、生产设施管理，兴办托儿所、敬老院，各种形式的教育培训，开展公共卫生，举办群众性的文化娱乐活动等。

村民广泛参与村级民主选举，通过民主选举实现村庄公共权力委托，对于提高村级公共权力组织群众信任基础很有帮助；农民参与村务民主决策，通过集体讨论决定村庄公共事务，有助于提高农民对村务的知情权，可以培育农民的自治主体意识和主人翁精神，为村务决策管理奠定民意基础；农民参与村务管理，通过亲身体验、感知村务管理过程，有助于增进村民对村级公共权力结构及其运行的理解和认同，有利于提升他们的公共责任感和公共理性；农民参与村务监督，通过民主监督制约村级组织和村干部的治村行为，有利于提高村务运作的公开性、公正性、规范性，树立乡村公共权力组织及其干部的权威与信任度。随着农村经济社会发展，农村治理环境更加复杂，农民广泛参与村级公共事务管理对于提升乡村政治信任极为重要（卢春华、张华，2014）。

1. 是否知道最近一次开会讨论村公共事务

样本个体中，有119人知道最近一次村里开会讨论全村的公共事务，占了样本总数的52.6%，另有近一半的人不知道村里开会讨论村公共事务，占了47.4%。从年龄看，知道村里最近一次开会讨论村公共事务的样本个体平均年龄46岁，不知道的样本个体的平均年龄42岁，调查发现主要是年轻农民对村里公共事务不太关注。在性别方面，男性中有54%的人知道，略高于女性，有50%的女性样本个体不知道，一定程度上反映女性对村公共事务的参与程度要低于男性（见表5－9）。

表5－9　　村公共事务知情权

性别	知道的（人）	不知道的（人）	知道的（%）	不知道的（%）
男性	81	69	54	46
女性	38	38	50	50

2. 村公共事务的获知途径

样本个体主要有三种获知村公共事务的信息来源，一是村组干部通知传达；二是通过村公告栏；三是听周围人的传说。调查结果发现，通过村组干部通知获得村公共事务信息的占样本个体的67%；通过村公告栏获得信息的占样本个体的19%；通过听周围人传说的占样本个体的12%；另外通过其他途径获得信息的占样本个体的12%。

3. 参与村公共事务的态度

从调查结果看，占74.5%的样本个体表示非常愿意或比较愿意参与村公共事务管理；有14.9%的人表示可参与也可不参与；只有4.4%的人表示不愿意参加；3.5%的人表示非常不愿意参加。大多数农民都有较强意愿参与村的公共事务管理过程中（见表5－10）。

表5－10　参与村公共事务的态度

意愿程度	人数（人）	百分比（%）
非常愿意	104	45.6
比较愿意	66	28.9
一般	34	14.9
不愿意	10	4.4
非常不愿意	8	3.5
说不上	6	2.6
合计	228	100.0

在村公共事务管理的决策方面，有22人表示村里的公共事务应由村干部决定，占样本个体的9.7%；67人表示应由村民代表大会决定，占样本个体的29.6%；有113人表示应由全体村民代表大会决定，占样本个体的50%；看情况而定的有21人，占样本个体的9.3%；另有3人占样本个体的1.3%表示没什么想法。总体上，农民对村公共事务管理的民主化、公开化、透明化、程序化的要求较为明显，村民自我管理、自我监督的意识很强。

样本个体中认为他们村当前最重要的公共事务，有88人提到了修建村级公路；有36人提到要选举出好的村干部；有35人没有什么具体的想法，其他诸如修建水渠，解决饮水困难，降低电价，帮助贫困农户脱贫致富，保护环境，引进资本发展企业和经济，发展村红色旅游，占用耕地的公平性补偿，修建村文化娱乐活动设施，发展农业生产，保障社会治安，危房改造，学校维修等诸多与农民日常生产生活紧密相关的事务，都是农民关心的重要问题。从调查区域农民的实际情况看，继续改善村级交通，供水供电等公共服务设施，发展经济，解决贫困户的生活困难，增加收入是农民最为关心的事务（见表5-11）。

表5-11　　村里最重要的公共事务

内　容	人数（人）
修建村级公路	88
选举出好的村干部	36
说不上来，没想法	35
修建渠道，解决灌溉用水问题	16
解决饮用水、用电问题	15
帮助村民解决困难和矛盾	10
加强村卫生、环境保护	10
引进外资办企业	10
把村里的红色旅游发展起来	5
开发区建设土地补偿问题	4
修建文化活动中心	4
发展农业生产	3
增强社会治安	2
改善村民住房	1
加强学校建设	1

四　农民政治信任度

（一）研究背景

政治信任度是许多政治学学者的重要研究课题。第二次世界大战后，发达国家普遍出现了政治信任危机，学者开始着手对政治信任问题进行系统性研究，主要有理性主义与文化主义两种思路。理性主义认为政治信任产生于公民对政治经济、政治效能的评估。如果公民能体验到积极的政策效果、政治主体有较高的能力和道德水平、政治过程公开透明，民众会产生对政府较高水平的政治信任（布兰登，2008）。[①] 文化主义认为政治文化传统对于政治信任形成起决定性作用，政治参与者对政策效果的影响有限

① 佩里·K. 布兰登：《在21世纪建立政府信任——就相关文献及目前出现的问题进行讨论》，庞娟译，《经济社会体制比较》2008年第2期，第124—131页。

(Almond and Verba, 1963)。美国皮尤研究中心（Pew Research Center）的多年追踪调查显示美国民众更信赖地方政府，州政府次之，中央政府最差。而中国的情形与此相反，中国社会科学院社会学所在2006年4—6月进行的中国社会心态调查显示，在中央政府、地方政府、法官和警察、社区组织、行业协会、消费者协会、信访机构、宗教组织等8种社会基本权力选项中，民众对中央政府的信任程度最高。

叶敏和彭妍（2010）认为当下中国，民众偏信中央政府的政治信任结构相当明显，这种政治信任结构虽然说明政权合法性依然牢固，但是地方政府缺乏民众信任却影响了国家整体治理能力的提高、社会政治稳定和地方政府公共政策的有效执行。结合文献回顾和以往的调查数据，卢春龙和张华（2014）发现中国民众的政治信任来源经历了从意识形态合法性到经济绩效合法性再到公共服务合法性的转变。作为地方治理基本单位的基层政府面临着政府信任缺失的政治信任危机。为应对社会转型的挑战，中国政府加快了治理模式的转变，提出了转变政府职能、建设服务型政府，致力于公共服务事业的改革目标。可能影响民众政治信任和威权的农村公共文化服务四大主体工程有农家书屋、文化活动室、农村电影放映工程、文化信息资源共享工程。罗素·哈丁（2012）并不认为公民对政府信任的下降一定是坏事，他认为对政府信任是公民利益的隐含表达，公民对政府的信任程度是虚幻的，因为如果公民能理性地信任政府，那么公民应当知道他们信任政府所必须获得的相关信息，并有相应的知识进行评估。现实情况是，普通民众很难充分地知道他们能够信任政府所必须获得的信息。

已有的调查研究显示，中国农民对政府的信任度存在明显地级差现象。农民对高层政府的信任度较高，但对基层政府的信任度却偏低（李联江，2004；胡荣，2007）。一些农民不信任基层政府但会相信中央政府，也有个别农民将地方官员视作中央政府在基层的代表而表现出同样的不信任，但总体上，农民对中国共产党以及中国特色的社会主义制度是信任的，大多数农民对中央政府表现出高度的信任感，这种现象在经济相对落后的红色老区遵义是否存在？这些地区的农民会不会因为没有优先享受到社会发展成果而对革命意义及政府产生不信任？农民更信任中央政府而没有那么信任地方政府的原因是什么？这种政治信任级差会对农民、各级政府的政治行为产生何种影响以及相应的结果和政策含义有哪些？我们利用调查资料进行初步的分析。

（二）政府信任级差

在两次对遵义市228位农民的调查中，我们让农民对中国共产党以及从中央、省、市、县、乡政府、村民委员会（虽不是政府机构，但在很多农民心目中是最基层的政府部门）以及县法院进行总体信任度评估，评分分5级（非常信任＝5、比较信任＝4、一般＝3、不太信任＝2、根本不信任＝1）。调查结果与原来的农民政府信任度调查结果相似。样本个体的政治信任度从中央政府到基层乡镇政府到村民委员会呈现明显的从高到低的级差特征（见表5－12）。

表5－12　　农民对各级政府信任度级差　　单位：人

信任度	中国共产党	中央政府	省政府	市政府	县政府	乡政府	村委会	县法院
非常信任	169	170	136	122	114	96	88	108
比较信任	38	37	51	49	47	49	51	43
一般	11	13	28	38	38	35	41	43
不太信任	4	2	6	9	14	25	21	14
根本不信任	3	3	4	7	12	20	24	9
合计	225	225	225	225	225	225	225	217

注：对县法院的信任度，有10位农民表示不知道如何表达，因为他们从来没有接触过中国的法律系统。

在225位有效样本个体中，对中国共产党表示非常信任的样本个体占了75.1%；比较信任的占了16.9%；不太信任或是根本不信任的分别只占样本个体的1.8%和1.3%。可见，中国共产党在农民心中是最值得信赖的政党。那些非党员身份的样本个体，与那些党员身份的样本个体表现出对共产党同样的信任。在调查中我们问农民为何如此相信中国共产党，你看党内高层都存在较为严重的腐败现象。农民回答道："在中国，如果你对共产党都不相信，那还有谁更值得你信任呢？"农民的回答应是客观、真实的评估。中国共产党作为中国最大的、唯一的执政党，始终以民众的利益为根本利益，成员包括了社会各阶层的中坚力量。只有中国共产党才能带领广大农民实现现代化，这是广大农民的共识，也是中国共产党拥有最坚实执政基础的反映（见表5－13）。

表 5 - 13　　农民政府信任度情况　　单位:%

信任度	中国共产党	中央政府	省政府	市政府	县政府	乡政府	村委会	县法院
非常信任	75.1	75.6	60.4	54.2	50.7	42.7	39.1	49.8
比较信任	16.9	16.4	22.7	21.8	20.9	21.8	22.7	19.8
一般	4.9	5.8	12.4	16.9	16.9	15.6	18.2	19.8
不太信任	1.8	0.9	2.7	4.0	6.2	11.1	9.3	6.5
根本不信任	1.3	1.3	1.8	3.1	5.3	8.9	10.7	4.1
合计	100.0	100.0	100.0	100.0	100.0	100.0	100.0	100.0

农民对中国共产党表现出了极高的信任感。在政府层面，农民对自中央到村委会各级政府的信任度形成了明显的级差（见图5－1）。图5－1是将农民对共产党、中央政府到地方政府和村委会的5级评估值按各层级人数进行加权平均的结果。农民对中国共产党和中央政府信任度极高，加权平均值达到4.63和4.64（最高为5分）。随之的是省、市、县、乡各级政府和村委会的政治信任度逐级下降，对村委会表示不信任的人数占到了样本个体的21%。农民最信任中央政府，他们认为中央政府出台了很多促进“三农”发展的好政策，但是中央出台的好政策往往被下级政府扭曲执行，政策执行过程缺乏监督机制，特别到了乡和村两级基层组织，农民的政治信任度明显降低。更多农民认为中国政府是具有多面性的组织。他们认为一些政府部门值得信任，一些不值得信任，特别是对中央很信任，但对地方政府不那么信任。这种态度常表现为：“中央的经是好的，但常被地方的和尚念歪了。”总体上，农民对各级政府的信任度都在比较满意的评估值左右。

在表示对中央政府非常信任的170个样本个体中，有80位表示对中央政府到县乡基层政府到村委会非常信任，占了样本总数的48.2%，有39位将县、乡、村委会区别于市、省和中央政府，认为市、县和中央政府非常值得信任，但对下一级基层政府表示一定程度的不信任。中国政府的分层方面，农民更多地将中央和省人民政府视作一个层级。在政治信任度方面，170位表示对中央政府非常信任的样本个体中，有116位将中央和省政府的信任度评估为同等水平，占了68%。中国的市级政府在农民心目中似乎处于既不属于中央也不属于地方基层政府的模糊状态，很多农民对这

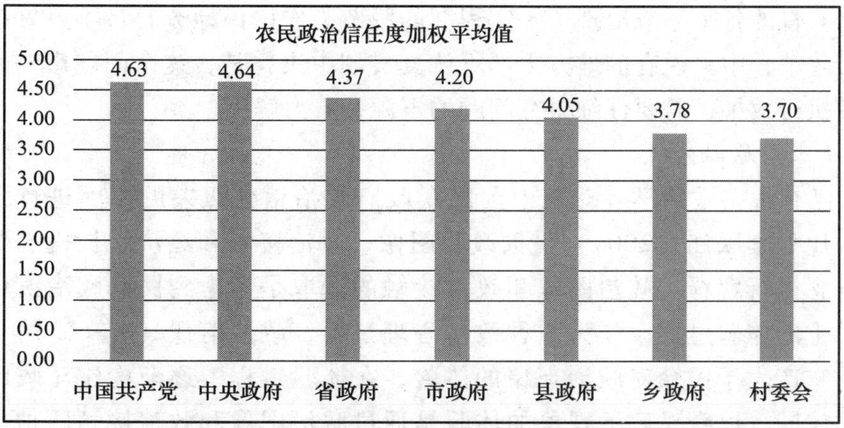

图5-1　农民对各级政府的信任度级差

一级政府的作用并不清楚。他们将中央和省级人民政府定位在上层，将县、乡、村视为基层，也就是上层制定大政方针，而县、乡、村作为具体的实施部门。特别有意思的一个现象是，样本个体中的村干部表示对中央和省级政府非常信任，但对市、县、乡政府表示一定程度的不信任。样本个体中，有极少数（3人）对中央政府到所有层级的政府表示非常不信任，他们似乎对当前的政治制度毫无信任可言，认为所有层级的政府都很腐败。这些人认为从中央到地方，都是官官相卫。少数农民可能承认一些中央政策看起来是好的，但认为中央并不是如他们说起来那么好。中央对地方腐败或是违背国家政策官员的责备和处罚只不过是虚假的表示，是中央和地方的一种默契。地方官员承担了违背中央政策的责任，中央政府对地方腐败是睁一只眼，闭一只眼，天下乌鸦一般黑。有13人对从中央政府到地方政府的信任度评价都为一般。没有出现样本个体对基层政府的信任度高于中央和省政府的情况，这可能与我们的样本选择和调查方式有关，但无论如何，中央和省级政府在农民心目中的权威性、合法性都具有很高的水平。

农民对中央表现出极大信任但对地方政府信任度低的现实，很多在县乡村工作的地方基层干部也知道。在与基层干部讨论这种现象时，他们经常表示感到很无奈，有时也感到气愤。很多官员常抱怨说中央政策不接地气，比如基层干部争论较多的粮食直补政策，他们认为不应将钱分散发放给农户，而应该集中起来修建农田水利等农业生产设施。在政策出台、执行和监督的各个环节出现了一定程度的脱节。农民说地方官员不好好执行中央政策，中央说有的地方干部不认真贯彻中央精神，这个问题影响到了政策执行效果，需要仔细研究问题的根源，着力解决。

（三）原因分析

已有很多政治学者对于中国民众政府政治信任级差的原因进行了分析，比如李联江（2004）借助政治图像、政治接触和经济增长机制等三大概念进行解释。政治图像和政治接触的选取是考虑到民众政治信任心理产生的体验过程。作为一种政治心理过程，政治信任具有一定的建构性，它产生于民众对政治现象的体验，在体验过程中逐渐构建对政治现象的认同。民众对政治现象的体验是通过政治图像和政治接触两种途径来完成的。在中国，经济增长机制通常会影响地方政府的行为模式，并对中央、地方和民众之间的信任关系构成深刻影响。在现代社会，民众对政治的体验往往是一种间接体验，即民众借助非亲身经历的政治图像来获得对政治当局的信息和理解，进而形成对政治当局信任与否的态度。现代社会中政治图像最重要的生产者就是新闻媒体（广播、电视、报纸、杂志）和政治当局本身。新闻媒体对民众政治态度的塑造作用往往是相当见效的。在绝大多数情况下，民众是通过对新闻媒体播放的新闻来获得对政治现象的理解。新闻媒体主要通过议程设置来完成对民众接收何种类型的信息进而影响民众的政治态度，西方传播学普遍认为新闻媒体虽然不能决定受众“怎么想”，却能够成功地左右受众“想什么”。中国经济的持续增长所带来的政治社会效应在中央与地方层面具有截然不同的表现。就中央政府与民众的关系而言，一方面，持续的经济增长使民众的民族自豪感迅速增加，中央政府的威信大为提升；另一方面，持续的经济增长使中央财政实力不断壮大，使得中央政府拥有更多的与民众进行福利交换的本钱，通过数额巨大的跨城乡、跨地区的转移支付，中央政府实际上在底层民众和农民心目中成功地树立了良好的形象。

但大多数国外的政治学者在讨论农民对中国共产党和中央政府的高信任度时，还是存在很大的政治偏见。他们常将中国社会主义的政治制度归结于集权式制度，对中国共产党所享有的广泛群众基础持怀疑态度，以一种西方三权分立的政治框架看待中国政治制度。在他们（李联江，2004）看来，在中国式集权体制之下，政治图像的生产过程是由中央政府所主导的，无论是从政治图像的生产动力还是政治图像的生产能力，地方政府都处于一种相对弱势的地位。中央政府相对地方政府更有动力生产能够取信于民的政治图像。作为全国性的政治责任承担机构具有非常强烈的政治信任寻求愿望，中央政府会动用一切力量生产对自身统治合法性有利的政治图像。与此相对，地方政府在中央集权体制下很大程度上只是作为中央政府的代理机构，地方权力的合法性主要来自中央政府的授权，理论上地方政府并不直接对民众承担政治责任，除了间接体验之外，民众也会通过亲身、直接的政治接触来获得对政治当局的信息和理解，进而产生信任与否的评价性态度。一般来说，政治过程当中往往充满了一些令民众不快的因素，比如腐败、办事拖沓、任人唯亲、部门利益、潜规则、行政成本高昂等。西方人将政治称为“必不可少的恶”在一定程度上是有道理的。这些因素往往使民众在政治接触过程中产生对政治当局负面的政治印象。很可能的情况是，政治接触的广度越大、深度越深、频率越高，就越会加强这种趋势。对许多发展中国家和权力监督机制不畅的国家而言，政治的实际过程往往使民众深感失望。在中国式集权体制之下，地方政府实际上承担了政治系统中绝大部分治理任务，地方政府不仅具有数目繁杂的自身的治理任务，而且几乎任何由中央政府出台的公共政策的执行都离不开地方政府的配合与支持。对基层政府而言，更是“上面千条线，下面一根针”，忙于应付。

出于这种集权体制的安排，地方政府和官员既无动力寻求民众政治信任，又无制度上的条件去营造自身的良好形象，地方政府蔓延的腐败不但对民众进行负面的心理投射，而且很容易被中央揪出来以平息民愤。政治学已经分析了一些可能影响政治信任的因素。一些学者认为政治信任来自公民对政府经济和政治表现的评估。一些认为是文化原因，而经济效果并不是主要原因，现实可能是两种都在发挥作用。一方面，农民对村干部的工作表现非常关注，如果他们对当地经济社会发展比较满意的话，对乡镇和村干部的满意度就会很高。另一方面，农民信任高层级的政治权威，特别是中央，部分来自儒家传统对于皇帝道德品性的认可，而把邪恶和腐败归结于做错事的朝廷官员。大多数农民并不知道中央在做什么，也不知道、不清楚中央的政策到底是什么，但他们也假定这些政策应该是用于保护他们利益的。农民认为英明伟大的党中央不可能不依法办事。与西方民主政治不同，牵涉到高级的、有影响力的政治丑闻是一些调查记者非常感兴趣的话题，而在中国，一般人只能在中央领导被撤职或是反腐后才能听到他们的过失行为。中央通过偶尔对那些不按照中央要求和不正确对待公众的官员的处罚来增加公众对中央政府的支持。农民听到很多中央领导的承诺，因此他们很多更倾向于相信中央政策。

除了中央政府与地方基层政府在农民心目中的权威影响了农民的政治信任度外，还有就是农民个体自身的差异，包括农民政治身份、参与村庄公共事务、收入水平、村级干部的工作效果等综合性因素。农民对于村干部和乡镇官员的工作成效高度关注。如果对于当地经济和社会秩序比较满意，农民对于他们的政治信任度就更高。因为民众心目中的政府并不是抽象的，他们会将特定的政府官员与政府形象联系起来。从理论上说，村民对某级政府的信任与对该级政府干部（领导）的信任之间应该是高度正相关的。从表5－14可见，村民对村委会的信任与对村干部的满意度高度正相关，其相关程度达到统计上的显著水平。

表5－14　对村委会的信任度和对村干部的满意度之间的关系

对村干部的满意度＼对村委会的信任度	非常信任	比较信任	一般	不太信任	根本不信任
非常满意	41	14	4	0	2
比较满意	37	19	21	7	1
一般	5	11	10	5	4
不满意	3	6	4	6	6
非常不满意	2	1	2	3	12
合计	88	51	41	21	25

对村委会信任度低的样本个体集中在遵义县的金刀村、习水县土城镇华润社区，这两个村有近一半的样本个体表示对村干部极度不信任。尤其是华润社区，高收入，高不满，个中原因值得深思。这些村庄的村民，大多对“你是否相信国家干部、党员不是为了名利而是为群众服务的观点”持根本不相信或是不相信态度。这些村中的样本个体大多不喜欢当村组干部，他们普遍认为村公共事务应由全体村民代表大会决定，比较关注村委

会的选举。对村民委员会不信任和根本不信任的有46人，其中有33人认为村里的公共事务应由村民代表大会决定；对于村里公共事务不知道的比例较高。对是否参与制定，那些表示不信任或是不满意的样本个体中，没有参加村规民约制定的比例远高于其他群体。46人中，有42人表示没有参加过，高达91%（见表5－15）。

表5－15　　对村委会信任程度与是否参加村规民约制定的关系

选项	总体（人）	不信任或是非常不信任村委会的人数（人）
参加了村规民约制定	71	4
没有参加	155	42

农村中党员对各级政府的信任度较高，他们的平均收入水平高于非党员身份的人，同时参与公共事务管理的热情高。农村党组织在农民中起到了领导带头作用，这是其他农村组织所不能替代的。农村基层党组织将大多数的农村精英分子吸纳到其中，这是不可否认的事实。党员表示喜欢当村干部或村领导，他们更喜欢展示自己的能力，而且相信入党主要是为了给群众服务而不是为了升官发财。高收入组和低收入组对政府的信任度比中等收入的人低，低收入的人常认为中央政策不好。此外，外出务工的人比只在家务农的人对政府的信任度略低。一些研究显示个体人口特征对政治信任度有影响，老年人对政治权威更不信任，更高教育文化程度有更高的政治信任度。但也有研究发现教育等个人特征与政治信任没有什么直接关系，更高文化程度的样本个体对政府持一种批评性态度，影响了他们的政治信任度。此外，政治信任度的男女差别并不大。

（四）政治信任级差的影响

从好的方面来说，民众信任中央政府反映了中央政府的威信依然很高，政权的合法性依然牢固。但是从坏的方面来看，地方政府的结构性失信也会带来一些不利后果。就国家治理能力而言，民众信任中央政府而不相信地方政府显然不利于国家整体治理能力的提高。地方政府的结构性失信也会对社会稳定构成威胁，中国素有"基层不牢，地动山摇"的警示。民众对地方政府缺乏足够的政治信任不但会使社会矛盾趋于多发，而且一旦出现紧急事件，如果民众不相信政府就会使地方政府和官员处于十分被动的状态。从公共政策执行效率来说，民众偏信中央政府不利于地方政府公共政策的顺利执行。因为政策的有效落实是以政策目标群体对所推行政策的认同和接受为前提条件的，而政策能否被认同在很大程度上取决于作为政策目标群体的社会公众对作为政策执行者的政府官员是否信任以及信任的程度。

李联江（2004）在分析农民政府信任级差的原因时，认为农民将中央政府的意愿与能力区别开来。因为下级政府是由上级政府任命的，为什么农民会相信中央政府而不信任基层政府？一些农民相信中央政府是说他们相信中央政府的意愿是好的，但却没有很好的办法贯彻实施。不少村民不相信中央能够可靠地发现基层在发生什么。他们常用“山高皇帝远”来表示中央缺乏必要的手段来监督地方。在调查中，一些农民（包括一些地方基层干部）经常问：“中央领导到底知不知道基层的实际情况?”这些农民一般不会怀疑中央，希望其政策能得到很好的贯彻执行，或是中央忽视农民的切身利益。他们想知道中央是否有这个能力知道基层的真实情况。下级骗上级，一级骗一级，他们认为中央没有能力收集地方的真实信息。一些农民认为中央是完全知道基层发生的实际情况，因为媒体上经常会报道地方政府违背中央政策的情况。真正的问题是中央没有手段使地方官员履行职责，所谓“政不出中南海”。

农民在指责地方官员的同时对中央政府保持信任感。只要农民相信中央政府的政策，他们就不会挑战中央制定政策的权威性，他们更不会要求根本的政治制度改革。农民的政治信任差异会使农民认为中央与地方之间存在严重的可剥夺的敌对关系，因此认为可以挑战地方权威。当农民认为自己的合法权益受到侵害的时候，因为这是中央政策所认可的。相比那些认为天下乌鸦一般黑的人来说，相信中央是好的人在面对地方官员违背中央政策时表现得更具攻击性。对于中央政策承诺的与地方官员所做之间的巨大反差会使他们感到愤怒。相信中央缺乏能力监督地方官员会使农民成立代理组织，他们相信中央不了解地方的真实情况，因为他们并不知道地方的情况。他们认为中央应该多到地方调查，不要事先打招呼进行暗访。农民认为有地方能直接接受他们的意见，中央应该对地方政府进行审查，同时中央应该对上访告密者的身份提供绝对的保护。农民知道地方政府可能对他们的行为进行限制和镇压，总是想尽办法期望中央介入，因为他们认为中央很欢迎他们的上访行动。对于更相信中央一级政府的村民，更倾向于与地方官员抗争，特别那些当过兵的退伍军人，容易参与抗争行动中。

农民在参加维权行动反对地方官员的过程中，他们对中央的了解也会增加。成功的维权会增加他们对中央的信任；相反，也会弱化他们对中央的信任。农民常会向更高一级政府上访，但这种行动常会使他们感受到挫折。越级上访是不被许可的行动，地方政府会用各种办法阻止农民上访，特别是到北京。但很多上访者的命运都差不多，很多问题得不到解决。希望越大，失望越大。当农民到一个部门上访后，他们常被告知问题还是需要地方主管部门来解决。上访的人被推来推去，他们走访的部门越多，到最后才发现不知谁才能最后解决问题。他们体会不到社会的公平和正义，最后会影响到他们对整个社会的信任。上访者在上访过程中，他们对中央的信任度也会下降。一些地方官员也会将责任推卸给中央。他们经常说的就是中央的很多政策听起来是好的，但不接地气，不符合实际情况。告诉农民这些政策只具有书面价值，不要对中央迷信。对中央的不信任会增加怀疑和绝望情绪，如果失去民心就会带来非常严重的后果。在那些矛盾突出的地区，可能会引发大规模的群体性事件，稍微不慎，就会带来较大规模的暴力冲突（李联江，2008）。

（五）政策含义

政治信任在中国不同层级之间的级差分布会对农民政治参与行为产生重要影响。地方政府之所以失信于民的深层次原因很大程度归咎于中国式集权体制以及这种集权体制下中央与地方政府的运行机制。地方政府结构性失信的特征从侧面反映了重振民众对地方政府信任的艰巨性。胡荣（2006）研究了农民上访和政治信任流失之间的关系，发现越来越多的“越级上访”，对高层政府的信任度会产生显著的负面影响。到北京上访次数越多、逗留时间越长、走访部门越多，对中央的信任度也就越低。政府不能用“崇尚威权主义”来维持自己的信任度，而应着力提高政府治理能力，提高公共服务水平。作为政策执行和政府治理的基本单位的基层政府信任缺失不利于治理能力的提高。一些乡镇（村）基层政府面临着严重的政治信任危机，提升农民对基层政府的政治信任度迫在眉睫。如果农民不能得到公平正义，他们对中央政府的信任度也会下降，这可能引发更大的政治事件。基层政府是中央政府的防火墙，可有效阻止民众对社会制度的普遍不信任。要让村民委员会真正成为村民自我管理、自我教育和自我服务的组织，要逐步减少政府对村委会选举的主导和干涉，保障农民能更多地参与村内公共事务管理，增加农民对基层政府的信任。

五 法治观

以洛克为代表的西方法哲学家提出立法权、行政权和司法权三权分立的政治制度形式，认为法治是民主政治和市场经济的基础，现代国家以法律为统领进行国家的有效治理，依法治国是现代国家的基本特征。与农民社会、政治观紧密相关的是他们的法治观，也就是农民对于法律在保证国家经济社会秩序中的地位和作用的根本看法。对于农民来说，不能参与国家法律制定、实施过程，他们的观念来自日常的村规民约、民事纠纷处理时的选择。

（一）村里治安状况

村里治安状况的评价是农民对于社会安全、人身安全的总体感受，也是政治、社会和法律是否清明的一种主观体验。调查显示，样本区域村里治安状况处于良好状况。样本个体认为村里治安状况非常好的占了28.8%；比较好的占了48.7%；一般的占了19.0%；只有个别村有人评价不好或非常不好，占样本的3.6%。进一步观察，那些反映村里治安状况不好的集中在遵义县的乐意村。在调查样本个体家庭人身安全时，只有6人表示近几年有家人人身受到过威胁。目前农村社会稳定，农民生活改善，生产有序（见表5－16）。

表5－16 村里治安状况

选项	人数（人）	百分比（%）
非常好	65	28.8
比较好	110	48.7
一般	43	19.0
不好	6	2.7
非常不好	2	0.9
合计	226	100.0

（二）民事纠纷的解决途径

样本个体中，如果发生民事纠纷，他们通过自己协商解决的占42.5%；由村组干部协调的占48.2%；由乡镇干部协调的占4.4%；最后通过法院和派出所调解的占4.8%。若上述方式解决不了则选择逐级上访，由更高一级的政府部门解决，最后如果不能通过政府部门协调解决，才会付诸法律方式调解（见表5－17）。①

表5－17　　民事纠纷的解决途径

解决机制	人数（人）	百分比（%）
自己协商	96	42.5
村组干部协调	109	48.2
乡镇干部协调	10	4.4
法院调解	10	4.4
派出所调解	1	0.4
合计	226	100.0

"民不与官斗"是传统政治文化权力本位的表现。陈昌兴（2014）用农民工是遵从权力还是崇尚法律、信奉个人权威还是信任法理型权威以及是否有权利意识来反映农民工是否具有现代政治观。我们的调查结果显示，当老板拖欠工资时，自己找老板追要的占20.4%；组织一些人共同追要的占4.9%；通过法律方式解决的占47.3%；找政府帮忙解决的占26.5%；罢工或其他非正常方式的有2人，占0.9%。农民正由对传统的个人权威信奉逐渐向法理型权威信任转型（见表5－18）。

表5－18　　当老板拖欠工资时的解决办法

方式	人数（人）	百分比（%）
自己找老板追要	46	20.4
组织一些人共同追要	11	4.9
通过法律方式解决	107	47.3
找政府帮忙解决	60	26.5
其他方式	2	0.9
合计	226	100.0

① 民事纠纷，是指平等主体之间发生的，以民事权利义务为内容的社会纠纷（可处分性的），是处理平等主体间人身关系和财产关系的法律规范的总和。民事纠纷分为两大类：一是财产关系的民事纠纷；二是人身关系的民事纠纷。解决机制有自力救济、社会救济、公力救济三种。

（三）法律知识学习

随着我国依法治国理念的提出，公民的法律意识逐步增强，这对于国家的高效治理具有重要意义。样本个体中，近年来参加过普法知识学习有80人，占了35.4%；没有参加过的146人，占了64.6%，表明农民的法律知识总体还很缺乏。但是，农民参与普法学习的意愿强，大多数农民表示如有组织学习法律、法规的机会，都愿意参加。

村规民约①对于农村社会秩序具有一定的引导力，参加村规民约的制定过程是村民自治的重要表现。但调查结果显示，近70%的样本个体没有参加过本村的村规民约的制定过程，某种程度上表明农村的民主程度还有待提高，农民参与村庄治理的程度还需加强（见表5－19）。

表5－19　是否参加村规民约制定过程

选择项	人数（人）	百分比（%）
参加	71	31.4
没参加	155	68.6
合计	226	100.0

① 村规民约是村民群众参与村民自治的重要方面。村民依据党的方针政策和国家法律法规，结合本村实际，为维护本村的社会秩序、社会公共道德、村风民俗、精神文明建设等方面制定的约束和规范村民行为的一种规章制度。它属于公约的一种形式，一般由名称、正文、结尾三部分组成。

第六章 农民解放条件的理论反思与现代化

在中国和世界上许多的发展中国家，农民的话题永远是沉重的。当今有工人、商人、军人、文人，只有农民是“民”，农民社会地位之低下可见一斑。但是，正如孟德拉斯等研究农村发展的学者一再强调过的，“农业劳动者，不管他们是不是农民，都不是特殊的人种，没有与众不同的心灵。只是他们处在与其他职业不同的境况中，这自然促使他们按其本来的样式行事。在试图以自己的尺度来衡量它之前，应首先对它进行分析，不要在还不理解它的时候对它提出谴责”。在乡村，一个作用很有限的技术变革就会产生较大的政治反响，因为在乡村社会中生活的农民在各个方面是紧密联系、相互依存的。传统农民耕作的理想是为了养活自己和确保经营与家庭的延续，但技术进步，专业化分工，市场经济的发展要求农民同其他市场参与者一样寻求尽可能大量地生产价格最好的产品，追求市场利润。农民以农业生产为职业，与工人、知识分子等其他社会劳动者平等地参与社会活动，追求幸福生活，这是社会主义制度的根本目标。受历史、生活环境各种因素的影响，农民价值观与城市精英阶层表现又有所不同。经典理论对农民解放的条件和途径有很多重要论述，但中国的国情使中国农民的解放条件与现代化道路应具有中国特色。这一章，在对农民解放条件的理论反思的基础上，提出社会主义初级阶段下农民现代化的理论、路径与政策。

第一节 农民解放条件的理论反思

中国选择的是一条不同于欧美等西方资本主义国家的发展道路，这是中国人民根据自己国情的正确选择。作为一个社会主义国家，同时也是一个人口最多的发展中国家，发展生产力，改善人民生活，是社会主义初级阶段的首要任务。邓小平说过，贫穷不是社会主义，贫富两极分化也不是社会主义。7亿中国农民要实现自由发展和全面解放，一方面要充分学习理解、尊重经典作家对农民阶级的分析；另一方面要根据中国的国情、农情、党情，提出中国农民解放、走向富强的现代化目标和路径，这对于发展具有中国特色的农民现代化理论无疑是必要的。马克思、恩格斯、列宁和斯大林等早期马克思主义者有大量关于农业、农村和农民问题论述（参见张晓山等，2013）。近代中国革命是在一个农民占大多数的国家发生的，这与马克思恩格斯早期所设想的资本主义社会生产力高度发达以后，资产阶级与工人阶级之间不可调和的矛盾引发资本主义制度必然灭亡、社会主义必然胜利的历史条件大为不同。在具有中国特色的社会主义建设中，我们需要理解农民在社会中的理想地位、生产和生活方式是什么？农民与国家、社会之间的关系应该怎样？农民如何才能从目前文化技能差、社会地位低的阶段走向实现人的全面解放和自我实现的远景目标。

一　资产阶级时代使阶级对立简单化了，保守的中间等级日趋没落和灭亡

马克思主义理论对“三农”问题的经典论述是一个庞大体系，这里只是初步讨论其中与中国农民现代化联系最为紧密的一些观点。在早期的经典理论看来，资产阶级时代使阶级对立简单化，整个社会分裂为两大直接对立的阶级即资产阶级和无产阶级。[①] 无产阶级是大工业本身的产物，在同资产阶级对立的一切阶级中，只有无产阶级是真正革命的阶级，其余阶级都将随着大工业的发展而日趋没落和灭亡。农民阶级（小农）在资本主义社会大工业生产残酷的市场竞争中，由于其小规模经营，无法与大规模生产的资本家竞争，因此必然地走向消亡。在向社会主义的过渡阶段，认为将农民的私人生产变为合作化的社会生产是农民解放的社会主义基本原则。

《共产党宣言》作为早期无产阶级政党最为重要的纲领性文件，是无产阶级革命工作的指南针，从中可以理解早期经典理论对于社会中各阶级

① 在马克思早期的《1844年经济学哲学手稿》中，提到了资本主义“竞争的必然结果是资本在少数人手中积累起来，也就是垄断的更可怕的恢复；最后，资本家和靠地租生活的人之间、农民和工人之间的区别消失了，而整个社会必然分化为两个阶级，即有产者阶级和没有财产的工人阶级”。

的地位、作用和发展趋势的分析。《共产党宣言》指出，在过去的各个历史时代，社会完全划分为各个不同的等级，社会地位分成多种多样的层次。古罗马有贵族、骑士、平民、奴隶；中世纪有封建主、臣仆、行会师傅、帮工、农奴，每一个阶级内部又有一些特殊的阶层。从封建社会的灭亡中产生出来的现代资产阶级社会没有消灭阶级对立，而只是用新的阶级、新的压迫条件、新的斗争形式代替了旧的形态。资产阶级时代使阶级对立简单化了，整个社会日益分裂为相互直接对立的资产阶级和无产阶级两大敌对的阵营。初期城市的城关市民产生于中世纪的农奴，在这个等级中发展出最初的资产阶级分子。无产者的劳动由于机器使用和生产分工而相互联系，工人变成了机器的单纯的附属品，他们做的只是极其简单、极其单调和极容易学会的操作。花在工人身上的费用，几乎只限于维持工人生活和延续工人后代所必需的生活资料。以前的小工业家、小商人和小食利者，手工业者和农民等阶层都降落到无产阶级的队伍中：有的是因为小资本不能经营大工业，无法与较大的资本家竞争；有的是因为他们的手艺被新的生产方式替代。作为大工业本身的产物，只有无产阶级在同资产阶级的对立中是真正革命的，其余阶级都随着大工业的发展而日趋没落和灭亡。中间等级，即小工业家、小商人、手工业者、农民，他们同资产阶级作斗争，都是为了维护他们这种中间等级的生存，以免于灭亡。所以，他们不是革命的，而是保守的。不仅如此，他们甚至是反动的。因为他们力图使历史的车轮倒转。如果说他们是革命的，那是鉴于他们行将转入无产阶级的队伍。

恩格斯在《社会主义从空想到科学》一文中指出，新的事实迫使人们对以往的全部历史做一番新的研究，结果发现以往的全部历史，除原始状态外，都是阶级斗争的历史。任何时候，互相斗争的社会阶级都是生产关系和交换关系的产物，是那个时代经济关系的产物。因此，法的设施和政治设施以及宗教的、哲学的和其他的观念形式的上层建筑，要由每一时代的社会经济结构这个现实基础来解释和证明。资本主义的富有和贫穷的对立并没有化为普遍的幸福，反而由于沟通这种对立的行会特权和其他特权的废除，由于缓和这种对立的教会慈善设施的取消而更加尖锐化了；对小资产者和小农来说，现在已经实现的摆脱封建桎梏的"财产自由"，实质是被大资本和大地产的强大竞争压垮的小财产出卖给这些大财主的自由。资本主义的"自由"对小资产者和小农来说就变成了失去财产的自由；工业在资本主义基础上的迅速发展，使劳动群众的贫穷和困苦成了社会的生存条件。因此，社会主义不再被看作某个天才头脑的偶然发现，而是被看作两个历史地产生的阶级即无产阶级和资产阶级之间斗争的必然产物。构想出一个尽可能完善的社会体系已不是主要的任务，而是要研究必然产生无产阶级和资产阶级相互斗争的历史的、经济的过程，并在由此造成的经济状况中找出解决冲突的手段。

从早期的经典文献预言的社会主义是资产阶级和无产阶级在经济基础上历史的、必然的斗争中产生的，农民阶级必然地消亡，在资本主义的竞争中转化为无产阶级。但是，不管是资本主义国家还是社会主义国家近现代发展过程，都与经典理论预言的社会阶级发展道路和命运完全不同。社会主义革命不是在资产阶级社会取得成功，而是在俄国这样一个工业化刚起步的农业大国取得了成功。在一些学者（塔克，2012 ①）看来，在这样的国家，社会阶级分化不是资本主义发展的结果，而是国家工业化受到抑制在外来势力干预下的结果。在工业化不足的农业大国中，社会在文化上易于变成两级，属于上层阶级和中间阶级的少数人常常在外国大学获得先进的教育，而广大农民群众教育程度低，文盲、半文盲占据多数。少数精英阶层吸收了包括价值观、生产生活方式的具有现代性特点的文化；而多数人仍在传统文化和社会习俗的影响之下生活。在18世纪的俄国，上层阶级的少数派——绝大部分政府官员、地主和军官与下层文化素质极低的社会阶层发生了明显的文化分裂。正如赫尔岑写道："19世纪40年代的俄国青年人构成了知识分子的历史骨干，他们的主要特性是具有一种与官方俄国疏远，与他们周围的环境疏远的深刻意识。这种意识是带有一种力求从他们周围的环境中走出来和期望某种大风景能改变他们周围的环境的意识。"19世纪的俄国，受过教育的名流分子尽管他们出身于社会的现代化少数派，他们却认同被压迫的多数派。这些人逐渐脱离了他们原有的生活环境，使自己成为献身于激进变化的反名流之中。尽管这些知识分子按照数量只是少数派中的少数派，但国民中却有非常大的一批潜在革命支持者。尤其在社会阶层非常紧张和国民普遍生活悲惨的情况下，许多穷人和下层社会的人就易于响应知识分子发动的革命运动。

一个可观察到的现象是，不发达国家知识分子对于国家的落后比一

---

① ［美］罗伯特·查尔斯·塔克：《马克思主义革命观》，高岸起译，人民出版社2012年版。

般国民有更深刻的体验和认识，强烈的民族感情驱使他们采取行动变革社会。社会的变革无非两种方式，一是渐进性的改革，这种方式就是不断地根据变化了的社会环境、生产力水平调整旧有的制度，使旧的社会结构能够适时地适应新的环境。这种方式避免一个社会断崖式瓦解，社会急剧震荡，生灵涂炭。其中的关键在于一个社会结构有一种健全的适应机制，能够保持活力，避免结构僵化，失去应有的社会功能。二是革命式的变革，这在“五百年王者兴”的中国历史循环中并不罕见。在近代工业化过程中的世界各国，见证了革命对于人类的灾难性后果。革命的机理在于，不发达国家知识分子对国家落后的强烈不满，对国家发展停滞的异常愤怒，受过良好教育的知识分子易于形成一个社会群体，这个群体以拯救民族危亡为旗帜，通过组建新的政党，期望激进地改变他们的社会环境。在外国势力的冲击下，那些拥有政治革命领导能力的人，愿意或渴望使用革命的政治手段推动国家变革，实现他们理想的现代化目标。特别在一个上下层分离的社会，那种依赖现存权力机构的渐进主义发展政策（改良派），即使能得到外国支援，也难于在推进国家现代化的道路上取得成功。这些精英阶层认为只有充分实现国家整体性的现代化制度建设，才能克服国家现代化的各种阻碍。这样的社会产生革命性暴动就在情理之中。

二 劳动异化、土地国有和生产资料公有

由于资本主义生产资料私有制与社会化大生产不可克服的矛盾，使得资本主义不可避免地要被社会主义所取代，这是历史唯物主义的基本观点之一。资本与劳动的对立，造成工人阶级劳动的异化，影响了工人阶级的生产积极性。因此，生产资料公有制、土地国有制以及计划经济在早期经典理论看来，都是社会主义的基本制度。这些观点，影响着具有中国特色社会主义的农业、农村和农民现代化发展方向。

（一）劳动异化

马克思在《1844 年经济学哲学手稿》中提出了劳动异化的概念。马克思分析私有制条件下劳动者同他的劳动产品及劳动本身的关系时，认为“劳动所生产的对象，即劳动的产品，作为一种异己的存在物，作为不依赖于生产者的力量，同劳动相对立。劳动的产品就是固定在某个对象中、物化为对象的劳动，这就是劳动的对象化。劳动的实现就是劳动的对象

化。在被国民经济学作为前提的那种状态下，劳动的这种实现表现为工人的失去现实性，对象化表现为对象的丧失和被对象奴役，占有表现为异化、外化”。劳动（自由自觉的活动）是人的类本质，但在资本主义私有制条件下发生了异化，主要表现在：（1）劳动者同自己的劳动产品相异化；（2）劳动者同自己的劳动活动相异化；（3）人同自己的类本质相异化，即人同自由自觉的活动及其创造的对象世界相异化；（4）人同人相异化。

劳动对工人来说是外在的东西，也就是说，不属于他的本质的东西。因此，他在自己的劳动中不是肯定自己，而是否定自己，不是感到幸福，而是感到不幸，不是自由地发挥自己的体力和智力，而是使自己的肉体受折磨，精神遭摧残。因此，工人只有在劳动之外才感到自在，而在劳动中则感到不自在。他在不劳动时觉得舒畅，而在劳动时就觉得不舒畅。他的劳动不是自愿的劳动，而是被迫的强制劳动。工人的劳动不是满足他劳动的需要，而只是满足劳动需要以外的一种手段。劳动的异化性质明显地表现在只要肉体的强制或其他强制一停止，人们就会像逃避鼠疫那样逃避劳动。人在其中使自己外化的劳动，是一种自我牺牲，自我折磨。在宗教中，人的幻想，人的头脑和人的心灵的自主活动对个人发生作用是不取决于他个人的，也就是说，是作为某种异己的活动，神灵的或魔鬼的活动，类似地，工人的活动也不是他的自主活动。他的活动属于别人，这种活动是他自身的丧失。

在资本主义社会，劳动资料为土地所有者和资本家所垄断（地产的垄断甚至是资本垄断的基础），由此造成工人阶级的依附性是一切形式的贫困和奴役的原因。资本主义生产方式的基础是生产的物质条件以资本和地产的形式掌握在非劳动者手中，而人民大众所有的只是生产的人身条件，即劳动力。生产要素分配方式会决定消费资料的分配方式。在一个集体的、以生产资料公有为基础的社会中，生产者不交换自己的产品；用在产品上的劳动，不表现为这些产品的价值，不表现为这些产品所具有的某种物的属性，同资本主义社会相反，个人的劳动不再经过迂回曲折的道路，而是直接作为总劳动的组成部分存在着。因此，解决工人劳动异化的条件是生产资料公有制。由于资本主义社会化大生产使其阶级对立简单化为资产阶级和工人阶级，农民阶级自身会消亡。

（二）土地国有的社会必然性①

土地特别是耕地，是农业生产的基本要素，也是农民就业的重要场所，是农民生活的重要支撑。如何看待土地所有制及其性质，马克思在1872年3—4月间《论土地国有化》的手稿中有很重要的论述。在马克思看来，土地国有化的社会必然性体现在许多方面。

1. 大规模的耕作比小规模耕作更有效率

马克思认为，在农业中应当广泛采用如灌溉、排水、蒸汽犁、化学处理等现代农业生产技术，但是，如果不实行大规模的耕作，就不能有效地加以利用。大规模的耕作（即使在目前这种使耕作者本身沦为役畜的资本主义形式下），从经济的观点来看，既然证明比小块的和分散的土地耕作远为优越，如果采用全国规模的耕作将会更有力地推动生产。社会所具有的科学知识、耕作技术手段，如机器等要是让一小撮人随心所欲地按照他们的私人利益来调节生产，或者无知地消耗地力，就无法满足生产增长的各种需要。在此假定下，马克思认为一旦土地的耕作由国家控制，为国家谋利益，农产品自然就不可能因个别人滥用地力而减少。

2. 农民土地所有制是土地国有化的障碍

如果将土地问题放在马克思的理论体系中看，这是他对社会发展逻辑推断的结果。资本主义社会化大生产与生产资料私有制之间具有的不可克服的矛盾，必然要求社会占有生产资料，使社会生产有计划地进行。由于社会经济发展，人口的增长和集中，将迫使资本主义农场主在农业中采用集体的和有组织的劳动以及利用机器和其他发明的种种情况，使土地国有化越来越成为一种“社会必然性”。在比较当时英国农场制与法国的小农生产方式时，马克思谈到，法国的农民所有制比起英国的大地主所有制离土地国有化要远得多。在法国凡是买得起土地的人都可以获得土地，土地便分成许多小块，耕种土地的人资金很少，主要依靠本人及其家属的劳动。法国这种土地所有制形式以及小地块耕作的方式（即小农生产方式），不仅不能采用现代农业的各种改良措施，反而把耕作者本人变成顽固反对社会进步，尤其是反对土地国有化的敌人。农民被束缚在土地上，必须投入全部精力才能获得相当少的回报；他不得不把大部分产品以赋税的形式交给国家，以诉讼费的形式交给讼棍，以利息的形式交给高利贷者；除了

① 《论土地国有化》，《马克思恩格斯全集》第18卷，人民出版社1965年版，第64—67页。

那块小天地，他对社会运动一无所知；他一直痴情地迷恋着他那一小块土地，迷恋着他的纯粹名义上的占有权。正是因为法国的小农生产方式，使法国农民陷入同产业工人阶级相对立的极可悲的境地。

3. 土地国有化将彻底解决劳动和资本的对立，决定着工人阶级的未来

既然法国的小农土地所有制不是应当寻求解决问题的地方，而如果在一个资产阶级政权下实行土地国有化，将土地分成小块租给个人或工人合作社，这种制度只会造成更残酷竞争，从而促使“地租”上涨，这会使那些靠生产者为生的土地占有者更有利可图。因此，根本的出路在于把土地交给联合起来的农业劳动者，使整个社会只听从一个生产者阶级摆布。土地国有化将最终完全消灭工业和农业中的资本主义的生产。阶级差别和各种特权才会随着它们赖以存在的经济基础一同消失。靠他人的劳动而生活将成为往事。与社会相对立的政府或国家将不复存在！农业、矿业、工业，一切生产部门将用最合理的方式逐渐组织起来。生产资料的全国性集中，将成为由自由平等的生产者的各联合体所构成的社会的全国性的基础，这些生产者将按照共同的，合理的计划进行社会劳动。并且工人阶级将土地国有化是“获得把失去的一切重新夺回的天然权利”。

毫无疑问，土地国有化后，全国性大规模的农业生产方式在以后的社会主义苏联和中国农业生产的实践中证明是行不通的。农业生产的特点使得工业体系中的大规模生产模式并不能提高生产效率，反而是以家庭为生产单位的模式提高了农民生产的积极性，以农民家庭生产为主体的农业生产模式，并不与农业生产的适度规模经营相排斥。

（三）生产资料公有制

马克思在《哥达纲领批判》中说道，社会主义的基本原则是生产资料公有制。在革命时期，生产资料要实现公有，就是无产者对资产者合理的剥夺，正所谓“剥夺剥夺者”。在马克思看来，生产资料公有制是实现生产者与生产资料结合的唯一形式，是解决资本与雇佣劳动矛盾的唯一手段。即生产资料的占有只能有两种形式：或者是个人占有，这一形式无论何时何地都从未作为一切生产者共同的形式存在过，而且一天天地愈来愈被工业的进步所排除；或者是公共占有，这一形式的物质的和精神的前提已由资本主义社会的发展本身所造成；所以，必须以无产阶级所有的一切手段来为生产资料转归公共占有而斗争。生产资料的公共占有被提出来作为应当争取的唯一的主要目标。这不仅在基础已经打好了的工业方面是如

此，而且在所有的地方，也就是说在农业方面也是如此。因为凡是个人占有还存在的地方，公共占有就成为不可能，所以社会主义的利益决不在于维护个人占有，而是在于排除它。

但是，共产主义的特征并不是要废除一般的所有制，而是要废除资产阶级的所有制。现代的资产阶级私有制是建立在阶级对立上面、建立在一些人对另一些人的剥削上面的产品生产和占有的最后而又完备的表现。从这个意义上说，共产党人可以把自己的理论概括为一句话：就是消灭资产阶级私有制。只有一个人一开始就以所有者的身份来对待自然界这个一切劳动资料和劳动对象的第一源泉，把自然界当作属于他的东西来处置，他的劳动才成为使用价值的源泉，也成为财富的源泉。一个除自己的劳动力以外没有任何其他财产的人，在任何社会的和文化的状态中都不得不为另一些已经成了劳动的物质条件的所有者的人做奴隶。他只有得到他们的允许才能劳动，只有得到他们的允许才能生存。因此，在资本主义社会中，工人阶级不可能得到解放。但是，消灭了生产资料私有制，建立什么样的社会主义的生产资料公有制制度，马克思并没有明确论述。

马克思、恩格斯只提出了生产资料公有制的一般原则，他们在《共产主义原理》《法德农民问题》等著作中提到的“财产公有”“自由人联合体”“社会占有”“共同占有”“集体的”等概念，有多重理解，比如全民所有制，或者集体所有制。一种解释是马克思提出的“集体所有制”和恩格斯提到的“合作社”概念，说明马克思、恩格斯的公有制理论中已蕴含了公有制存在多种形式的思想。马克思等人对公有制的相关分析，主要是从分析资本主义的私有制现象中得出的。因为在私有制状态下，生产资料私人占有与社会化大生产之间是一种不可调和的矛盾，因此要实现生产资料的公有制。

改革开放前，由于对公有制、私有制的片面理解，经济上实行一大二公的高度计划经济体制，认为商品生产、市场交易是资本主义性质的经济形态，人民的生产生活自由受到严重抑制，生产积极性严重受挫，致使新中国的建设事业遭受了重大损失。改革开放后，人们开始重新认识中国的国情、农情和党情，对生产资料公有制的内涵和实现形式进行了深刻反思，确定了建设社会主义市场经济的总目标以及生产资料以公有制为主体，多种所有制形式相结合的基本经济制度。但是，市场经济条件下，并不意味着市场经济主体是国有的、或是集体的就更具有社会主义性质，而那些股份制、股份合作制、个人所有的企业就更具有资本主义性质。从理论上看，马克思主义经典理论在分析生产资料私有制和公有制时，是从资本主义制度的总体来讨论的，他们着力解决资本和雇佣劳动之间的对立和冲突，目标是解决劳动异化和防止贫富分化，要让劳动者实现自由联合，共同发展，走共同富裕之路。在社会主义市场经济条件下，人们的社会身份更加多元化，对国家和社会的经济贡献形式主要体现在积极纳税、进行技术创新、参与社会公益事业等方面。如果一个国有企业、集体企业没有有效的管理制度，在占用大量公共资源的同时，却变成为少部分利益集团的牟利工具，这样的经济主体毫无社会主义性质可言，而一个私有企业，通过诚信经营和技术创新，为社会提供了优质服务，创造了大量的就业机会，上交的税收用于社会公益事业，这样的企业反而更需要得到国家和社会的支持。因此，社会主义市场经济条件下，国有、集体和个体所有制形式都是平等的市场经济参与者，与社会主义性质或资本主义性质没有必然的联系，也不应成为划分社会主义和资本主义的根本标准。在这个意义上，以农户为基本生产单位、多种新型经营主体相结合的农业生产经营制度，不能否认其与国有企业或是集体企业相比更具有资本主义性质，更不能因此就制定出区别对待不同所有制性质的歧视性政策。按照党的十八大精神，要充分发挥市场在资源配置中的决定性作用，而体现市场原则的本质就是自由平等的参与市场竞争，不管是什么所有制性质的企业。

三　工农联盟走向工农平等到人人平等

基于对工人阶级、农民阶级等中间阶级、资产阶级的阶级特点分析，经典理论提出了工农联盟的思想，这对于我党早期的革命和建设事业具有重大意义。但是，随着中国特色社会主义市场经济的深化发展，中国社会阶层主体更加多元化，需要正确认识新时期的工农关系。

（一）将农民的私人生产变为合作化的社会生产是农民解放的社会主义基本原则

恩格斯在《法德农民问题》中对共产党在不同地区对不同土地占有规模的大中小农，农业雇佣工人，佃农的社会主义基本原则作过详细的解释。在恩格斯看来，共产党内可以有来自任何社会阶级的个别人物，但绝对不需要任何代表资本家、中等资产阶级或中等农民的利益集团。从历史唯物主义观看，共产党是无产阶级的政党，党内不能有代表资产阶级的利益是合乎逻辑的决定。把佃农变成自由的私有者，而对于被典押压得喘不过气来的私有者即解除其债务，即使共产党能够做到这点，也只会回到那不可避免地要重新发展成现在这种情况的局面。因此共产党就没有解放农民，而只是把他们灭亡的时间延缓了一下。如果共产党所给的诺言使农民哪怕有一点借口设想是要想长期保全小块土地所有制，那就不仅对于党而且对于小农本身也是最坏不过的帮倒忙。这简直是把农民解放的道路封闭起来并把党降低到招摇过市的反犹太主义的水平。恰恰相反，共产党的任务是随时随地向农民解释，他们的处境在资本主义还占统治地位的时候是绝对没有希望的，要保全他们那样的小块土地所有制是绝对不可能的，资本主义的大生产将把他们那无力的、过时的小生产压碎，正如火车把独轮手推车压碎一样是毫无问题的。按照必然的经济发展趋势行动，而经济发展是会使农民的头脑了解共产党的话的。

恩格斯指出，由于预见到小农必然灭亡，但无论如何不要以自己的干预去加速其灭亡。当共产党掌握了国家权力的时候，要强制剥夺大土地所有者的土地，但不能设想用强制的办法去剥夺小农（不论有无报偿，都是一样）。对于小农的任务，通过示范和为此提供社会帮助，首先是把他们的私人生产和私人占有变为合作社的生产和占有。在把各小块土地结合起来并且在全部结合起来的土地上进行大规模经营，一部分过去使用的劳动力就会剩余。大规模农业能节约劳动是大规模经营的主要优点之一，因此要给剩余劳动力找到工作。方法有两种：一是从邻近的大田庄中拨出一些田地给农民合作社支配；二是给这些农民以资金和可能性去从事副业，尽可能并且主要是为了他们自己的消费。这样小农的经济地位都会有所改善，并且这同时会保证总的社会领导机构有必要的威信逐渐把农民合作社转变为更高级的形式，使整个合作社及其各别社员的权利和义务跟整个社会其他部分的权利和义务处于平等的地位。

恩格斯指出，这里主要的任务是使农民明白地看到，共产党要挽救和保全他们的房屋和土地，只有把他们变成合作社的占有和合作社的生产才能做到。因为正是以个人占有为条件的个体经济使农民走向灭亡。如果农民要坚持自己的个体经济，那么他们就必然要丧失房屋和家园，大规模的资本主义经济将排挤掉他们陈旧的生产方式。让农民走合作化道路，进行大规模经营，农民有可能不是为了资本家的利益，而是为了他们自己的共同利益，恩格斯认为，这是农民可以看到的、可理解和明白的唯一得救的途径。但是，世界农业近现代一百多年的发展史表明，不管是在发达的资本主义国家还是发展中的社会主义国家，合作化只是农民组织形式的一种，以家庭农户经营、多种形式的经营主体相结合的方式是可以满足农业现代化的要求的。

（二）共产主义的本质①

要理解社会主义中国的工农关系、城乡关系，需要对共产主义的本质有深刻的认识和理解，这样才能使中国经济社会发展向着共产主义这个伟大目标前进。共产主义学说最本质的内容，如果我们不将马克思神化（真正的马克思主义者不能也不应将马克思神化），参看毛主席对马克思主义的论述，而是把他看作一位可以接近的学者，他究竟要给予人类什么样的启示呢？在马克思看来，历史是人的发展过程，但是人类的成长过程是极其痛苦的，资产阶级时代由于劳动异化，资本主义工厂将工人变成一种总体上基本失去人性的人，即变成一种非人时，达到其最深渊。资本主义是处于人类走向必然王国阶段的历史社会形态，在其社会关系中，人与人的竞争占了社会绝对的统治地位，大多数人与生产方式关系是异化的关系，工人阶级从事的劳动是外在目的规定性的劳动。随着社会生产力历史性的发展，将彻底否定资本主义私有制制度，确立共产主义公有制。生产力作为人类的社会力量，将不再是个人压迫、剥削、奴役他人的手段，而是成为社会的人的自身力量。马克思自由个性的物质基础根本的指向是劳动者的解放。自由个性物质基础的积累过程也是社会结构的转变过程与人的精神气质等内在结构的历史性生成过程。

马克思认为自我实现，或者说变成全面的人，不是个人能够独立解决的一个问题，只有在历史终结时的人类的自我实现的框架范围内，才能把这个问题解决。人类自身将脱离使人成为异化的人的财富。因为人类将从需要和专门化的双重专制下解放出来，从其古老的劳动生活的禁锢下解放出来，新的生产方式将是在合作社中从事生产的个人的自由创造力中得到实现。马克思所界定的社会革命是生产方式的变化以及随之而来的社会复合体一切从属要素的变化。从奴隶劳动到农奴劳动的变化导致总体上过度

① 参看刘同舫《马克思人类解放理论的叙事结构与实现方式》，《中国社会科学》2012年第8期。

到封建社会。从农奴劳动至雇佣劳动的变化导致总体上过渡到资产阶级社会。每一历史生产方式都是由可得到的生产资料的性质或者技术状况决定的。新技术的出现，即一种新的物质生产力的出现，必然改变与旧技术相联系的旧的生产方式，必然产生与新技术相适应的新的生产方式。在资本主义社会，新的生产力要求与新的生产方式相适应的新社会形态。无产阶级历史性地站在了革命的舞台，以削除生产力与社会生产关系之间不可调和的矛盾。历史唯物主义所揭示的社会历史发展规律表明，工人阶级的革命实践运动是实现人类解放的主体力量和必要条件。工人阶级的历史使命是通过革命实践夺取资本主义政权，建立无产阶级专政，从而实现社会使命与自身解放。但历史发展到今天，我们已很难预测西方发达国家会像俄国那样发生“工人阶级领导下的暴力革命和武装夺取政权”，这些国家也许只能采取渐进的思想文化革命、微观技术革命或社会批判斗争进入经典作家设想的“共产主义社会”。

同时，共产主义是一场总体性的历史转变运动，不仅在生产方式和制度组织等物质形态层面发生颠覆性的改变，而且在价值观和心性结构等精神气质层面也焕发出全新的面貌。马克思对共产主义这一社会和心灵全方位秩序转变运动的阐发集中凝聚在对“自由个性”的物质保障分析和理论构想之上（李德顺，2013）。共产主义运动所要实现的自由个性是人类社会发展的第三大形态的表征，是人类最大的历史转变，即从纯粹自发的发展阶段转变到自觉的完善阶段、从物对人的统治阶段转变到人对物的自由支配阶段、从必然王国转变到自由王国的阶段。共产主义作为科学性的社会理想，表明了一种合目的性和合规律性的社会结构安排，是社会发展的必然性；共产主义作为伦理性的道德理想，表达了一种合乎人性的自由个性模式，是社会发展的必然性。自由个性作为共产主义运动的目标，以高度发达的社会生产力为基础，在马克思看来，共产主义是人类社会生产力发展的必然与应然的完美结合。在共产主义社会，阶级消亡，国家政权等暴力机器消失，劳动是人的发展的需要，社会按需分配，人类社会真正进入一个自由、平等的理想社会。

自由意味着人、主体的充分自我实现，代表着一种高度理想的价值境界。但这种理想境界表现为一种纯粹应然的目标和构想，还是完全依附于现实，在哲学上有几种思考：自由的实质在于服从。世界是一个严密的因果决定论体系，人的自由就在于人服从那决定一切命运的力量或其代表。

一种思考方式把这种决定力量看作是自然界本身及其规律。另一种把最高的决定力量归结为某种理念、目的、精神。不论是服从自然还是服从理念、服从上帝，这些自由的观点的核心都是服从。以服从为特征的自由轻视了人改造世界的主体性和能动性。自由是按人所固有的本性行动。斯宾诺莎把自由理解为不依赖于外部力量的人最高积极性，第一个从主体方面揭示了自由问题的本质矛盾。自由不是与必然性相对立，而只是与强制性相对立。自由就是按照人和对象固有的本性所具有的必然性而行动，要自由就必须认识必然。在自由中包含的客观必然性与人的主观能动性的矛盾被越来越多的哲学家所认识。康德看来，在感性的、被决定着的世界里，只有自然的必然性，没有自由；自由只有在超感性的理性活动中。黑格尔从自由是历史活动中的必然角度出发，认为历史的必然性和主体的自由是统一的，正是人的自由活动构成了历史发展的必然。叔本华和尼采的唯意志主义哲学中，把自由看作是人的一种神秘的内在本质。只有那些在直觉行动中体现了世界意志的伟人，才能在自我意识中体验到意志自由。在存在主义看来，意志自由就是自由，通向自由的道路，只在于否定过去、现在和整个世界，以实现个人的无限权利和选择自由。海德格尔把这种自由叫作超越，即超越人的现实存在和一切社会关系。人的自由就是死亡。只有无知才是最大的自由。马克思哲学认为，自由不是先验的世界秩序，也不是人的抽象活动，是人的生存实践发展状态，在人的历史活动中不断生成和发展。从劳动怎样从外在的强制力量变成人的内在目的和自由表现的分析看，马克思所说的自由，不是人片面需求得到满足的安逸状态，而是人的全面需要得到充分发展的状态；不是摆脱外部必然性的主观随意性，而是化外部的必然目的为自我目的从而反过来支配现实的能力。马克思从不把任何一种现实的自由看作是自由的绝对的、最终的形式，也不把任何理想的自由看作绝对的、最终的目标（李德顺，2013）。

作为一切的实质和核心的标志，是作为自由主体的人及其社会的全面发展。全面性不仅包括了人与自然、个人与社会、个人自我等全部关系合理发展的全面性，而且包括这种全面性不断生成的历史性。去“实现这样一种社会状态，在这里不再有任何阶级差别，不再有任何对个人生活资料的忧虑，并且第一次能够谈到真正的人的自由，谈到那种同已被认识的自然规律和谐一致的生活”。在一种能够开始实现“真正的人的自由”的社会制度下，马克思学说把共产主义看作真正保证和引导人的自由全面发展的社会形态，真正的重点都是“社会”，而不是个人。马克思学说作为一种社会批判理论所强调的，是要经过社会制度的变革和改造，使社会达到一种能够以每个人的全面而自由的发展为基本原则。自由在不同的社会发展阶段，具有不同的意义。马克思关于社会发展的全部指导思想的最终目的，是个人的自由全面发展。人的全面性，不是单纯作为客体、工具、手段的人的全面性，也不是单纯作为主体、目的、只是全面地占有和享有人类的文明成果的人的全面性，而是指人成为主体与客体统一的、目的与手段统一、生产与消费统一、劳动与享受统一的完整的人的全面性。

（三）工农平等到人人平等

毫无疑问的是，共产主义社会是人类社会发展的最高阶段，是马克思为人类发展描绘的最美好的蓝图，我们坚信共产主义社会必将实现，只是实现的道路、方式和过程会与革命导师们所设想的有很大不同。作为社会主义中国的发展起点，不是在一个资本主义社会生产力高度发达的基础上开始的。中国共产党成立于一个半殖民地、半封建社会，那时工业化、城镇化和生产力水平极其低下，工人阶级占比小，而农民阶级占了社会的主体。如果不愿意面对这样一个基本的历史事实，不深刻体会毛泽东早年对于中国社会阶级力量的分析，不愿去面对一个农民占大多数、饱受先行工业化发达国家的挤压、欺凌的基本国情，用早期革命导师分析工业有很大发展程度的资本主义理论强行套在中国社会的头上，就易造成指导思想的混乱，不利于达成社会共识，影响到社会大众的向心力、凝聚力。在涉及工农关系和城乡关系方面，就是要将原有的工农联盟思想和理论转变为工农平等、人人平等的思想和理论，这是中国城乡经济社会融合发展的需要，更是社会主义中国发展的需要。

2015 年，中国城镇化率已达 56%，也就是说，已有 7.6 亿人口生活在城市，而 6 亿人生活在农村。中国经济社会正从一个传统的以农业生产为主体，农民人数占大多数的农业社会向以工业和服务业为主的现代社会转变。这种转变过程，需要我们仔细认真地分析经典马克思主义理论对农民阶级意识的定位。工人阶级作为“领导阶级”，其在社会政治生活中的地位在发生重大变化，领导的方式和内容也与建党和新中国成立初期大为不同。农民作为“联盟”阶级，与工人阶级的关系也在发生深刻变化。农民就业、居住、生产、消费方式与早期马克思主义理论所界定的农民生产生活特征大为不同。随之而来的是要重新认识和判读农民价值观的转变，这与欧美等早期已实现工业化、城镇化、信息化等发达国家传统农民转化为现代农民的过程没有太多的不同。总体上看，当下中国农民已全面卷入市场经济的大潮，经典意义上的自给自足的传统小农在今天的中国已不复存在，市场化、现代化的农民价值观正在形成。受文化、技术、环境的限制，相比较于文化教育程度高的城市精英来讲，不少农民收入水平低，参与市场竞争的能力弱，思想观念与市场经济发展的要求还有较大的差距。但是随着现代交通条件、科学技术特别是信息技术向农业、农村延伸，农民文化素质进一步提高，城乡融合发展的程度加深，农民阶级这个历史性范畴必将让位于市民、公民范畴。工人阶级、农民阶级之间的阶级差别日益缩小，农民不再被视作保守落后的群体，他们将与社会主义其他公民平等、自由地参与社会政治生活。

中国共产党成立后的首要任务，是要打败帝国主义、封建主义，实现民族独立和解放，作为一个农民占多数的国家，如何科学合理地看待农民问题，是决定共产党领导的中国社会主义革命和建设事业成败的关键。某种意义上可以说，共产党是工人阶级的政党，更是农民阶级的政党，是一个如何带领贫穷落后的农民实现工业化、城镇化、现代化和信息化的政党，因此，建设一个工农平等、人人平等的社会主义社会，是即将实现全面小康社会建设历史条件下共产党首要的政治任务。当前，可将《中国共产党章程》第一条修改为中国共产党是代表中国人民根本利益并由宪法授权的执政党。党的根本宗旨是保障国家安全、促进社会公平正义、实现民族复兴和共同富裕。党的最高理想和最终目标是实现人类自由和共产主义。在宪法层面，取消工农阶级差别观念，明确中华人民共和国是代表中国人民根本利益，由中国共产党执政的，多党合作的社会主义国家。在宪法中明确各种所有制企业同等地得到承认和保护，承认其市场经济主体的平等地位。

第二节　农民的社会主义现代化

农民饱受社会歧视，但他们身上的弱点是如此明显。勤劳、善良而技术能力欠缺，对现代社会的运行机制缺乏认识，目光短浅。客观理性地认识农民价值观，而不是简单地站在同情的角度，是一个艰难地选择和判断。作为一个仍处于工业化、城镇化过程中的中国，如何将 7 亿农民引向具有中国特色的社会主义现代化道路，是中国能否实现大国崛起、民族复兴的核心问题。正如习近平所说："小康不小康，关键看老乡。"没有现代化的农业、农村和农民，就不能有现代化的中国。借鉴发达国家农民现代化经验，结合中国国情，通过大规模的制度建设，制定有效的政策措施，加快农民现代化进程，作为本书的最后一节内容，对这个问题进行一个初步的回答。

一 社会主义农民的现代性特征

党的十八大提出社会主义核心价值观，国家层面的价值目标是富强、民主、文明、和谐；社会层面的价值目标是自由、平等、公正、法治；公民个人层面的价值目标是爱国、敬业、诚信、友善。除了从事农业，农民这个群体与其他人并没有什么不同，在社会主义核心价值观的引领下，参与社会政治文化生活，提高综合技能，共享改革开放成果，不断提高生活质量，在农业、农村现代化的过程中，实现自身的现代化。正如前面多次谈到的，受经典理论对资本主义社会下农民阶级特点分析的影响，不管是在宪法层面，政治层面，社会层面还是具体的政策层面，农民与社会主义核心价值观中所提倡的所有社会成员都是社会主义的公民，生活在一个自由、平等、公正和法治的社会环境中还有很大的差距。在理论上还需要厘清农民现代性价值观内涵以及相应的制度建设要求。目前在中国，一般意义上农民是指从事农业生产的劳动者，但更多是一种社会身份、地位和文化的综合。农民进城务工，实质上已经变成了工人，但他们的户口在农村，身份仍然是农民，故被称为"农民工"。他们在城里的经历，凸显出他们尴尬的社会地位。很多调查显示，数以亿计的农民工和其他进城讨生活的农民在城市里受到歧视是普遍现象。农民价值观的改变，本质是要培育农民的现代性，实现农民与其他社会阶层的平等。从世界范围看，传统农民向现代农民转化，这是一个经济、社会发展过程中的一个必然阶段。农民现代化作为国家现代化过程中人的现代化的重要组成部分，是所有发展中国家都面临着的改造传统农业、实现国家现代化的共性问题。政府理应满足经济社会发展的需要，制定相应的政策措施，促进农民现代化进程。

（一）农民现代化的基本内容

许多学者研究了农民现代化问题，认为农民现代化是农民从一个落后的乡土社会进入发达的文明社会所要经历的过程。在这个过程中，传统农民转变为现代农民，农民现代化作为国家现代化的一个部分，与农业和农村现代化同步进行。农业现代化是利用现代科学技术装备农业，使农业生产的科技含量提高；农村现代化主要是农村基础设施、村容村貌以及组织、社会保障等的现代化；农民的现代化主要是农民价值观、文化素质以及行为方式的现代化（王宽让和贾生华，1994）。孙建军（2000）认为农民现代化包括观念、意识现代化、知识智能现代化、社会关系现代化。潘逸阳（2002）认为农民现代化包括农民生产方式现代化、生活方式现代化、价值观念现代化。农民的现代化首先表现为农民素质的提高，还表现在农民的非农化。农民现代化与社会现代化是互动发展的，中国农民的现代化应放在社会现代化的总体过程中来看待，农民现代化不是孤立的，而是根据社会现代化、农村现代化、农业现代化的需要进行制度和文化建构，这样可以根据需要建立农民现代化进程评估的指标体系。总体来看，中国农民现代化指的是农民在与农业现代化、农村现代化乃至社会现代化互动发展过程中，在综合能力、生产方式、生活方式等方面扬弃传统中的落后因素，根据现代社会发展的新要求，实现由传统农民向社会主义新型农民转变的过程。农民的现代化除了价值观的现代化外，主要需要文化技术水平的提升，使他们的知识系统能够适应现代社会发展的要求。因此，农民的现代化是农民在地域或产业之间流动、分化、变迁的过程，是农民科学文化素养提高，经济、社会、文化、政治行为理性化、科学化的过程，也是国家实现经济可持续增长、完成工业化、城镇化、信息化的过程。只有通过改革不合理的城乡二元分割制度，鼓励农民从单一的农业中走出来，进入第二、第三产业，同时引导城市资本、现代人才进入农业和农村，促进城乡互动、产业融合发展，才能为加快农业现代化、农村现代化和农民现代化创造有利条件。

（二）现代农民价值观

现代农民价值观是社会主义核心价值观在农民身上的具体化，除了爱国、敬业、诚信、友善的一般要求外，还要充分发扬传统文化中的积极因素，如重视孝顺、家庭友爱、朴实、知足、感恩、吃苦耐劳的优秀品德，同时，加强学习，提高综合技能，熟悉现代农业生产技术，培养现代市场经营和管理能力，积极参与乡村公共事务，提升现代政治效能，能够担当起现代农业发展和美丽乡村建设的重任。

1. 较高的科学文化素质

农民的现代化过程也是农业现代化过程。农业现代化一个重要的特征是科技装备水平高，市场化、专业化和适度的规模化经营，这需要农民有相应科学文化素养和市场经营管理能力。传统农民与现代城市居民相比，主要的缺点是科学文化水平太低，这是因为传统农业生产方式粗放，市场化、专业化程度低，传统农民不需要掌握太多的科学文化知识就能从事农业生产。传统农民不谋求更高的利润，以自给为生产主要目的，而现代农民应该掌握较高的专门的农业科学文化知识，具有一定的现代农业生产、加工、市场营销等方面的创业能力，成为农业专业化生产、产业化经营，适应现代市场经济要求的参与者，是建设社会主义新农村的中坚力量。现代农民要能吸收新观念，掌握新技术、新信息，特别要充分利用互联网技术，发展“互联网+农业”。互联网技术的发展大大缩小了城乡之间信息获取成本差异，特别是20世纪八九十年代出生的新一代农民，他们已逐渐成为农业生产、乡村社会发展的核心力量。新型农民伴随着“互联网”成长，相对于传统农民，他们善于利用微博、微信、各种社区、社交媒体等互联网工具和媒介，用来学习、交流、建圈子，甚至搭建网络服务平台、销售各地特色农产品。随着现代农业、农村的发展，大量的非农产业即所谓的“新农人”开始涉足农业产业。这部分新农人总体文化水平高、有一定的技术专长和资本，有些还是成功的企业家，他们通过农地流转，发展具有一定规模的新型农业经营业态，不仅涉入种植和养殖环节，更聚焦在农产品营销和流通层面，通过发展电商，加快农村与外界的物流和信息流流通。这些新农人参与农业，对传统农民现代化起了示范带动作用，也对传统农民形成了新的竞争压力，要求传统农民适应现代社会要求，提高科学文化水平和综合服务能力，建构现代价值观念（李晓翼，2008）。

2. 较高的生活水平

党的十六届五中全会提出了社会主义新农村建设目标，就是按照新时代的要求，对农村进行经济、政治、文化和社会等方面的建设，最终把我国农村建设成为经济繁荣、设施完善、环境优美、文明和谐的社会主义新农村。社会主义新农村建设目标包含了现代农民的一些实质性特征，就是现代农民一定不是生活在贫困的生活状态之中，而是要充分享受改革开放发展成果，与城市居民的收入、消费差异逐步缩小，生活水平从生存型向发展型方式转变。随着农民生活水平提高，消费结构发生变化，农民现代消费观才能逐步建立起来，从简单的满足吃得饱、穿得暖的消费需求向追求文化生活、娱乐等自我实现需求的转变。现代农业技术发展，农业的机械化程度提高，农民逐渐从繁重的体力劳动中解脱出来，可以有更多的时间用于闲暇，促进个人的全面发展。

3. 现代社会、政治和法律意识

随着现代农业发展，农民生产生活方式的改变，还需要农民有现代社会、政治和法律意识。现代农民需要摆脱传统的人身依附和权力崇拜意识，形成具有自主意识和独立人格的现代农民人生观、价值观。在继承发扬儒家为主的传统婚姻、家庭、养老观的良好家风的同时，紧密结合现代社会发展的新条件，形成更具包容性、更具开放性和平等性的家庭伦理观。在保持传统乡村优秀文化的同时，加深对现代社会、政治和法律知识学习，更加具有现代的理性和契约精神。农民参与市场经济竞争的过程中，不再是一盘散沙，而是打破相对封闭的血缘、地缘社会关系，主动参与更多的业缘组织，比如各种技术协会、专业合作经济组织、民间团体，使自己的生产经营及生活方式更加社会化、组织化。现代农民有追求自由幸福生活的思想觉悟，不再满足于机械重复的单调生活，而是有较高思想政治素质，积极参与乡村公共事务和村庄治理，行使民主权利，参与国家政治生活，掌握或熟悉党和国家有关“三农”及其相关工作的方针政策、法律法规，遵纪守法，善于利用法律保护自己的合法权益。

总体上看，现代农民价值观与传统农民价值观相比，表现为适应工业文明、城市文明和商业文明的习俗和制度，具备现代社会所需要的基本的科学技术能力，根本改变原有的狭隘、封闭、迷信和不思进取的精神状态，形成能够积极主动参与现代社会竞争，具有开拓、创新和求实的精神风貌，具有自由、民主、平等的现代公民理念，与各行各业的人和谐相处、共同发展、共享社会发展带来的各项成果。

二　培育现代农民的基本原则

现代农民的形成过程，也是中国城乡统筹发展，城乡对立消失，中国工业化、现代化的实现过程。农民与城市居民在法律框架下自由平等地参与到社会、经济、政治、文化生活之中，没有身份差别，只有职业差别。当然，市场竞争的结果不可能消灭不同阶层之间的不平等性，但这种不平等性产生的原因主要是个人努力的结果，而不是先天性制度限制造成的。

在将社会核心价值体系引导农民价值观培育过程中，需要根据农业、农村和农民发展的现状，引领民间意识形态向核心价值观聚集。

（一）长期性原则

现代农民产生非一日之功，世界上绝大多数国家和地区，实现农业现代化、农村现代化和农民现代化，都曾走过漫长的道路。现代农民性格在农业现代化、农村现代化的过程中建构起来。一方面，农业、农村现代化不断为农民现代化提出新课题，农业、农村现代化发展不断为农民现代化创造新条件，从而促进农民现代化的实现；另一方面，农民现代化又会促进农业、农村和国家现代化进程，形成良性互动的发展机制。但是，当今中国仍然是一个人口众多，区域差别巨大的发展中大国，制约农民现代化的客观因素仍然较多，农民现代化的实现必然还要经历一个相当长的历史过程，这是中国处于社会主义初级阶段的基本农情、国情决定的。

（二）差异性原则

我国不同地区农村经济发展水平和农民现代化程度存在很大差异。自20世纪80年代初实行改革开放政策后，东部沿海地区、大中城市郊区以及一些拥有特色资源的地区率先发展起来，空间上总体形成了东、中、西部地区经济社会非均衡发展态势，农民现代化程度在东、中、西部地区存在较大差别，农村居民家庭年均纯收入、农民平均受教育程度、农业现代化和农村现代化水平、农民现代社会意识总体表现为东强西弱，东高西低的特点。此外，即使是在东部，或是一个省内，不同地区之间农业、农村和农民现代水平都存在很大差异。比如在西部如遵义市这个区域，享受了新农村建设或是美丽乡村建设优惠政策的乡村与没有享受到政策支持的乡村之间、得到了来自各级财政补贴的新型农业经营主体与普遍农民之间；在外打工经商的农民与单纯从事小规模农业生产的农民之间差异日益加大，农民阶层分化明显。农民阶层中形成了农业劳动力、农民工、农村知识分子、个体工商户与个体劳动者、私营企业主、乡镇企业管理者、农村社会管理者等次生阶层。不同农民阶层之间的现代性程度不同，价值观也存在较大差别。此外，农民代际之间的现代性水平也不同，农村中的老年人、中年人、青年人价值观有所差异，农村中的中青年人尤其是青年人，对现代技术信息获取能力更强，现代化水平更高。此外，我国是一个多民族国家，不同民族之间的现代性观念存在较大不同，汉族与其他少数民族的文化差异性也需要高度关注。还有不同宗教信仰的农民，价值观也大不相同。这都要求现代农民的培育要坚持差异性原则。

(三) 多样性原则

总体上看，农民价值观教育有三个层面的内容：(1) 基本层次是解决信仰危机、价值混乱、观念冲突问题。(2) 上升层次是农民价值观与道德实践能在其生活的社会系统得以运转、价值观的发展秩序得以维护。(3) 理想层次是确立起与其社会相适应的价值体系，完善自身的道德修养。这需要以社会主义核心价值观去消解新生代农民的价值观冲突、认清他们的价值观趋向、开展相关的价值观教育。要让农民寻找可以承载其心灵情感和精神归宿的理想信仰和价值信念，是消解和转化农民精神世界的价值冲突，实现与社会主流意识形态接轨的关键。此外，正是区域位置、经济社会发展水平、价值观存在的诸多差异，使得现代农民的培育需要坚持多样性原则，不同职业、文化水平、年龄、性别、民族的农民需要相应的教育措施。对于农村在校学生，要加大基础教育支持力度，造就有文化的新型农民，对于已进入社会的农民，需要通过职业技术培训，充分利用电视、互联网等媒介，实现现代信息的传输。在尊重民族地区传统文化的基础上，需要加强汉族与少数民族的互联互通，在价值观上更加包容和融合。

三 发展现代农民的政策措施

农民是现代化过程的主体，现代化的最终力量来自他们自身的努力和奋斗，但是，农民受到很多政治的、经济的、社会的、文化的和政策的制度性约束，这需要在国家层面进行大规模的制度重建，改革因制度性因素形成的城乡差异、工农差异、地区差异，建设新型的城乡关系和工农关系，加快农业、农村、农民和国家现代化进程。

(一) 修改《宪法》中有关工农联盟论述

俄国社会主义革命取得胜利以后，马克思列宁主义在中国以前所未有的速度得到传播，共产主义理想开始在中国生根发芽，这个时候的知识分子和革命者对农民问题就有了不同于早期经典理论的全新认识。以毛泽东为代表的中国共产党人，通过大量的调查研究，深刻认识到了中国革命事业的主体力量是农民。只有唤起广大受剥削、受压迫的农民群众的革命意识和革命精神，才能改变中国的经济社会结构，才能打破封建地主阶级的统治基础。在中国共产党人的领导下，广大农民不断被组织起来，激发了他们极大的革命热情，并最终取得了新民主主义革命的胜利。新中国成立后，通过一系列的社会主义改造，农民的思想觉悟已有了很大的提高，农民的社会主义现代化意识已有了很大的发展。

《中华人民共和国宪法》规定中华人民共和国是工人阶级领导的以工农联盟为基础的人民民主专政的社会主义国家。工农联盟在宪法意义上还存在着，但《宪法》并没有界定“工农联盟”中的“农”的具体含义。早期经典理论有关“工农联盟”中的“农”，指的是绝大多数的半自耕农和贫雇农。那么，今天宪法规定的“工农联盟”中的“农”，其指向是什么呢？在当下的中国农村，工人阶级应联合哪些“农”去实施“专政”？近年来农村中出现的大量新型农业经营主体，他们的政治身份是什么？在西方发达资本主义国家，随着现代化进程的展开，作为身份制的“农民”已经不存在，代之而起的是作为现代社会分工模式下的职业化农民。新中国成立后，农民的职业化特征下降，身份化特征反而被加强。国家通过城乡分割的二元经济制度对农民实行了一系列的管制措施，以耕种粮食和提供农产品为职业的农民，社会地位下降到了一个历史的最低位。当今中国，有工人、文人、军人、商人……但农民这个带有身份歧视的词，却固化了下来，成为贫穷、落后、保守和不具有革命精神的代名词。

在革命时期，薛暮桥等共产党人认为农村最大的矛盾在于地主、富农与农民的对立，不管合作社也罢，乡村建设也罢，如果不从根本上解决农村的土地所有制问题，这种对立、压迫和剥削就不可能解决。他认为20世纪30年代中国农村的问题，核心在于土地等生产资料分配的严重不公，造成农民中的地主和富农对贫农和雇农的剥削。他说：“在中国农村中间，仅占村户总数百分之十的地主富农占有了最多和最好的土地；另一方面，占村户百分之七十以上的贫农和雇农，他们因为没有土地，或是所有土地太少，不得不接受地主富农的苛重剥削……所谓无忧无虑的温饱生活，实际只是博士教授们的幻想而已。”“如果都市中的资本主义工业能够顺利发展，那就不一定发生农村问题。因为都市工业发展后，可以吸收农村中大量的剩余劳动力，解决农村中失业人口的最低温饱问题，但中国20世纪30年代农村的衰落，主要原因是帝国主义和依附帝国主义的新兴买办资产阶级，帝国主义一方面打破中国农村中自给自足的生产，破坏农村中的各种副业；另一方面又用种种不平等条约束缚都市工业，束缚整个国民经济，使它不能够向着资本主义的康庄大道自由进行。这即是中国的农村问题——也就是整个国民经济问题——的最主要的根源，因此，中国农村破产的根本原因，不是生产落后，而是阻碍农业生产发展的各种社会关系。就是要在中国共产党的领导下，对农村实行革命斗争，打倒土豪劣绅，为贫下中农翻身得解放。不了解中国半殖民、半封建的生产关系，就很难理解新中国成立后为什么要进行社会主义的改造以及社会主义制度的优越性”。①

但问题是，中华人民共和国成立已60多年了，中国的政治、经济、社会和文化已发生了根本性变化，工业化、城镇化、市场化、信息化带动着国家现代化进程，农民已不同于“工农联盟”时期的“农”，工农联盟作为《宪法》的最高法律规定，将社会中应处于平等地位的社会主义劳动者割裂为不同身份、不同意识的群体，这是否有利于社会和谐？是否有利于具有中国特色社会主义核心价值观的培育和认同？是否有利于城乡统筹发展？正如《中国共产党章程》总纲中明确指出的：“中国共产党是中国工人阶级的先锋队，同时是中国人民和中华民族的先锋队，是中国特色社会主义事业的领导核心，代表中国先进生产力的发展要求，代表中国先进文化的前进方向，代表中国最广大人民的根本利益。党的最高理想和最终目标是实现共产主义。”新时期，中国共产党应是中国人民的先锋队，这是中国社会发展的现实和必然要求，农民变农人，与工人、军人、商人、文人一样成为平等、自由的“人”，已逐步形成社会共识。大量新型职业农民进入农村，新农人不再只是理论上的讨论，而正成星星之火可燎原之势，引领着中国农业和农村现代化潮流。适时修改《宪法》中那些过时了的条款，是时代的呼唤和历史发展的必然选择。当下工资性收入是大多数农民家庭收入的主要来源，如果从就业、收入来源角度看，即使是有耕地的农户家庭，很多兼业农民也更倾向于经典理论中的“工人阶级”，只不过家里还有老人在从事少量的农业劳动。因此，《宪法》意义上的工农联盟的现实基础已经发生了改变，意识形态的本本主义要不得，新型的工农关系、城乡关系需要在宪法层面得到认可：工农联盟的工农关系转变为工农平等、人人平等的社会关系；城乡分离的二元对立关系转变为城乡融合发展的新型关系。

（二）在产业融合发展基础上，实现城乡居民的自由与平等

新中国成立前的各历史时期，农业生产力水平低下，农村经济发展长

---

① 薛暮桥：《旧中国的农村经济》，农业出版社1980年版，这是作者在20世纪30年代出版的书，原名为《中国农村经济常识》，1937年1月由新知书店出版。

期陷入低水平陷阱，农民毫无政治地位可言，是社会弱势中的被统治阶级，农民常成为改朝换代的工具。新中国成立后，在中国共产党的领导下，中国进入了一个工业化、城镇化、现代化的快速通道中。但是，由于各种因素的影响，中国仿照苏联实行了城乡分割发展的二元经济、社会、政治制度。以户籍制度为基本手段，将城乡居民人为地分割开来，在制度上造成了农民身份和社会地位的低下。农业户口在很大程度上导致了农村和城市在收入水平、生活方式、劳动条件、受教育的机会等方面的巨大差距，代表着这些差距的农民身份使得他们在进城后受到了种种限制与歧视，农民成了社会的二等公民。

以户籍制度为特征的一系列差别政策造成了中国社会最大的不公平，阻碍着现代农民的培育和现代化进程。实现身份同一的户籍制度，能够赋予中国公民更多的地位平等、机会均等的自由权，可以逐步消除因城乡差别而享有不平等的经济、政治、社会的各项权利。以公平为原则，建立起平等的身份制度不仅是对迁移自由、择业自由等基本人权的肯定，而且也是促进劳动力等生产要素自由流动的重要条件。近年来，中央出台了许多强农、惠农政策，2014 年国务院提出了《关于进一步改革户籍制度的意见》，要求逐步取消农业户口和非农业户口的行政区分，无论城乡，人们都统一登记为居民户口。地方政府要促进有能力的城镇稳定就业和生活的常住人口有序实现市民化，稳定推进城镇基本公共服务常住人口全覆盖，但是农民实现市民待遇还需要庞大的资金支持，农民市民化、城乡居民完全自由平等还有一个漫长的过程。应该看到，农村与城市、工业与农业、城镇居民与农民的差别即使是在经济社会高度发达以后也会广泛存在。农村生活与城镇生活各有优缺点，不能也不应全部趋同。当前中国农民的主要问题是技能差，文化水平低，生活水平还亟待提高，农业生产手段在很多地区还非常落后，人均水土资源占有量低，限制了大规模农业的可行性，影响了农业综合竞争力的提高。农村基础设施薄弱，居民生存发展条件较差，社会保障覆盖范围较小，文化生活匮乏。

农民现代化的基础是构建与现代化大生产相适应的农民现代物质文化。1990 年邓小平在谈论农业问题时指出：“中国社会主义农业的改革与发展，从长远的观点看，要有两个飞跃。第一个飞跃，是废除人民公社，实行家庭联产承包为主的责任制。这是一个很大的前进，要长期坚持不变。第二个飞跃，是适应科学种田和生产社会化的需要，发展适度规模经营，发展集体经济。这是又一个很大的前进，当然这是很长的过程。”① 当前我国通过农地产权制度改革，加快土地流转，增加农民财产性收入和农业适度规模经营，培育各种新型农业经营主体，加快现代农业产业体系的形成。发达国家农业现代化的经验表明，以家庭经营为主体的现代农业，需要发达的社会化服务体系，同时要有代表农民诉求的社会组织，以解决分散经营的农户面对市场时话语权弱、资金不足、信息不灵等问题，消除农业边缘化、农业劳动力老龄化现象。因地制宜，通过创办现代工业、商业、建筑业、服务业、旅游业等，促进农民现代化。在具有优越的地理环境和人文环境地区，发展特色旅游、休闲农业，提升农业产业附加值，增加农民收入，同时提高农民的经营管理水平。对于自然资源短缺，劳动力过剩地区的农民，通过劳务转移，外出务工经商，增加就业机会，也是接触现代化信息，加快实现现代化的重要途径。充分利用互联网技术，通过互联网 + 农业，促进农业产业升级发展。互联网技术的应用给传统农业带来了变革机会，尤其是电子商务和信息技术的运用可以解构和重组传统农业的生产关系，让优质农产品更有效率地流通到消费者餐桌上。

（三）大力支持农村基础设施建设，发展农村社会事业，逐步缩小城乡差异

农村基础设施建设是城乡统筹发展的关键环节，对于发展农村经济、增加农民收入、改善农村消费环境、扩大内需、解决就业具有重要意义。农村地域广阔，特别是经济落后地区、少数民族地区、边远山区的农村基础设施还很薄弱，农村基础设施管养维护责任重，资金缺乏，还需要国家继续加大建设和管护投入力度。要加大农村公路资金支持力度，完善农村公路投融资体制机制。要加大农村饮水工程支持力度，采取改造、配套、升级、联网方式，提高农村供水保证率、水质达标率。加大对中西部地区农村信息基础设施建设支持力度，逐步缩小城乡基础设施和公共服务水平差异。教育、养老、医疗等社会事业发展的城乡差别，不仅仅是发展中国家才存在，在发达国家也存在。只是发达国家完成工业化、城镇化之后，经济发展水平高，农民在总人口中的比例低，因此可能通过以工补农、以城补乡的方式实现城乡发展的基本平衡。中国正处于工业化、城镇化的深化阶段，在参照国外发展经验的同时，发展农村社会事业，改善、提高农

① 《邓小平文选》第三卷，人民出版社 1993 年版，第 355 页。

民的社会保障水平。

加强农村教育特别是基础教育是现代农民培育的根本性措施，农村基础教育直接决定未来农民队伍和整个国民现代化水平。要把农村义务教育摆到整个教育发展的战略地位和整个农村社会事业发展的优先领域，确保农村义务教育阶段适龄儿童和青少年学习发展的基本权利。随着国家经济发展水平的提高，要逐步在农村普及高中教育。从调查情况看，高中阶段教育不仅仅影响一代农民的文化素质，而且会影响到农民家庭、子女的教育。要进一步巩固和完善现行农村义务教育管理体制，明确各级政府在农村教育发展上的责任和义务，通过国家财政转移支付、地方财政投入相结合的多元投入保障机制，加大对农村义务教育的投入力度。农村基础教育要与农村社会经济发展紧密结合起来，加强人文素养教育，有针对性地帮助农村青少年提高认识社会、理解社会的能力。重视农村职业教育和成人教育。职业教育和成人教育要坚持“学用结合，按需施教”的原则，把农村文化教育和科普教育结合起来，适当设置相应的农村经济、农业生产技术等专业课程，造就和培养一大批有文化、懂技术、善经营、会管理的新型农民。实施各类专项技能培训工程，地方政府和社会组织提供对农民开放的农业科技培训项目，提高农民的务农技能和科技素质，帮助农民掌握先进的农业科学技术，改革传统农业生产方式，提高农产品的科技含量，增加农民收入。实施劳动力转移培训工程，增强劳动力就业能力。在养老和医疗方面，在全国要贯彻执行好现有的新型农村养老制度、新型农村合作医疗保障制度，根据经济发展水平和国家财政收入情况，逐步提高补助标准，实现农民“少有所学、老有所养、病有所医”的发展目标。

（四）加强文化基础设施建设，丰富农民文化生活

文化发展直接影响着人的思想观念、价值取向、道德修养等精神生活，对经济发展、社会进步具有重要的导向和推动作用。无论是现代农业和现代农村的发展，还是农民的发家致富，都离不开文化的哺育和支撑。要加强农村文化基础设施建设，开展贴近农民生活、形式多样的文化活动，要用具有时代精神的先进文化引导农民，增强他们的时代感、现代感。加强基层文化队伍建设，着力培养群众文化工作者、民间艺人、专业文化工作者等文化队伍，积极鼓励和倡导文化工作者到农村提供志愿服务，深入农村帮助农民提高各方面的知识。培养和激励“乡土艺术家”，激发农村自身的文化活力。通过农村文化礼堂建设为载体，办好农村黑板

报、宣传窗、农村信息服务站、墙报、文艺队、广播站等文化宣传阵地，以群众喜闻乐见的形式，宣传党的路线、方针、政策和法律法规，褒扬农村的新人、新事、新风尚，讴歌真善美，鞭挞假恶丑，净化社会风气，帮助农民形成积极向上的精神风貌。建设好县（市）区的文化馆、图书馆、剧团，乡镇文化站和村文化活动室。乡镇文化站要建成集阅览、影视、宣传教育、文艺演出、科普培训等于一体的综合性文化站，为农民获取各种文化信息，丰富精神文化生活提供平台，发挥农村文化生活对农民的思想观念、道德情操和精神世界引领作用。运用这些场馆在满足“求富、求知、求乐”要求的同时，融入更多的现代科技、法律、市场等方面的知识，让农村群众在寓教于乐中提高自身素质。抓好广播电视“村村通”工程、“万村书库”工程、“农家书屋”工程、电视进万家工程，以此来满足农民群众多层次、多方面的精神文化需求，逐步形成覆盖农村的比较完备的公共文化服务体系。通过民办公助、政策扶持等形式，大力开展多种形式的群众文化活动。从农民生产生活的实际出发，坚持形式多样、健康有益、便捷长效的原则，把经常化、小型化、多样化的文化活动与定期举办大中型群众文化活动结合起来，发挥文化传播手段的多样性，扩大文化传播的覆盖面。用丰富多彩的群众文化满足农民的精神文化需求，解决好绝大多数农民“白天拿锄头、晚上靠枕头”单调的精神文化生活，把广大农民从牌桌上引导到书桌上来，从消极颓废的文化活动中引导到积极的、健康的文化生活中来，让农民在物质生活丰富的同时，享受更多更健康的精神食粮。通过文化熏陶，帮助农民划清科学与迷信、文明与愚昧的界限，使农民崇尚科学、抵制迷信，移风易俗、新事新办，树立团结友爱、勤俭持家、勤劳致富、诚实守信的社会公德、公民道德和家庭美德，塑造积极、和谐、健康、文明的乡风、民风。实现农民思维方式和价值观念的现代化，养成科学、文明、健康的生活方式。

（五）加强和完善村民自治制度，培育农民参政、议政能力

农村经济要发展，农村社会要进步，必须高度重视农村的民主法制建设，提高农民的民主法制观念。在发展基层民主方面，要进一步完善村民自治制度，全面推进村级民主选举、民主决策、民主管理和民主监督，充分保障农民依法行使民主权利。针对农民法制观念淡薄的现状，积极开展法制宣传教育，深入进行以宪法、村民委员会组织法、农业法、种子法等与农民密切相关的法律知识为主要内容的法律宣传教育。在宣传教育中引

导农民学法、懂法、守法并拿起法律的武器维护自己的合法权益。同时，也要加大执法力度，整治农村社会治安，净化社会风气，为农民群众提供一个安居乐业的生活环境。

传统中国是以集权专治和缺乏自治为特点的，源于北宋、沿袭到清代的“保甲制”以及国民政府的“连坐法”起到了严密控制底层民众的作用。尽管如此，乡村社会自治因素仍然存在，元代农村出现“村社”组织，由社长主管，元代北方还有“锄社”这样的农民组织。抗日战争时期，共产党在广大的乡村开始扎根，在村一级建立党支部，起到了组织农民的重大作用。新中国成立后的人民公社制度对乡村自治传统有较大破坏，但改革开放后，人民公社解体，乡村自治制度又逐步恢复起来。村民自治是农民政治参与的重要保障，对于提高农民政治效能、参政议政能力的提升具有重要作用。政治民主是传统走向现代的一个重要的标志，农民自治能力的提高，正是农民现代性提升的重要体现。农民有了更多的选择管理者的自由，有了更多参与乡村公共事务管理的渠道，有利于农村经济繁荣，有利于缩小城乡差别。

（六）重视乡村生态文明和社会的现代价值

近年来，许多人类文化学者对传统乡村的价值进行了很多有意义的探索（李松，2016①），本质是对传统中国农耕文化性质的再认识。党的十八大以后大力提倡要弘扬民族传统文化，这就要求深刻理解传统文化的合理内核和精神实质，因为如果缺乏对自身文化传统的深刻了解和认知，就失去了优秀文化创新能力。中国有着非常古老的生态文明，经过悠久的农耕文化以及历代的不断凝练，以仁、孝、礼、智、信为主体的儒家伦理在乡土社会有着深厚的群众基础，民间习俗体系文化维系的社区组织和动员能力，构成了中华文明丰富的多样性和民族性。天人合一、人与自然和谐共处的价值观不仅具有传统性，也具有很强的现代性。传统农耕系统是一个有序的生态系统，不能简单地用工业文明的眼光去批判和改造，而是要在充分理解和尊重的基础上，保留其文化精髓，将现代科学技术引入传统系统之中，让传统焕发新的生命力。在发现和重视乡村文化的现代价值的同时，要制定各种措施去保护性开发利用。“金山银山，不如绿水青山”，丰

① 李松：《乡土生活的现代价值》，中国乡村发现网（http：//www.zgxcfx.com/sannonglunjian/91868.html），2016－10－21。

富多样的乡村生态系统，不仅仅是城市的后花园和扩张空间的储备，而是城乡融合发展的文化和物质财富。丰富的民族节日，是乡村老百姓真实的景观和生活状态，体现着现代化过程中农民的生活情趣和人生价值，需要尊重和保护。

参考文献

1. 李德顺：《价值论》，中国人民大学出版社 2013 年版。
2. 袁银传：《小农意识与中国现代化》，武汉出版社 2000 年版。
3. 江畅、戴茂堂：《西方价值观念与当代中国》，湖北人民出版社 1997 年版。
4. 廖永松：《万年村的幸福》，中国社会科学出版社 2016 年版。
5. 罗国杰：《马克思主义价值观研究》，人民出版社 2013 年版。
6. 袁贵仁：《价值观的理论与实践：价值观若干问题的思考》，北京师范大学出版社 2006 年版。
7. 黄凯锋：《当代中国价值观研究新取向》，学林出版社 2007 年版。
8. 章志光：《学生品德形成新探》，北京师范大学出版社 1993 年版。
9. 黄希庭、张进辅、李红：《当代中国青年价值观与教育》，四川教育出版社 1994 年版。
10. 杨德广等主编：《中国当代大学生价值观研究》，上海教育出版社 1997 年版。
11. 苏颂兴、胡振平：《分化与整合——当代中国青年价值观》，上海社会科学院出版社 2000 年版。
12. 温兆凯：《中国社会价值观现状及演变趋势》，人民出版社 2011 年版。
13. 文崇一：《中国人的价值观》，（台北）东大图书股份有限公司 1993 年版。
14. 朱永新、王智新：《当代日本教育概览》，山西教育出版社 1992 年版。
15. 赵馥洁：《价值的历程：中国传统价值观的历史演变》，中国社会科学出版社 2006 年版。
16. 潘维、玛雅：《聚焦当代中国价值观》，生活·读书·新知三联书店 2008 年版。

17. 祝慈寿：《中国工业技术史》，重庆出版社 1995 年版。
18. 郑学檬主编：《简明中国经济通史》，人民出版社 2005 年版。
19. 蒋海升：《资治通鉴：中国历代农民问题》，泰山出版社 2009 年版。
20. 秦晖、苏文：《田园诗与狂想曲》，中央编译出版社 1996 年版。
21. 郭飞平：《中国民国经济史》，人民出版社 1994 年版。
22. 巫宝三：《中国国民所得（一九三三年）外一种：国民所得概论》，商务印书馆 2011 年版。
23. 陆学艺：《当代中国社会阶层研究报告》，社会科学文献出版社 2002 年版。
24. 王宽让、贾生华：《传统农民向现代农民的转化》，贵州人民出版社 1994 年版。
25. 李晓翼：《农民及其现代化》，地质出版社 2008 年版。
26. 陈春燕：《中国农民现代化问题研究》，东北师范大学博士学位论文，2010 年。
27. 陈昌兴：《转型期中国农民工价值观研究》，知识产权出版社 2014 年版。
28. 黄进：《价值冲突与精神皈依：社会转型期新生代农民工价值观研究》，南京师范大学出版社 2010 年版。
29. 康来云：《中国农民价值观变迁》，河南人民出版社 2008 年版。
30. 陈章龙、周莉：《价值观研究》，南京师范大学出版社 2004 年版。
31. 薛暮桥：《旧中国的农村经济》，农业出版社 1980 年版。
32. 王跃生：《社会变革与婚姻家庭变动：20 世纪 30—90 年代的冀南农村》，生活·读书·新知三联书店 2006 年版。
33. 董正华：《走向现代的小农——历史的视角与东亚的经验》，中国人民大学出版社 2014 年版。
34. 文礼朋：《近现代英国农业资本主义的兴衰——农业与农民现代化的再探讨》，中央编译出版社 2013 年版。
35. 颜玉怀：《当代中国农民利益研究》，西北农林科技大学博士学位论文，2005 年。
36. 费孝通：《乡土中国——生育制度》，北京大学出版社 1998 年版。
37. 李培林：《社会冲突与阶级意识》，社会科学文献出版社 2005 年版。

38. 王小明：《管窥中国人的价值观》，上海外国语大学硕士学位论文，2009 年。
39. 谢治菊：《农民政府信任的实证调查与逻辑建构》，人民出版社 2015 年版。
40. 郑也夫：《信任论》，中国广播电视出版社 2001 年版。
41. 夏明方：《民国时期自然灾害与乡村社会》，中华书局 2000 年版。
42. 潘逸阳：《农民主体论》，人民出版社 2002 年版。
43. ［法］孟德拉斯：《农民的终结》，李培林译，社会科学文献出版社 2005 年版。
44. ［日］君塚大学、吴鲁平、［韩］金哲秀：《东亚社会价值的趋同与冲突——中日韩青年社会意识比较》，社会科学文献出版社 2001 年版。
45. ［美］哈罗德·R. 克博：《社会分层与不平等：历史、比较、全球视角下的阶级冲突》第七版，蒋超等译，上海人民出版社 2012 年版。
46. ［美］黄宗智：《华北的小农经济与社会变迁》，中华书局 1986 年版。
47. ［美］英格尔斯：《人的现代化》，殷陆君译，四川人民出版社 1985 年版。
48. ［美］巴林顿·摩尔：《民主与专制的社会起源》，拓夫等译，华夏出版社 1987 年版。
49. ［美］塞缪尔·亨廷顿等：《现代化：理论与历史经验的再探讨》，张景明译，上海译文出版社 1993 年版。
50. ［匈］卢卡奇：《历史与阶级意识》，杜章智、任立、燕宏远译，商务印书馆 1992 年版。
51. ［美］贝克尔：《家庭论》，王献生、王宇译，商务印书馆 2005 年版。
52. ［美］弗兰西斯·福山：《历史的终结》，远方出版社 1998 年版。
53. ［美］胡素珊：《中国的内战：1945—1949 的政治斗争》，王海良等译，中国青年出版社 1997 年版。
54. ［美］阿伦特：《论革命》，陈周旺译，译林出版社 2007 年版。
55. 张琳：《小农文化心态的形成及其对马克思主义中国化的影响》，《哲学动态》2012 年第 12 期。
56. 刘永佶：《小农意识初探》，《社会科学论坛》1996 年第 6 期。
57. 郑琼现：《马克思小农特点论述的宪政分析》，《中山大学学报》（社会科学版）2007 年第 6 期。
58. 梅祖寿：《试析小富即安心态》，《理论月刊》2002 年第 8 期。
59. 辛志勇、金盛华：《西方学校价值观教育方法的发展及其启示》，《比较教育研究》2002 年第 4 期。
60. 徐勇：《东方自由主义传统的发掘——兼评西方话语体系中的“东方专制主义”》，《学术月刊》2012 年第 4 期。
61. 高红波：《新媒体需求与使用对农民现代化观念影响的实证研究——以河南巩义 IPTV 农村用户为例》，《新闻与传播研究》2013 年第 7 期。
62. 谢立中：《现代化理论的过去和现在》，《社会科学研究》1998 年第 1 期。
63. 贺雪峰：《农民价值观的类型及相互关系——对当前中国农村严重伦理危机的讨论》，《开放时代》2008 年第 3 期。
64. 管爱华：《中国农民本体性价值观的传承与变迁——以苏北乡村为例》，《淮阴师范学院学报》（哲学社会科学版）2009 年第 5 期。
65. 辛志勇：《改革开放以来农民价值取向变迁及现状》，载潘维、玛雅主编《聚集当代中国价值观》，生活·读书·新知三联书店 2008 年版。
66. 武力：《农民意识·家庭经营·土地制度——读〈毛泽东视野中的中国农民问题〉的几点思考》，《中国经济史研究》2010 年第 1 期。
67. 赵守盈、吕红云：《多维尺度分析技术的特点及几个基础问题》，《中国考试》2010 年第 4 期。
68. 廖永松：《“小富即安”的农民：一个幸福经济学的视角》，《中国农村经济》2014 年第 9 期。
69. 秦永州：《传统农民价值观念的内省》，《中国农村观察》2002 年第 5 期。
70. 丁学良：《“现代人理论”的渊源和概念框架》，《中国社会科学》1988 年第 1 期。
71. 陆益龙：《乡村居民的阶级意识和阶层认同：结构抑或建构——基于 2006 CGSS 的实证分析》，《江苏社会科学》2010 年第 1 期。
72. 陆益龙：《“门当户对”的婚姻会更稳吗？——匹配结构与离婚风险的实证分析》，《人口研究》2009 年第 3 期。
73. 冯刚、郭鹏飞：《对意识形态本质的一种解读——以价值观念为中心》,《思想理论教育导刊》2013 年第 6 期。
74. 张翼:《中国阶层内婚制的延续》,《中国人口科学》2003 年第 4 期。
75. 张云喜:《中国传统婚姻观的特点与影响》, 《理论观察》2013 年第 6 期。
76. 刘向红:《从养老观的差异看养老方式的发展方向》,《中国老年学杂志》1997 年第 1 期。
77. 崔丽娟、徐硕、王小慧:《老年人的养老观念与养老模式》,《中国老年学杂志》2000 年第 1 期。
78. 葛剑雄:《改革开放与中国人观念的现代化》,《上海大学学报》(社会科学版) 2009 年第 1 期。
79. 于长永:《农民对“养儿防老”观念的态度的影响因素分析——基于全国 10 个省份 1000 余位农民的调查数据》,《中国农村观察》2011 年第 3 期。
80. 叶男:《农民“养儿防老”观念实证研究》, 《西北人口》2012 年第 5 期。
81. 白描、苑鹏:《农民社会关系的现状及影响因素分析》,《中国农村经济》2015 年第 4 期。
82. 吴高泉:《现代性语境中“农民”一词的话语探析》,《社会科学战线》2007 年第 4 期。
83. 刘传江、周玲:《社会资本与农民工的城市融合》,《人口研究》2004 年第 5 期。
84. 胡荣:《社会经济地位与网络资源》,《社会学研究》2003 年第 5 期。
85. 胡荣:《中国农村居民的社会信任》,《中共天津市委党校学报》2005 年第 2 期。
86. 胡荣:《农民上访与政治信任的流失》,《社会学研究》2007 年第 3 期。
87. 李艳霞:《何种信任与为何信任?——当代中国公众政治信任现状与来源的实证分析》,《公共管理学报》2014 年第 2 期。
88. 肖唐镖、王欣:《中国农民政治信任的变迁——对五省份 60 个村的跟踪研究(1999—2008)》,《管理世界》2010 年第 9 期。
89. 曹刚、任重远:《论道德挫折》,《道德与文明》2009 年第 2 期。
90. 张润泽、张燮:《国内政治信任研究的理论进路及其发展趋向》,《当代世界与社会主义》2014 年第 3 期。
91. 王衡：《国家认同、民主观念与政治信任——基于香港的实证研究》，《经济社会体制比较》2015 年第 3 期。
92. 孙昕、徐志刚、陶然、苏福兵：《政治信任、社会资本和村民选举参与——基于全国代表性样本调查的实证分析》，《社会学研究》2007 年第 4 期。
93. 卢春龙、张华：《公共文化服务与农村居民对基层政府的政治信任——来自“农村公共文化服务现状调查”的发现》，《政法论坛》2014 年第 4 期。
94. 叶敏、彭妍：《“央强地弱”政治信任结构的解析——关于央地关系一个新的阐释框架》，《甘肃行政学院学报》2010 年第 3 期。
95. ［美］罗素·哈丁：《对政府的信任》，张旭译，《国外理论动态》2012 年第 9 期。
96. 孙建军：《农民现代化的内涵》，《资料通讯》2000 年第 1 期。
97. 李晓翼：《农民思维方式与价值观念的现代化》，《经济研究导刊》2008 年第 9 期。
98. Schwartz, S. H. (1992). *Universals in the content and structure of values: Theory and empirical tests in 20 countries.* In M. Zanna (Ed.), *Advances in experimental social psychology* (Vol. 25). Academic Press.
99. Schwartz, S. H. (1994). *Are there universal aspects in the content and structure of values? Journal of Social Issues*, Vol. 50.
100. Schwartz, S. H. (2003). *Basic human values: Their content and structure across countries.* In A. Tamayo & J. Porto (Eds.), Valores e trabalho [Values and work]. Editora Universidade de Brasilia.
101. Schwartz, S. H. (2012). *An Overview of the Schwartz theory of basic values.* Online Readings in *Psychology and Culture*, 2 (1).
102. Hofstede, G. (1980). *Motivation, leadership, and organization: Do American theories apply abroad? Organizational Dynamics*, Summer.
103. Hofstede, G. (1991). *Culture and organizations: Software of the mind.* London: Mc Graw-Hill.
104. Campbell, Donald T. (1974). *Evolutionary epistemology.* in *The Philosophy*

of Karl Popper, edited by Paul Arthur Schilpp. La Salle, I. L. : Open Court.

105. Easterlin, Richard A. (1974). *Does economic growth improve the human lot? Some empirical evidence.* In: David, Paul A. and Melvin W. Reder (eds.). *Nations and households in economic growth: Essays in Honour of Moses Abramowitz.* Academic Press.
106. Oswald, Andrew J. (1997), *Happiness and Economic Performance.* University of Warwick WP 478. Available at SSRN: http: //ssrn. com/abstract =49580.
107. Kahneman, D., & Krueger, A. B. (2006). *Developments in the measurement of subjective well-being. Journal of Economic Perspectives*, Vol. 20.
108. Kahneman, D. (2013). *Thinking fast and slow.* Farrar, Straus and Giroux.
109. R. H. Hilton (1985). *The transition from feudalism to capitalism.* St. Martin's Press.
110. Kluckhohn, C. (1951). *Values and value-orientations in the theory of action: An exploration in definition and classification.* In T. Parsons & E. Shils (Eds.), *Toward a general theory of action.* Harvard University Press.
111. Morris, C. W. (1956). *Varieties of human valu*e. University of Chicago Press.
112. Rokeach, M. (1973). *The nature of human values.* New York Free Press.
113. Inglehart, R. (1997). *Modernization and postmodernization: Cultural, economic and political change in* 43 *countries.* Princeton University Press.
114. Kruskal, J. B, (1964). *Nonmetric Multidimentional scaling: A numerical method. Psychometrika.* Vol. 29.
115. Gasson, R. (1973). *Goals and values of farmers, J. Agric. E con.* Vol. 24.
116. Martin, Dobricki (2011), *Basic human values in the Swiss population and in a sample of farmers, Swiss Journal of Psychology.* Schweizerische Zeitschrift für Psychologie / Revue Suisse de Psychologie, Vol. 70 (3).
117. Craddock, A. E. (1977). *Relationships between authoritarianism, marital power expectations and marital value systems. Australian Journal of Psychology*, Vol. 29 (3).
118. Bronfenbrenner, U. (1979). *The ecology of human development: Experi-*

ences by nature and design. Harvard University press.

119. Norris, Pippa, (1999). *Introduction: The Growth of Critical Citizens? InP. Norris (ed.), Critical Citizens.* Oxford University Press.

120. Almond, Gabriel A. and Sidney Verba. (1963). *Civil Culture.* Princeton University Press.

121. Li, Lianjiang (2004). *Political trust in rural china, Modern China,* Vol. 30 (2).

122. Li, Lianjiang (2008). *Political trust and petitioning in the Chinese Countryside, Comparative politics.* Vol. 40 (2).

致　谢

本书得到了中国社会科学院马克思主义理论学科建设与理论研究工程项目（2013—2014）的支持。项目组要感谢遵义市农委、调研所涉及的4个县农委、8个乡镇、24个村委相关部门的干部和工作人员，特别是遵义市农委的罗绍怀同志、郑传芳同志和龙冲冲同志，正是他们对项目组不遗余力的支持，我们才得以完成调研计划，此外，项目得到了中国社会科学院农村发展研究所以及马克思主义研究院领导的悉心指导；农村发展研究所杨一介副研究员、胡冰川副研究员，中国社会科学院研究生院的两名研究生张伊斯、熊雪，参加了实地调查，在此一并致谢。最后要感谢的是200多位接受作者调查、参与各种形式访谈的普通农民。他们的朴实、勤劳、真诚深深地印在了作者的脑海里。正是这些社会底层的劳苦大众，用他们的辛勤汗水耕耘着无边的田野，为农村的繁荣昌盛作出了他们力所能及的努力和贡献。他们那容易知足、懂得感恩的高尚品德，在当今物欲横流的社会潮流中，显得尤其弥足珍贵。真诚地祝愿他们吉祥如意、一生幸福！

廖永松

2017年1月

附：

中国社会科学院调研项目

编号：

农民价值观研究
入户调查问卷

省（市）	
县（区）	
乡（镇）	
村和组	
受访人	
联系电话	
邮编	
调查员	
调查时间	

中国社会科学院农村发展研究所编制

一 幸福指数、生活满意度现状

（一）幸福指数

1. 你父亲的文化程度；你母亲的文化程度：

2. 你爱人老家和你：

（1）同村；（2）同乡不同村；（3）同县不同乡；（4）同省不同县；（5）不同省

3. 你父母亲结婚前：

（1）同村；（2）同乡不同村；（3）同县不同乡；（4）同省不同县；（5）不同省

4. 你觉得你的性格是：（1）外向型；（2）内向型；（3）中间类型

5. 你接受自己的性格吗？（1）非常接受；（2）比较接受；（3）一般；（4）不接受；（5）根本不接受

6. 为了获得幸福生活，你认为最重要的 3 项有：

1.	2.	3.

7. 你认为人活到____岁就算长寿了？

8. 请对你的生活幸福度打分（用 10 分计，1 分代表最低，10 分代表最高）：

1	2	3	4	5	6	7	8	9	10

9. 你的政治身份：（1）一般群众；（2）中共党员；（3）共青团团员；（4）其他党派

（二）生活满意度

如果你对生活特别满意打 9—10 分；比较满意打 7—8 分；一般打 5—6 分；不满意打 3—4 分；特别不满意打 1—2 分；其他类似。

内容	满意度	内容	满意度
生活总体		婚姻	
教育		社会地位	
收入		健康	
工作		住房	
家庭		村组干部	

对“生活”一项如打3分以下或8分以上，请说明原因：

二　生活价值观总体评价

1. 钱对你来说

（1）非常重要；（2）比较重要；（3）一般；（4）不重要；（5）特别不重要

2. 你是否喜欢过年过节组织大家一起吃饭或活动

（1）非常喜欢；（2）比较喜欢；（3）一般；（4）不喜欢；（5）非常不喜欢

3. 你是否喜欢当小组长和村干部，组织成立如老人协会、合作社等

（1）非常喜欢；（2）比较喜欢；（3）一般；（4）不喜欢；（5）非常不喜欢

4. 家里有红白喜事时，你是否喜欢邀请亲朋、邻居、村组干部等很多客人参加

（1）非常喜欢；（2）比较喜欢；（3）一般；（4）不喜欢；（5）非常不喜欢

5. 你是否注意公共场合的穿着、行为举止，以保持良好公共形象

（1）特别注意；（2）比较注意；（3）一般；（4）不注意；（5）特别不

注意

6. 你是否喜欢打听别人的家庭、婚姻、孩子等方面的事情

（1）非常喜欢；（2）比较喜欢；（3）一般；（4）不喜欢；（5）非常不喜欢

7. 你是否觉得自己有主见，别人很难说服你

（1）非常有；（2）比较有；（3）一般；（4）没有；（5）根本没有

8. 你是否喜欢自由自在的生活方式

（1）非常喜欢；（2）比较喜欢；（3）一般；（4）不喜欢；（5）非常不喜欢

9. 你是否喜欢用新种子、采用农业新技术等

（1）非常喜欢；（2）比较喜欢；（3）一般；（4）不喜欢；（5）非常不喜欢

10. 你是否赞成人生下来就应平等，每个人都应有相同的发展机会

（1）非常赞成；（2）比较；（3）一般；（4）不赞成；（5）非常不赞成

11. 村里修路、水渠等公共设施，你是否愿意出钱或出力

（1）非常愿意；（2）比较愿意；（3）一般；（4）不愿意；（5）非常不愿意

12. 你是否相信国家干部、党员主要是为了给群众服务，而不是为了自己发财

（1）非常相信；（2）比较相信；（3）一般；（4）不相信；（5）根本不相信

13. 听到其他国家的人吃不饱或打仗的消息，你会感到

（1）特别伤心；（2）伤心；（3）没特别感觉；（4）不伤心；（5）一点也不伤心

14. 你是否经常发脾气

（1）经常；（2）有时；（3）很少

15. 别人与你意见不同时，你是否愿意倾听，也愿意理解别人

（1）非常愿意；（2）比较愿意；（3）一般；（4）不愿意；（5）非常不愿意

16. 你是否喜欢展示自己的能力，让别人佩服你

（1）非常喜欢；（2）比较喜欢；（3）一般；（4）不喜欢；（5）非常不喜欢

17. 你觉得你是否有事业心，干活很拼命

（1）特别有；（2）比较有；（3）一般；（4）不太有；（5）根本没有

18. 你是否渴望成功，希望自己得到别人的认可和关注

（1）特别；（2）比较；（3）一般；（4）不太有；（5）根本没有

19. 你是否好学，在空闲时间看书、读报、提高手艺

（1）特别；（2）比较；（3）一般；（4）不太有；（5）根本没有

20. 你是否喜欢想尽办法玩，让自己过得舒服、开心

（1）非常喜欢；（2）比较喜欢；（3）一般；（4）不喜欢；（5）非常不喜欢

21. 你是否喜欢冒险

（1）非常喜欢；（2）比较喜欢；（3）一般；（4）不喜欢；（5）非常不喜欢

22. 你是否喜欢帮助别人

（1）非常喜欢；（2）比较喜欢；（3）一般；（4）不喜欢；（5）非常不喜欢

23. 你是否喜欢参加各种宗教活动，比如：算命、烧香、拜佛

（1）非常喜欢；（2）比较喜欢；（3）一般；（4）不喜欢；（5）非常不喜欢

24. 你是否能很好地照顾爱人、孩子

（1）特别；（2）比较；（3）一般；（4）不太会；（5）不会

25. 你是否觉得自己有责任感

（1）特别有；（2）比较；（3）一般；（4）不太有；（5）根本没有

26. 你觉得孝顺

（1）非常重要；（2）比较重要；（3）一般；（4）不重要；（5）非常不重要

27. 你觉得你是否

（1）非常勇敢；（2）比较勇敢；（3）一般；（4）不勇敢；（5）非常不勇敢

28. 你觉得你是否愿意服从别人的看法

（1）特别愿意；（2）比较愿意；（3）一般；（4）不愿意；（5）特别不愿意

29. 你是否关注身体健康

（1）特别；（2）比较；（3）一般；（4）不太会；（5）不会

30. 你是否关注家庭安全

（1）特别；（2）比较；（3）一般；（4）不太会；（5）不会

31. 你是否关注国家会不会发生战争

（1）特别；（2）比较；（3）一般；（4）不太会；（5）不会

32. 你是否关注社会稳定

（1）特别；（2）比较；（3）一般；（4）不太会；（5）不会

33. 你是否担心好心没好报

（1）特别；（2）比较；（3）一般；（4）不太会；（5）不会

34. 你是否关注城乡差别大的问题

（1）特别；（2）比较；（3）一般；（4）不太会；（5）不会

35. 你认为死亡

（1）特别可怕；（2）比较可怕；（3）有点可怕；（4）不可怕；（5）没想过

36. 你是否相信有来生

（1）特别相信；（2）比较相信；（3）一般；（4）怀疑；（5）根本不相信

37. 你认为人死亡后举行葬礼

（1）非常重要；（2）比较重要；（3）一般；（4）不重要；（5）非常不重要

38. 你认为养儿子和女儿的区别

（1）非常大；（2）比较大；（3）不大；（4）一样；（5）养女儿更好

三 个人及家庭特征

家庭户籍人口：__________；常住户籍人口：__________；非常住非户籍人口：__________

以下表中填写家庭常住户籍人口和非户籍人口，合计__________人

个人编码	姓名	与户主的关系	性别	年龄	民族	婚姻状况	身体健康状况	受教育年限	主要社会身份	2012年在家居住时间	2012年主要就业		
		代码1	1=男 2=女	周岁		代码2	代码3		代码4	月	农业就业时间（月）	第二主要工作类型	月及工资
1													
2													
3													
4													
5													
6													
7													
8													
9													
10													
11													
12													

代码1：1=户主；2=配偶；3=子女；4=孙子辈；5=父母；6=兄弟姐妹；7=儿媳/女婿；8=岳父母/公婆；9=嫂子/弟媳/姐夫/妹夫；10=其他

代码2：1=未婚；2=已婚；3=离异；4=丧偶；5=同居

代码3：1=残疾；2=患有大病；3=长期慢性病；4=体弱多病；5=健康

代码4：1=村组干部；2=离、退休干部或职工；3=教师、医生；4=村民代表；5=以前担任过村组干部；6=其他

四　消费和住房观念

（一）生活变化与预期

1. 与5年前相比，你的生活变得如何？

（1）好多了；（2）好一些；（3）差不多；（4）变差了；（5）差多了

2. 你觉得5年后你的生活会变得怎么样？

（1）好得多；（2）好一些；（3）差不多；（4）变差；（5）差得多；（6）不好说

3. 与你的亲朋好友比，你觉得你过得如何？
（1）非常好；（2）好一些；（3）差不多；（4）差一些；（5）差很多
4. 与你村里（同事）比，你觉得你过得如何？
（1）非常好；（2）好一些；（3）差不多；（4）差一些；（5）差很多
5. 同社会中其他行业人员相比，你觉得你过得如何？
（1）非常好；（2）好一些；（3）差不多；（4）差一些；（5）差很多

（二）收入、消费现状

1. 2012 年全家纯收入：____________元
其中：
工资性收入____家庭经营性收入____财产性收入____转移性收入____
2. 你觉得你们家 2012 年的收入在村里属于
（1）非常高；（2）较高；（3）一般；（4）较低；（5）非常低
3. 去年你家全年生活消费支出：____________元
其中：

食品	衣着	交通和通信	文教、娱乐用品和服务	医疗保健

4. 全年在家粮食消费：____________斤
5. 2012 年自家生产粮食够不够吃？（1）够；（2）不够。
如果粮食不够，在市场上买：__________斤，花费：__________元，其中借了__________元；借了粮食：__________斤
6. 2012 年家里借款：__________元
7. 2012 年年初存款：____元；年末存款：__________元

（三）耐用消费品（当前仍在使用的，不包括已经废弃的）

项目 类别	数量	最近一台购买时间	价格（元）	购买地点	购买原因（代码）	品牌	品牌选择原因（代码）
彩色电视机							
空调							

续表

项目 类别	数量	最近一台购买时间	价格（元）	购买地点	购买原因（代码）	品牌	品牌选择原因（代码）
洗衣机							
电冰箱或冰柜							
手机							
电脑							
照相机							
中高档乐器							
健身器械							
吸尘器							
太阳能设备							
煤气或液化气炉具							
抽油烟机							
饮水机							
电磁炉							
微波炉							
豆浆机							
电热水器							
摩托车							
电动自行车							
轿车/面包车							
卡车/中巴/大客车							

购买原因：（1）享受；（2）生活必需；（3）时尚；（4）别人有了，自己也买；（5）其他

品牌选择：（1）随意；（2）看电视；（3）熟人介绍；（4）看说明；（5）其他

（四）住房观念和现状

1. 如果你现有10万元，要么用于孩子上高中和大学，要么用于修住房，你会选择：（1）供孩子上学；（2）修住房

2. 你修房子考虑过银行贷款吗？（1）是；（2）否

3. 你的房子空置率高吗？（1）非常高；（2）比较高；（3）偶尔；（4）没有

4. 你愿意将房子出租吗？（1）愿意；（2）不愿意

5. 你村里房子空置率高吗？

（1）非常高；（2）比较高；（3）一般；（4）不高；（5）没有

6. 你打算将多余房子出售吗？（1）不打算；（2）价格合适，就卖

7. 你理想的宅基地是：（1）风水好的地方；（2）面积宽，容易扩建；（3）交通条件好，靠近公路；（4）水、电、气等方便的地方；（5）城镇里

8. 住宅情况

1. 你家有几处住宅？		第一处	第二处	第三处
2. 是否与别人共用这所住宅？（如果是，说明你自己占用多少%）	1. 是；2. 否			
3. 住宅类型	1. 平房 = >5；2. 楼房			
4. 有几层？	层			
5. 有几间？	间			
6. 住宅的建筑材料	1. 草房；2. 土瓦房；3. 砖房；4. 砖混，5. 钢混房；6. 其他			
7. 建筑面积	平方米			
8. 宅基地面积	平方米			
9. 哪一年建造的（若为多年建造，填最近一年）	年			
10. 建造或购买这所房子花了多少钱	万元			
11. 现在重建这个房，需多少钱	万元			
12. 屋内是否有取暖设施	1. 无；2. 炕；3. 土暖气；4. 暖气；5. 其他；6. 空调；7. 电暖			

续表

13. 能否连接互联网	1. 是；2. 否			
14. 房屋离最近硬化公路的距离	（米）			
15. 所在村落规模	1. 独家散居；2. 2—10 户；3. 10—50 户；4. 全村；5. 其他			

注："住宅"指本家居住场所的所有房屋（包括院子，不包括畜禽和大棚）。

五　婚姻、家庭和养老

（一）婚姻观念

1. 你觉得多大年龄结婚比较好

（1）17—19 岁；（2）20—22 岁；（3）23—25 岁；（4）26—29 岁；（5）30 岁以上；（6）其他

2. 你觉得哪一种择偶方式比较好

（1）经人介绍；（2）自己认识；（3）父母安排；（4）相亲组织；（5）网络；（6）其他

3. 你觉得哪种婚礼形式好

（1）西式婚礼；（2）旅行结婚；（3）婚宴；（4）只需领结婚证；（5）其他

4. 你考虑结婚是因为

（1）到了婚龄；（2）父母影响；（3）亲友影响；（4）自己想有一个家庭；（5）其他

5. 婚后是否介意与大家庭一起生活

（1）非常介意；（2）比较介意；（3）一般；（4）不介意；（5）一点也不介意

6. 婚后对生小孩的态度

（1）有计划安排；（2）无计划安排

7. 夫妻双方出现严重矛盾，如有婚外情，你的选择是

（1）考虑离婚；（2）找亲友解决；（3）自己双方解决；（4）凑合着过

8. 你最看重爱人的

(1) 外貌；(2) 性格；(3) 家庭条件；(4) 挣钱多少；(5) 学历；(6) 能力；(7) 其他

其中最重要的二项：第一（ ）；第二（ ）

9. 你支持婚前进行各自财产公证吗？

(1) 非常支持；(2) 比较支持；(3) 一般；(4) 反对；(5) 非常反对；(6) 没听说过

10. 你觉得夫妻双方在家庭中谁更占有主导地位

(1) 双方平等；(2) 男方；(3) 女方

（二）家庭观念

1. 你认为家庭的首要功能是什么？

(1) 传宗接代；(2) 共同生产生活；(3) 教育子女、照顾老人；(4) 相互照顾；(5) 其他

2. 你父母婚姻关系如何？

(1) 很好；(2) 一般；(3) 不好

3. 家里小孩教育主要依靠谁？

(1) 祖父母；(2) 外祖父母；(3) 父亲；(4) 母亲；(5) 其他

4. 你认为一对夫妻有几个小孩子比较合适？

(1) 1 个；(2) 2 个 (3) 3 个；(4) 0 个；(5) 越多越好

5. 如果你的孩子高中考上了大学，但没钱交学费，你会选择：

(1) 终止他上学，外出打工；(2) 借贷供子女上学；(3) 寻求国家和社会帮助

6. 如果你不赞成你父母的观点，你会：

(1) 指出父母的错误，说出自己的观点；(2) 保留看法，沉默；(3) 顺从父母的意见；(4) 视情况而定

7. 你赞同将家庭里的收入交给家里的当家人管吗？

(1) 完全赞同；(2) 比较赞同；(3) 一般；(4) 反对；(5) 强烈反对

8. 你喜欢小家庭一起还是大家庭？(1) 小家庭；(2) 大家庭

9. 你和你的宗族兄弟来往吗？

(1) 经常；(2) 有时；(3) 极少；(4) 不来往

10. 你和你的姻亲来往吗？

（1）经常；（2）有时；（3）极少；（4）不来往

11. 与你交往最频繁的人是：

（三）养老观念

1. 你是否担心自己的养老问题？

（1）非常担心；（2）比较担心；（3）一般；（4）不担心；（5）根本不担心

2. 你老了愿意如何居住？

（1）自己单过；（2）与老伴单过；（3）与儿子儿媳同住；（4）与女儿女婿同住；（5）与孙辈同住；（6）与其他亲戚同住；（7）住养老院

3. 你如何规划老年后的经济来源

（1）商业保险公司的商业保险；（2）农村社会养老保险；（3）银行存款；（4）儿子儿媳；（5）女儿女婿；（6）自己或老伴劳作收入；（7）孙辈给；（8）亲戚朋友；（9）没想过

4. 你生病时，主要靠谁来照顾

（1）爱人；（2）儿子儿媳；（3）女儿女婿；（4）无人；（5）朋友；（6）专职护理；（7）其他

5. 生活不能自理的情况下，你是否愿意入住养老院？

（1）愿意；（2）不愿意；（3）没想过

说明：

6. 你新农保养老金每月的标准__________元。

7. 2013 年交费标准：（1）个人______元；（2）国家______元

8. 你对新农保政策有什么看法？

9. 如有儿女结婚的人，问：

（1）你一年帮助儿子儿媳从事生产活动__________（天）

（2）你一年给儿子儿媳_____________（元）

（3）你一年帮助儿子儿媳照看小孩_____________（天）

（4）你和你爱人与儿子儿媳关系：①非常好；②比较好；③一般；④不好；⑤非常不好

（5）你儿子儿媳一年给你__________（元）

（6）儿子一年和你在一起__________（天）

（7）女儿一年和你在一起__________（天）

10. 如有父母不与自己共同生活的人，问：

（1）你一年帮助父母从事生产活动__________（天）

（2）你一年给父母_____________（元）

（3）你一年照顾父母_____________（天）

（4）你经常和父母谈心吗？①经常；②偶尔；③基本不

六　社会和政治观念

（一）社会观念和组织参与

1. 村里的承包地，你觉得哪一种方式好：

（1）明确分到每一个人；（2）按家庭为单位，分到家庭；（3）按小组为单位，大家集中耕作；（4）以村为单位，统一耕作；（5）以村为单位，不定期调整；（6）村所有，家庭承包，自由流转

2. 你觉得你周围的有钱人大多数是如何发家致富的？

（1）自己勤劳；（2）有社会关系；（3）有技术；（4）靠不正当的方式；（5）不知道

3. 说句心里话，你家庭有经济困难了，你觉得谁能帮助你？

（1）村组干部；（2）朋友；（3）邻居；（4）兄弟姐妹；（5）亲戚；（6）政府；（7）没有

4. 你觉得你们村里的有钱人愿意帮助村里的穷人吗？

（1）非常愿意；（2）比较愿意；（3）一般；（4）不愿意；（5）非常

不愿意

5. 假如村里有些人因为太穷没法生活，他们就去偷或抢，你会：

（1）非常支持；（2）比较支持；（3）同情但不支持；（4）反对；（5）坚决反对

6. 你觉得你们村里村民之间的关系如何？

（1）非常和谐；（2）比较和谐；（3）一般；（4）不和谐；（5）特别不和谐

7. 你觉得社会主义社会与资本主义社会：

（1）完全不同；（2）基本不同；（3）有些不同；（4）比较相同；（5）完全相同；（6）说不上来

8. 你心目中的社会主义社会是什么样子？

9. 社会组织参与

参与情况 / 组织类型	你知道村里是否有下列组织（1 = 是；2 = 否）	你是否参加（1 = 是；2 = 否）	若参加，多长时间参加一次活动（1 = 每周；2 = 每月；3 = 每季度；4 = 每年或超过一年）	你家里其他人中是否有人参加（1 = 没有；2 = 经常；3 = 有时；4 = 很少）
（1）农民合作经济组织				
（2）宗教组织				
（3）各类文艺队或剧团				
（4）各类兴趣组织，请注明（如书法协会、棋牌协会）				
（5）老人协会				
（6）红白喜事理事会				
（7）其他组织				

（二）政治观念与参与

1. 你是否知道遵义会议？（1）是；（2）否

2. 你去参观过遵义会议纪念馆几次？

3. 你是否关注村委会选举？

（1）非常关注；（2）比较关注；（3）一般；（4）不关注；（5）根本不关注

4. 你是否参与了最近一次村委会选举投票（1）是；（2）否

如是，是因为：（1）对自己有好处；（2）随大流；（3）村里要求；（4）不想得罪人；（5）其他

如否，是因为：（1）不感兴趣；（2）不在家；（3）对候选人不满意；（4）对程序不满；（5）其他

5. 信任度

信任度 / 对象	一贯信任	大多数信任	时信时不信	大多数不信任	根本不信任
中国共产党					
中央政府					
省政府					
市政府					
县政府					
乡镇府					
村委					
县法院					

（三）村公共事务参与

1. 你是否知道最近一次开会讨论村公共事务（1）是；（2）否

2. 如果知道，你是如何得知的

（1）村公告栏；（2）村干部通知；（3）村大喇叭广播通知；（4）听别人说；（5）其他

3. 您对参与公共事务的态度是

（1）非常愿意；（2）比较愿意；（3）一般；（4）不愿意；（5）非常

不愿意

4. 您觉得村公共事务应如何决定?

(1) 村干部决定;(2) 村民代表会;(3) 全体村民大会;(4) 看情况;(5) 没想法

5. 你觉得你们村最重要的公共事务是什么?

(四) 法律观念

1. 你觉得你们村里的治安状况如何?

(1) 非常好;(2) 比较好;(3) 一般;(4) 不好;(5) 非常不好

2. 如果发生民事纠纷,你希望如何解决?

(1) 私了; (2) 村组干部; (3) 乡镇干部; (4) 法院调解;(5) 其他

3. 近年来你参与过普法知识学习没有?(1) 有;(2) 没有

4. 你的家人人身安全有没有受到过威胁?(1) 有;(2) 没有

5. 你参加过村里的村规民约制定过程没有?(1) 有;(2) 没有

6. 如果老板欠你工资,你会:

(1) 自己找老板追要;(2) 组织一些人共同追要;(3) 通过法律方式解决;(4) 找政府帮忙解决;(5) 其他方式

七 生活环境

(一) 生活设施

项目	代码	回答
您家主要饮用水源	1 = 桶装水;2 = 入户集中供自来水;3 = 自家水井抽水 4 = 需人工挑的户外清洁水源;5 = 其他水源(注明)	

续表

项目	代码	回答
您家的厕所	1 = 旱厕；2 = 冲水厕所；3 = 没有厕所；4 = 其他（注明）	
生活垃圾处理	1 = 送到村垃圾池等；2 = 定点堆放；3 = 随意丢弃；4 = 其他（说明）	
生活污水排放	1 = 管道排放；2 = 排到家里渗井；3 = 院外沟（渠）；4 = 随意排放	

（二）社区环境

1. 你关心环境污染问题吗？（1）是；（2）否

2. 你的环境污染知识是从哪里来的？（1）看电视；（2）读书报；（3）别人介绍；（4）自己感觉

3. 家庭所受污染情况

污染情况 污染类型	过去1年里，1 = 有；2 = 否	如有，程度如何？（代码1）	政府是否采取措施？1 = 是；2 = 否	目前污染治理情况（代码2）
水污染				
空气污染				
噪声污染				
土壤污染				
其他污染				

代码1：1 = 非常严重；2 = 较严重；3 = 一般；4 = 轻微；5 = 没多大影响

代码2：1 = 基本改善；2 = 部分改善；3 = 没有改善；4 = 污染加剧